新时代高等院校会计类专业精品系列教材
国家级一流本科课程配套教材
四川省"十四五"普通高等教育本科规划教材

iCourse·教材
国家精品在线开放课程

审计学（第二版）

主　编　李越冬

副主编　王　兵　孙毓璘　何　苦

中国教育出版传媒集团

高等教育出版社·北京

内容提要

本书是四川省"十四五"普通高等教育本科规划教材。本书以注册会计师审计基础知识为主,注重审计思维模式的培养,利用简单生动的案例帮助理解复杂的审计学理论知识。

本书分四个部分共十一章:第一部分为审计的基本理论与方法,包括审计概述、审计模式、审计测试与重要性、审计证据。第二部分为审计职业的特点,包括审计职业道德与相关法规、审计法律责任。第三部分为审计流程,包括审计计划阶段、审计实施阶段、审计报告阶段。第四部分为审计实务,包括循环审计和综合案例分析。

本书设有"学习目标""例题""案例""重点回顾""专业词汇中英文对照""练习题"等模块,并配有扩展知识、视频讲解等二维码资源以及习题答案。

本书既可作为高等学校会计学、审计学等相关专业教学用书,也可作为社会人士相关专业培训用书。

图书在版编目(CIP)数据

审计学 / 李越冬主编. -- 2版. -- 北京 : 高等教育出版社,2025. 1. -- ISBN 978-7-04-063464-8

Ⅰ. F239.0

中国国家版本馆 CIP 数据核字第 2024EH0958 号

Shenjixue

| 策划编辑 | 林 荫 | 责任编辑 | 林 荫 | 封面设计 | 张文豪 | 责任印制 | 高忠富 |

出版发行	高等教育出版社	网　　址	http://www.hep.edu.cn
社　　址	北京市西城区德外大街 4 号		http://www.hep.com.cn
邮政编码	100120	网上订购	http://www.hepmall.com.cn
印　　刷	上海新艺印刷有限公司		http://www.hepmall.com
开　　本	787 mm×1092 mm　1/16		http://www.hepmall.cn
印　　张	16.75	版　　次	2020 年 6 月第 1 版
字　　数	361 千字		2025 年 1 月第 2 版
购书热线	010 - 58581118	印　　次	2025 年 1 月第 1 次印刷
咨询电话	400 - 810 - 0598	定　　价	37.00 元

本书如有缺页、倒页、脱页等质量问题,请到所购图书销售部门联系调换

物 料 号　63464-00

教师教学资源服务指南

关注微信公众号"**高教财经教学研究**"，可浏览云书展了解最新经管教材信息、下载教学资源、申请教师样书、下载试卷、观看师资培训课程和直播录像等。

下载教学资源

电脑端进入公众号点击导航栏中的"教学服务"，点击子菜单中的"资源下载"，注册登录后可搜索相应资源并下载。

申请教师样书

点击导航栏中的"教学服务"，点击子菜单中的"云书展"，了解最新教材信息及申请样书。

下载试卷

高教财经教学研究公众号目前提供基础会计学、中级财务会计、财务管理、管理会计、审计学、税法、税收筹划、税务会计课程试卷下载。点击导航栏中的"教学服务"，点击子菜单中的"免费试卷"，下载试卷。

观看教师培训课程

高教财经教学研究公众号上线了名师谈"中级财务会计教学""高级财务会计教学""财务报表分析教学""管理会计教学""审计学教学"，以及"智能投资在线课程""Python量化投资在线课程"等课程。点击导航栏中的"教师培训"，点击子菜单中的"培训课程"即可观看教师培训课程和"名师谈教学与科研直播讲堂"的录像。

联系我们

联系电话：（021）56718921　　　　高教社本科会计教师论坛QQ群：116280562

总　序

在中国特色社会主义进入新时代、中国高等教育面临新任务、新要求的背景下,会计类专业人才培养要紧紧围绕培养什么人、怎样培养人和为谁培养人这一系列根本问题,牢牢把握立德树人根本任务,立足全球视野,扎根中国经济和管理实践,致力于培养信念坚定、情操高尚、功底扎实、能力突出的高层次会计类人才。

与此同时,随着大智移云物等新技术的快速迭代,未来社会人才需求的不确定性大幅增加,大学对此很难有效预判,终身学习将成为必然。因此,大学教育的功能定位也必将重塑,其应为学生走出校门之后的终身学习打好基础。我们认为,现代大学的人才培养应定位于厚基础、宽口径、破门槛,即打牢专业基础、拓展跨专业能力、学习"门槛"知识,进而提升学习能力和创新能力,只有这样才能够让学生未来"以不变应万变"。

会计类专业的未来在于会计、财务和信息技术的交叉融合,为此,西南财经大学于2018年在全国范围内率先开设会计学专业(大数据实验班),并从2020年开始,在会计学、财务管理和审计学三个专业人才培养方案中全面植入大数据分析和机器学习相关课程。我们的人才培养理念可以概括为"3+1"。"3"是指熟知三种逻辑,即会计与财务逻辑、数据分析逻辑和计算机编程逻辑;"1"是指具备一种思维,即战略思维。作为实现上述培养目标和理念的重要载体,新时代高等院校会计类专业精品系列教材力图彰显以下特点。

一是强化专业逻辑,注重理论素养。随着社会经济发展和技术进步,企业组织形式和业务形态在不断演化,商业模式和商业逻辑也在持续变革与重构,相应地,会计准则需要不断修订,财务决策越来越复杂,审计方法需要持续创新,等等。但"万变不离其宗",无论是报表信息背后的"专业算法",财务行为的核心理念和决策思路,还是审计目标和原则,都是前后一贯、相融相通的。只有深刻理解具体业务和方法背后的普适性专业逻辑,才能够为今后的专业能力提升打下坚实基础。为此,本套教材力图在讲解具体业务的同时,注重相关的理论分析,以加深学生对专业理念和专业逻辑的理解。

二是扎根中国实践,厚植中国情怀。一方面,科学无国界,在普适性专业逻辑和规律方面,我们要让学生掌握国际通用标准,拓展全球视野,但另一方面,社会科学和经济管理总是与特定的经济发展阶段、社会制度和文化密不可分,因此,会计类人才培养同样需要扎根中国大地。为此,我们在介绍普适性专业理念与逻辑的基础上,注重将专业知识学习置于中国情景,融于中国制度与文化背景,扎根于中国经济管理实践,同时在具体的案例研讨和业务剖析中尽量采用中国案例和中国场景,让学生能够将专业学习与家国情怀有机结合。

三是提升专业门槛,注重专业深度。随着人才竞争的加剧,社会对专业胜任能力要求进一步提升。一个现实情况是,注册会计师资格考试的难度不断加大,复杂新兴业务的出现对会计从业者的专业素养要求也越来越高。在此背景下,我们一方面将业务处理和计算难度适当提升,另一方面,强化了对专业知识背后的原理介绍和逻辑分析。

四是瞄准复合型人才,注重跨学科培养。未来高层次会计类人才将是集会计与财务、数据分析与决策、机器学习与智能决策等能力于一身的复合型人才。为此,一方面,我们在传统会计类核心教材中融入相关理念和介绍性知识,另一方面,我们在此基础上,将陆续编写数据分析、机器学习与会计类专业知识相结合的《大数据与会计分析》《大数据与财务决策》和《大数据审计》等教材。

五是广纳优秀成果,体现传承创新。专业教材质量的提升需要一代代专业教育者的不懈努力与传承创新。在本套教材的编写过程中,我们一方面继承了西南财经大学会计学院历代教授、学者们的优秀教材成果,例如,郭复初教授、赵德武教授、彭韶兵教授、傅代国教授、吕先培教授、吴学斌教授等先后编写了系列会计类核心课程教材,其中多本为国家级规划教材,另一方面,我们也充分借鉴了国内外会计类优秀教材的编写经验。在此,向前辈和同行们致敬!

西南财经大学会计学院

前　言

　　党的二十大报告指出,要健全党统一领导、全面覆盖、权威高效的监督体系。审计是党和国家监督体系的重要组成部分,在维护国家财政经济秩序、提高财政资金使用效益、促进廉政建设等方面承担重要职责。中共中央总书记、国家主席、中央审计委员会主任习近平主持召开二十届中央审计委员会第一次会议,指出在新时代的实践中,积极探索形成以党中央集中统一领导为政治统领、立足经济监督定位聚焦主责主业为看家本领、开展研究型审计为必由之路、审计职业精神和专业能力为重要保障的审计工作格局,对中国特色社会主义审计事业的规律性认识不断深化,发挥审计的"如臂使指,如影随形,如雷贯耳",进一步明确审计"是推动国家治理体系和治理能力现代化的重要力量"。本书以党的二十大精神为指导,通过浅显易懂的语言解释复杂的审计学理论,把党的二十大精神融入知识点,以案例、视频、思考题等方式呈现出来,使教学内容更加丰富。

　　本书分为四个部分,第一部分为审计的基本理论与方法,包括审计概述、审计模式、审计测试与重要性和审计证据。第二部分为审计职业的特点,包括审计职业道德与相关法规、审计法律责任。第三部分为审计流程,包括审计计划阶段、审计实施阶段和审计报告阶段。第四部分为审计实务,包括循环审计和综合案例分析,主要介绍销售与收款循环(收入循环)、采购与付款循环(支出循环)、生产循环、筹资与投资循环的审计思路和要点。前三个部分是审计理论基础部分,第四个部分是对前面内容的运用和总结。教学重点在前三个部分,通过学习,读者将对注册会计师审计的特点、模式、方法以及审计流程等有一定的认识,能够理解审计的作用,掌握审计的思维。

　　本书的特点体现在:

　　(1)在框架设置上,摒弃了一般审计学和注册会计师审计教材复杂繁琐的阐述,对审计学内容体系进行了重新梳理,构建了四个部分,包括审计的基本理论与方法、审计职业的特点、审计流程和审计实务,更加易于读者理解和掌握。

　　(2)在内容讲解上,注重审计基础知识的传授和审计思维的培养。审计基础知识的讲解,配合经典审计案例,浅显易懂,让读者更容易接受;同时,加入课程思政元素,培养读者树立正确的审计价值观。此外,内容凸显时代热点,比如,增加了关于大数据审计的内容,对于大数据背景下的审计思维和观念变化进行了论述。

　　(3)每章后设有逻辑总结图(重点回顾),便于读者回顾和总结。

　　(4)每章后设有审计专业词汇中英文对照,便于读者阅读审计相关英文文献,对以后继续深造以及参加国际会计类考试都有帮助。

（5）每章后配有练习题,包括单选题、多选题、判断题、简答题和案例分析题,便于学生巩固所学知识。

（6）登录中国大学慕课网站(www.icourse163.org),搜索"李越冬"可获配套慕课。配套慕课通过审计猪小白与老师的对话,对审计理论知识进行讲解,让读者能更了解整个体系的同时掌握重难点。此外,本书配有二维码资源,扫一扫观看视频案例,获得拓展知识。

（7）本书包含了最新的准则内容,每章还有扩展知识、案例、习题分析的补充,更有利于读者的理解。此外,还新增重要知识点的视频展示。

（8）为了教师合理安排教学,本书还放入李越冬老师进行课程混合式教学的全过程实录。

（9）增加一章综合案例,把本书重要知识点进行了总串,有利于更好地理解、掌握审计知识。本书部分案例编写得到了德勤中国的支持,使内容更贴近审计实务,有利于理论与实务的融合。

编　者

2025 年 1 月

目　录

第一部分　审计的基本理论与方法

第二部分　审计职业的特点

第三部分　审　计　流　程

第四部分　审　计　实　务

审计的基本理论与方法

　　本部分包括第一章到第四章内容,主要介绍审计概述、审计模式、审计测试与重要性、审计证据等基本知识。

第一章

审 计 概 述

学习目标

1. 掌握审计的定义
2. 理解审计的分类

第一节　审计的产生与发展

一、审计的产生

审计的产生主要是由于出现了"两权分离",即所有权与经营权的分离。企业的所有者把企业经营权委托给经营者,经营者通过编制财务报表向所有者反映受托责任的履行和企业的经营状况。所有者委托独立的第三方,对经营者的经营情况实施审查,该第三方把审查结果报告给所有者。也就是说,在审计中存在三方关系:审计的委托者、审计的实施者和被审计对象,如图 1-1 所示。

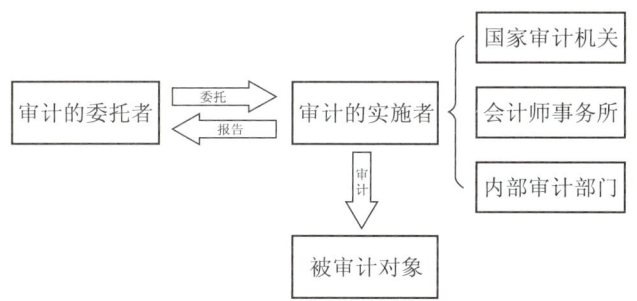

图 1-1　审计三方关系

审计的委托者请审计的实施者对被审计对象进行审计,并把审计结果报告给审计的委托者。目前,审计实施者主要有三个,一个是国家审计机关,一个是会计师事务所,一个是内部审计部门,从而形成三种审计:国家审计、注册会计师审计和内部审计。它们各自的特点

将在后文阐述。就注册会计师审计而言,一般由审计的委托方向审计的实施者(如会计师事务所)提出委托,请其对被审计对象进行审计,并提出审计意见。

二、西方注册会计师审计的产生和发展

注册会计师审计在西方国家的历史可以用一句话来描述:起源于意大利,形成于英国,发展于美国。16 世纪,意大利威尼斯出现了最早的合伙制企业,随着合伙制企业的不断壮大,一部分合伙人没有能力或者时间参与企业管理,于是他们就会委托另外的合伙人管理企业事务。那么,没有参与管理的合伙人如何审核公司业务呢? 他们希望有一个独立的第三方对合伙企业的经营情况进行监督与检查,于是产生了对注册会计师审计的需求。1581年,一批具有会计专业知识、专门从事查账监督的人,在威尼斯创立了威尼斯会计师公会。18 世纪下半叶,资本主义的生产力在英国得到迅速发展,股份制公司出现并不断壮大,所有权与经营权进一步分离,大部分股东和投资人不再参与企业的经营管理,对于第三方审计的需求更为迫切。1721 年,南海公司事件成为西方注册会计师审计产生的"催化剂"。

 **【案例】　南海公司事件**

南海公司成立于 1711 年,它的主要目的是便于英国政府对南美洲进行贸易扩张。

1718 年,英国国家债务总额累计达到了 3 100 万英镑,为了迅速筹集还债资金,不堪重负的英国政府作出了一个大胆的决定,把南海公司的股票卖给公众。南海公司的业务范围是在南美经营奴隶贸易和捕鲸业务,但其公司董事并无一人精于此道,公司发起人就是利用人们急于投资发财的欲望骗取钱财。南海公司以认购政府债券的方式成为当时英国国债最大的债权人,债务总额近 1 000 万英镑,政府担保在一定时期内国债的年利率为6%。为了偿付这笔每年总额高达 60 万英镑的利息,政府永久性地把酒类、醋、印度货物、精制丝绸、烟草、鱼翅以及其他一些商品的税收转让给南海公司。政府还赋予南海公司贸易特许权,使其垄断经营。

南海公司为了融资,对外编织了一套美丽的谎言:公司可以把英格兰的加工商品送到南美东部海岸,而秘鲁和墨西哥的地下埋藏着巨大的金银矿藏,当地的土著就会付给英国人价值百倍的金锭银锭;而且,西班牙允许南海公司在智利和秘鲁沿岸使用其四个港口。实际上,南海公司只能在贩卖黑奴的贸易中获得利润,西班牙也从来没有打算让英国人用西班牙在美洲的港口进行自由贸易。

但是,公众对此并不知情,他们只知道这家公司能够赚大钱,又有政府的支持,是很好的投资对象。半数以上的参议员和众议员参与了投资,就连国王也禁不住诱惑,认购了价值 10 万英镑的股票。股票供不应求,南海公司股票价格狂飙,1719 年年中,从 1 月的每股128 英镑上升到 7 月的每股 1 000 英镑以上,6 个月涨幅高达 700%。股票价格持续上涨,就像一个越吹越大的泡沫,人称"南海泡沫"。

在南海公司的影响下,新成立了 170 多家股份公司,所有公司的股票,都成了投机对象。英国社会各界人士,包括军人和家庭妇女,甚至物理学家牛顿都卷入了这股漩涡。人们完全丧失了理智,不在乎这些公司的经营范围、经营状况和发展前景,只相信发起人吹嘘他们的公司能获取巨大利润,唯恐错过大捞一把的机会。一时间,股票价格暴涨。

1720 年 6 月,为了制止各类"泡沫公司"的膨胀,英国国会通过了《泡沫公司取缔法》,

一些公司随之被解散。许多投资者开始清醒,抛售手中所持股票。股票投资热开始降温,南海公司股价开始下滑。

1720 年 8 月月初,当人们知道南海公司董事会主席以及其他一些董事已经卖掉了自己原本持有的公司股票的时候,投资者开始不满并警觉起来。整个 8 月份,公司股价一直在走下坡路,到 9 月 2 日,股票的价格只有每股 700 英镑,而且继续往下滑。9 月 12 日,在秘书长克拉格先生的撮合下,南海公司董事和英格兰银行的董事召开了几次会议。由此产生了英格兰银行愿意为南海公司融通 600 万英镑债务的传言,使得南海公司的股票上涨到每股 670 英镑。但是,当天下午,该传言被证实为虚假消息,股票价格应声而落,并一直跌到了每股 400 英镑。

事态恶化引来了恐慌,人们希望英格兰银行能够为南海公司提供一些帮助以缓解这次危机。英格兰银行非常不愿意惹祸上身,但是在公众的要求下,被迫进场试图挽救大局。经过双方的协商,英格兰银行同意为支持公共信用预购 300 万英镑南海公司的债券。然而这样的努力仍然没能够挽救南海公司。人们对南海公司的债务缺乏信心,股票价格继续滑落,甚至引发了大量的银行挤兑现象。英格兰银行抵住了挤兑风暴的冲击,但南海公司却遭受了致命的打击,股票价格跌落到了每股 135 英镑。英格兰银行在恢复公众的信心,阻止毁灭性的潮流方面也已经无能为力了。1720 年年底,英国政府对南海公司资产进行清理,发现其实际资本所剩无几,而后,南海公司宣布破产。南海公司破产,犹如晴天霹雳,震惊了公司投资人和债权人,数以万计的股东及债权人蒙受损失,他们纷纷向英国议会提出严惩欺诈者并给予赔偿损失的要求。

英国议会为了平息南海公司破产引发的风波,于 1720 年 12 月成立了由 13 人组成的特别委员会,调查南海公司破产事件。特别委员会聘请伦敦市霍斯特莱思学校的会计教师查尔斯·斯内尔对南海公司会计账目进行审查。查尔斯·斯内尔于 1721 年发表了一份题为《伦敦市霍斯特莱思学校的习字教师兼会计师查尔斯·斯内尔对索布里奇商社会计账簿检查的意见》的查账报告,指出了公司存在的舞弊行为,但没有对公司编制虚假账目的目的表示自己的意见。英国议会根据这份报告,没收了南海公司董事的个人财产,将直接责任经理送进英国伦敦塔监狱。1853 年,苏格兰爱丁堡成立了第一个注册会计师的专业团体——爱丁堡会计师公会,标志着注册会计师职业的诞生。

20 世纪初,全球经济发展重心开始慢慢转移到美国,注册会计师审计在美国得到发展。1887 年,美国公共会计师协会(American Association of Public Accountants,AAPA)成立。1957 年,该协会改组为美国注册会计师协会(American Institute of Certified Public Accountants,AICPA)。这个时期由于金融资本对产业资本的广泛渗透,公司同银行的联系更加紧密,而银行一般通过资产负债表了解企业的信用,于是审计师主要审计企业的资产负债表,以确保其真实反映了企业的资产负债情况和偿债能力。由于审计的侧重点发生了变化,这个时期的审计不再仅局限于账目的正确性,而是关注企业的偿债能力,因此,这个时期的审计被称为资产负债表审计。同时,随着被审企业经营规模逐渐加大,交易事项逐渐复杂,对每个账目进行详细审计变得不切实际,因此审计师开始实施抽样审计。

20 世纪三四十年代,美国出现严重经济危机,大批企业倒闭,投资人和债权人遭受了巨大的经济损失,投资人和债权人意识到仅仅关注企业的偿债能力是不够的,还需要关注企业

1

的盈利能力以及现金流量情况。于是要求审计师不仅要对资产负债表进行审计,还需要对现金流量表进行审计。同时美国政府分别于 1933 年和 1934 年颁布了《证券法(Securities Act of 1933)》和《证券交易法(Securities Exchange Act of 1934)》,要求在证券市场上市的公司的财务报表必须经过注册会计师的审计并向社会公众公布审计报告。前者只保护购买首次发行证券的投资者,而后者保护的对象范围不仅仅局限于购买首次发行证券的投资者,还包括二级市场上的投资者等。因此,审计对象由资产负债表转变为整个财务报表。

第二次世界大战后,跨国公司得到空前发展,国际资本的流动带动了注册会计师审计的国际化,形成了一大批国际性会计师事务所。审计技术得到不断发展,抽样审计方法普遍使用,审计范围扩大到测试相关的经营风险与内部控制。

表 1-1　　　　　　　　　　　　**注册会计师审计的发展过程**

项　　目	阶　　段		
	资产负债表审计 (20 世纪初—20 世纪 30 年代)	财务报表审计 (20 世纪 30—40 年代)	现代审计 (第二次世界大战后至今)
审计对象	由会计账目扩大到资产负债表	所有财务报表和相关财务资料	所有财务报表和相关财务资料
审计目的	主要是通过对资产负债表数据的检查,判断企业信用状况(偿债能力)	对财务报表发表审计意见	对财务报表发表审计意见
审计方法	从详细审计初步转到抽样审计	广泛采用抽样审计	普遍运用抽样审计,推广应用制度基础审计,风险导向审计;广泛采用计算机辅助审计技术
报告使用者	除企业股东外,更突出了债权人	社会公众	社会公众
审计范围		扩大到测试相关的内部控制	建议增加风险评估
其　　他		拟订审计准则,推行注册会计师资格考试制度	①跨国发展,合并为"几个"大所;②业务范围扩大到代理纳税、会计服务、管理咨询

三、中国注册会计师审计的产生和发展

注册会计师审计在中国的起源要晚于西方国家。1918 年 9 月,北洋政府农商部颁布了我国第一部注册会计师法规——《会计师暂行章程》,并批准谢霖先生为中国的第一位注册会计师。1921 年,谢霖创办了中国第一家会计师事务所——正则会计师事务所。1930 年,国民政府颁布了《会计师条例》,确立了会计师的法律地位。

中华人民共和国成立初期,注册会计师审计在经济恢复工作中发挥了积极的作用,但在计划经济时期,注册会计师制度退出了经济舞台。1980 年 12 月,财政部颁布了《关于成立会计顾问处的暂行规定》,标志着我国的注册会计师制度进入了恢复起步阶段。1981 年 1 月 1 日,我国恢复注册会计师审计制度后的第一家会计师事务所——上海会计师事务所成立。1987 年,新中国第一部注册会计师法规——《中华人民共和国注册会计师条例》颁布。1988

年年底,注册会计师的全国性职业组织中国注册会计师协会成立,注册会计师制度开始进入了全面发展的时代。1993 年 10 月,新中国第一部注册会计师的专门法规——《中华人民共和国注册会计师法》颁布,从此,我国注册会计师审计得到迅速发展。1996 年和 1997 年,第一批、第二批中国独立审计准则开始实施。2006 年,我国审计开始实现与国际审计准则趋同。2010 年,我国对 38 项审计准则进行修订,并于 2012 年 1 月 1 日正式实施。2016 年 12 月,中国注册会计师协会修订印发《中国注册会计师审计准则第 1504 号——在审计报告中沟通关键审计事项》等 12 项审计准则。2019 年 4 月,中国注册会计师协会修订了《中国注册会计师审计准则第 1101 号——注册会计师的总体目标和审计工作的基本要求》等 18 项审计准则,自 2019 年 7 月 1 日起施行。

2020 年 1 月,中注协修订了五项审计准则问题解答,分别是《中国注册会计师审计准则问题解答第 1 号——职业怀疑》《中国注册会计师审计准则问题解答第 2 号——函证》《中国注册会计师审计准则问题解答第 4 号——收入确认》《中国注册会计师审计准则问题解答第 6 号——关联方》《中国注册会计师审计准则问题解答第 12 号——货币资金审计》。2020 年 11 月,中国注册会计师协会拟订(修订)了会计师事务所质量管理相关准则。本次拟订(修订)的准则包括三项,分别是《会计师事务所质量管理准则第 5101 号——业务质量管理》(修订)、《会计师事务所质量管理准则第 5102 号——项目质量复核》(拟订)以及《中国注册会计师审计准则第 1121 号——对财务报表审计实施的质量管理》(修订)。中国注册会计师协会于 2021 年 11 月印发了 5101 号、5102 号准则的应用指南。

2021 年 2 月 2 日,中注协制定了《中国注册会计师审计准则问题解答第 16 号——审计报告中的非无保留意见》,旨在帮助注册会计师结合被审计单位和审计业务的具体情况,发表恰当类型的非无保留意见。2021 年 12 月 9 日,财政部发布修订后的《中国注册会计师审计准则第 1601 号——审计特殊目的财务报表的特殊考虑》《中国注册会计师审计准则第 1603 号——审计单一财务报表和财务报表特定要素的特殊考虑》《中国注册会计师审计准则第 1604 号——对简要财务报表出具报告的业务》3 项审计准则;12 月 17 日,中注协针对上述 3 项审计准则发布修订后的配套应用指南。

2022 年 1 月,中国注册会计师协会对《中国注册会计师鉴证业务基本准则》等 11 项准则进行了一致性修订,对其他相关准则涉及会计师事务所质量管理准则、特殊目的的审计准则和中国注册会计师职业道德守则的相应条款作出文字调整,不涉及实质性修订。

2022 年 12 月 22 日,财政部发布了修订后的《中国注册会计师审计准则第 1211 号——重大错报风险的识别和评估》《中国注册会计师审计准则第 1321 号——会计估计和相关披露的审计》两项审计准则,并对《中国注册会计师审计准则第 1101 号——注册会计师的总体目标和审计工作的基本要求》等 23 项准则进行了一致性修订。该批准则于 2023 年 7 月 1 日起施行。2022 年 12 月 30 日,财政部发布了修订了《〈中国注册会计师审计准则第 1211 号——重大错报风险的识别和评估〉应用指南》和《〈中国注册会计师审计准则第 1321 号——会计估计和相关披露的审计〉应用指南》,自 2023 年 7 月 1 日起施行。2023 年 4 月 4 日,财政部对《〈中国注册会计师审计准则第 1101 号——注册会计师的总体目标和审计工作的基本要求〉应用指南》等 34 项应用指南进行了一致性修订,自 2023 年 7 月 1 日起施行。

至 2023 年,我国共发布注册会计师执业准则 48 项,其中包含 1 项总则、45 项具体准则以及 2 项质量管理准则,具体的准则内容请参考中注协网站。

第二节 审计的定义、流程与业务 ————————————●

一、审计的定义

美国会计学会基本审计概念委员会于 1973 年在《基本审计概念说明》(*A Statement of Basic Auditing Concepts*，ASOBAC)中对审计所下的定义是：审计是通过客观地获取和评价有关经济活动与经济事项认定的证据，以查明这些认定与既定标准之间的符合程度并将其传达给利害关系人的一个系统过程。美国会计学会前会长 Alvin A. Arens 在其所著的《审计学：一种整合方法》(*Auditing and Assurance Services：An Integrated Approach*)一书中指出，审计是由有胜任能力的独立人员对特定的经济实体的可计量信息进行收集和评价证据，以确定和报告这些信息与既定标准的符合程度。此外，还有很多组织和学者对审计下过定义。

总结已有的定义，我们认为，审计是指具有专业胜任能力的独立人员，客观地获取证据以评价有关认定的一个系统过程，其目的是评价这些认定与既定标准的相符程度。由此可以看出审计定义中包含三个方面的要素。

（一）审计实施者的特征

审计的实施者必须具有两个特征：专业胜任能力与独立性。

专业胜任能力，是指审计实施者必须具有相关的专业知识、经验和能力。比如，专门从事金融行业审计的会计师事务所，可能无法对 IT 行业的企业提供高质量审计服务。因为其缺乏与 IT 行业相关的知识和经验，专业胜任能力较弱。

按照注册会计师职业道德守则(2020)，独立性是指注册会计师在从事审计，审阅或其他鉴证业务时，应当保持独立性，不得受到任何利益关系的影响。即独立性是指审计实施者与被审计单位之间不能存在除审计收费以外的其他经济利益关系。比如，A 会计师事务所租用 B 单位的房子办公，如果 A 事务所再去审计 B 单位，那么，两者之间就存在除了审计收费以外的其他经济利益关系，就存在独立性被威胁的情况。独立性要求审计师在审计过程中保持形式上和实质上的独立性，不得因任何利害关系影响其客观、公正的立场。所谓形式上的独立性，是针对第三方而言的，审计实施者必须在第三方面前呈现一种独立于被审计单位的身份，即在他人看来是独立的。比如，会计师事务所派出一个由 A、B、C 三人组成的审计小组，去审计 XYZ 公司，倘若 A 的配偶就是 XYZ 公司的财务总监，从一个理性的第三方来看，这种安排就是缺乏形式上的独立性。实质上的独立性是指审计实施者在审计过程中做到客观公正、勤勤恳恳、一丝不苟。比如，A 会计师事务所审计 B 单位时，发现 B 单位收入的一半以上来自对 X 公司的出口业务，但审计师只是简单查看了下 B 单位提供的相关出口凭证，而没有向 X 公司进行询问，就属于没有保持实质上的独立性。

（二）审计的主要工作

审计的主要工作就是收集审计证据。审计证据是审计人员下结论的依据，收集审计证据是审计过程中非常重要的环节。审计师为了客观地获取审计证据，需要具有职业判断和职业怀疑。职业判断，是指在审计准则、财务报告编制基础和职业道德要求的框架下，注册会计师综合运用相关知识、技能和经验,作出适合审计业务具体情况、有根据的行动决策。职业怀疑,是注册会计师执行审计业务的一种态度,包括采取质疑的思维方式,对可能表明由于错误或舞弊导致错报的迹象保持警觉,以及对审计证据进行审慎评价。

(三) 审计的目的

审计的目的就是评价有关认定,提高财务报表预期使用者对财务报表的信赖程度。就会计师事务所审计而言,认定就是管理层对财务报表各组成要素的确认、计量、列报等做出的明确或隐含的表达。通俗地说,就是管理层提供给我们的财务报表,报表上面的事项都是管理层的认定。比如报表上列示了存货 100 万元,其实管理层想告诉我们企业存在 100 万元存货、这 100 万元存货属于企业所有、存货的正确金额是 100 万元等认定,审计师需要针对以上的认定一一进行验证。审计人员的任务就是去验证这些认定与既定标准的相符程度。所谓既定标准,就是相关的会计准则制度。审计人员要去审核这些认定是否按照既定的会计准则制度形成,是否真实。

二、审计的流程

审计的流程一般分为审计计划、审计实施和审计报告三个阶段。

(1) 审计计划阶段主要活动包括接受委托、签订业务约定书、编制审计计划。一般来说,会计师事务所在接受被审计单位的委托后,就会与其签订审计业务约定书(即合同),对审计双方的责任、义务进行界定,然后会计师事务所就会派出一个审计小组,指定审计组长,到被审计单位去收集证据,这个过程也称为审计的外勤工作。一般外勤工作是有时间限制的,通常为一个月或两个月的时间。审计人员到达被审计单位那天,一般要举行一个进点会,进点会的参与者为被审计单位的主要负责人和审计小组人员。审计小组组长要就本次审计做一个大概的介绍,比如审计的目的、参与的人员、大概审计的范围,以及需要被审计单位提供什么帮助等,与被审计单位进行沟通。沟通完毕后,审计小组进入正式审计实施阶段。

(2) 审计实施阶段主要就是收集审计证据,即实施外勤工作。正如前文所讲,审计的主要工作就是收集证据,因此这是审计最为重要的阶段,审计师需要通过收集证据来判断被审计单位管理层的认定和既定标准是否相符,才能为审计报告阶段提供依据和基础。在该阶段,审计师主要通过实施控制测试与实质性测试收集证据。

(3) 审计报告阶段主要是对收集到的证据进行分析汇总,然后决定给被审计单位出具的审计结论。在收集证据(外勤工作)结束后,一般要举行一个出点会。在出点会上,审计人员会说明这次审计发现的问题、需要对方调整的事项、最后大概出具什么审计结论和意见。

审计准则
1151 号

审计师在审计的整个过程中都需要与被审计单位进行沟通,尤其是审计中发现问题应该及时与被审计单位沟通,并得到对方的回馈。因为被审计单位更了解自己,有的时候审计师发现的问题可能是正常情况,比如审计师审计一个企业发现其年末应收账款的占比达到总资产的 80%,于是审计师就认为被审计单位应收账款管理存在问题,应收账款的回收存在缺陷,但是在询问被审计单位时,被审计单位解释企业的销售旺季在 12 月 25日前后,由于应收账款的回收有一定的期限,一般为 30～60 天,因此 12 月 31 日应收账款的占比高就是正常的。所以在审计过程中,一定要注意与被审计单位的沟通,这也有利于审计工作的顺利开展,同时更好地为被审计单位提供服务。审计师与管理层、治理层的沟通贯穿审计的始终。管理层,是指对被审计单位经营活动的执行负有管理责任的人员。

1

治理层,是指对被审计单位战略方向以及管理层履行经营管理责任负有监督责任的人员或组织。治理层的责任包括对财务报告过程的监督。在某些被审计单位,治理层可能包括管理层成员。在某些被审计单位,管理层包括部分或全部的治理层成员。审计师与管理层和治理层的沟通是双向的,一方面,审计师需要通过与管理层和治理层沟通,获取审计需要的相关信息;另一方面,审计师需要把审计过程中的重大发现、重大问题、遇到的困难、审计报告内容等与管理层和治理层进行沟通,获得管理层和治理层的意见和评论。可见,审计师应当与治理层沟通审计师与财务报表审计相关的责任,包括:一是,审计师负责对管理层在治理层监督下编制的财务报表形成和发表意见;二是,财务报表审计并不减轻管理层或治理层的责任。

审计的流程如图 1-2 所示。

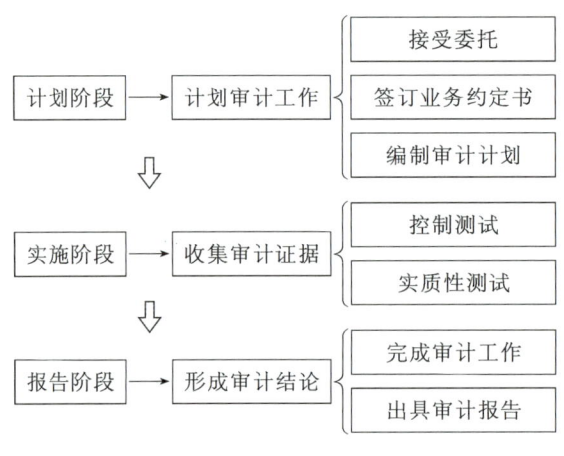

图 1-2 审计的流程

国家审计与内部审计的流程也包括计划阶段、实施阶段和报告阶段。计划阶段的主要工作包括组成审计组、开展审前调查、编制审计方案和下达审计通知书。实施阶段主要工作,包括召开审计进点会议、收集有关资料、获取审计证据、编制审计工作底稿、与被审计单位交换意见。审计报告阶段主要工作,包括编制审计报告、征求意见、修改与审定审计报告、出具审计报告、建立审计档案。

除了上述的三个阶段外,国家审计与内部审计还存在一个后续审计阶段。后续审计是国家审计机关或内部审计机构为检查被审单位是否执行审计建议而进行的审计,是审计工作结束后的一个重要步骤。国家审计机关为了监督和保证被审单位切实执行审计决定,有必要根据原来审计的情况和决定进行这种追加审计。在一般情况下,后续审计主要针对审计中发现的问题和审计结论所涉及的范围进行,并不要求重新进行详尽的检查。后续审计在内部审计中也有着重要的作用。后续审计的目的是确保对内部审计报告中提出的审计结果采取合适的行动。后续审计的程序和方法与一般的审计程序和方法基本相同,但针对性较强。后续审计阶段主要工作,包括移交重大审计线索、推进责任追究、检查审计发现问题的整改情况和审计建议的实施效果。

三、审计的业务

审计的业务主要分为鉴证业务与非鉴证业务两大类。

（一）鉴证业务

雷·惠廷顿（O. Ray Whittington）和库尔特·帕尼（Kurt Pany）在《审计与其他鉴证业务理论》（*Principles of Auditing and Other Assurance Services*）中对鉴证业务的定义是鉴证旨在提高信息的可信度。根据我国《注册会计师鉴证业务基本准则》，鉴证业务，是指"注册会计师对鉴证对象信息提出结论，以增强除责任方之外的预期使用者对鉴证对象信息信任程度的业务。"也就是说，鉴证业务是为了增强鉴证对象信息信任程度而由审计师提供的服务。鉴证业务应该具有五要素，分别是鉴证三方关系、鉴证对象、鉴证标准、鉴证证据和鉴证报告。其中鉴证标准是用于评价或计量鉴证对象的标准。鉴证标准可以是公认的和正式的，如企业会计准则，也可以是非正式的，如单位内部规章制度。鉴证证据是鉴证实施者发布鉴证报告所依据的一切信息的集合。鉴证报告是鉴证实施者出具包含鉴证结论的书面报告。鉴证业务也涉及三方关系，鉴证业务的实施者（一般就是注册会计师）、被鉴证对象和预期使用者。预期使用者是指预期使用鉴证报告的组织或人员。责任方可能是预期使用者，但不是唯一的预期使用者。责任方是指在直接报告业务中，对鉴证对象负责的组织或人员。或是在基于责任方认定的业务中，对鉴证对象信息负责并同时可能对鉴证对象负责的组织或个人。关于直接报告业务和基于责任方认定业务的概念，我们在本节后面详细介绍。鉴证对象是鉴证客体。鉴证实施者可以直接对鉴证对象进行鉴证，也可以对鉴证对象信息进行鉴证。鉴证对象信息是对鉴证对象进行计量评价之后的信息，如对体检表进行鉴证，体检表是对被检查者身体状况按照一定标准编制的鉴证对象信息。鉴证对象的范围不仅仅局限于财务报表，还包括非财务信息，有可能是某种行为、物理特征，或者某种系统、过程等。

根据鉴证业务的对象不同，鉴证业务可以分为基于责任方认定的业务和直接报告业务。在基于责任方认定的业务中，责任方对鉴证对象进行评价或计量，鉴证对象信息以责任方认定的形式为预期使用者获取。如在财务报表审计中，被审计单位管理层（责任方）对财务状况、经营成果和现金流量（鉴证对象）进行确认、计量和列报（评价或计量）而形成的财务报表（鉴证对象信息）即为责任方的认定，该财务报表可为预期报表使用者获取，注册会计师针对财务报表出具审计报告，这种业务属于基于责任方认定的业务。在直接报告业务中，注册会计师直接对鉴证对象进行评价或计量，或者从责任方获取对鉴证对象评价或计量的认定，而该认定无法为预期使用者获取，预期使用者只能通过阅读鉴证报告获取鉴证对象信息。如在内部控制鉴证业务中，注册会计师可能无法从管理层（责任方）获取其对内部控制有效性的评价报告（责任方认定），或虽然注册会计师能够获取该报告，但预期使用者无法获取该报告，注册会计师直接对内部控制的有效性（鉴证对象）进行评价并出具鉴证报告，预期使用者只能通过阅读该鉴证报告获得内部控制有效性的信息（鉴证对象信息），这种业务属于直接报告业务。

根据保证程度不同，鉴证业务分为合理保证业务和有限保证业务。合理保证，是指审计师在财务报表审计中提供的一种高度但非绝对的保证。合理保证一般是指注册会计师收集证据比较充分，使用不同的方法来收集；在作出结论的时候比较有信心，一般是以积极方式提出结论。注册会计师提供的保证为什么不能是绝对保证呢？因为注册会计师在审查过程中，存在一些固有局限性，比如不能对所有事项进行审计、审计时间有限等，因此，不能提供绝对保证。财务报表审计业务属于合理保证的鉴证业务。有限保证的鉴证业务的目标是注册会计师将鉴证业务风险降至该业务环境下可接受的水平，以此作为以消极方式提出结论

1

的基础。有限保证一般是指注册会计师在收集证据过程中只使用有限的方法,因此只能获取有限的证据,其在做出结论的时候信心就不太充分,所以以消极方式提出结论。财务报表审阅业务属于有限保证的鉴证业务。

根据鉴证的性质不同,鉴证业务分为历史财务信息审计业务、历史财务信息审阅业务和其他鉴证业务。历史财务信息审计业务,是指注册会计师对财务报表是否存在重大错报提供合理保证。历史财务信息审阅,是指注册会计师接受委托,主要通过实施询问和分析程序,对财务报表是否存在重大错报提供有限保证。其他鉴证业务,是指除历史财务信息审计业务和历史财务信息审阅业务之外的其他鉴证业务,包括预测性财务信息的审核,实施商定程序等。

(二) 非鉴证业务

非鉴证业务,是鉴证业务之外的服务,包括会计服务、税务服务、管理咨询服务等。会计服务包括代理记账、编制会计报表等;税务服务包括税务代理和税务筹划;管理咨询服务包括对公司治理结构、信息系统、预算管理、人力资源管理、经营效率等提供意见和建议。正如前文所述,区分一个业务是鉴证业务还是非鉴证业务,主要看是否具有鉴证业务的五要素。

第三节 审计的分类

一、按审计业务内容不同分类

按照审计业务内容不同,可分为财务报表审计、合规性审计、绩效审计。

(一) 财务报表审计

雷·惠廷顿和库尔特·帕尼编著的《审计与其他鉴证服务理论》中指出,财务报表审计是指审计师对财务报表包括资产负债表、利润表、现金流量表以及相关附注进行审计,看财务报表是否按照公认会计准则进行编制。根据中国注册会计师协会编写的《审计》,财务报表审计是指审计师对财务报表是否存在重大错报提供合理保证,以积极方式提出意见,以增强除管理层之外的预期使用者对财务报表信赖的程度。如何判断错漏报是否属于重大,需要使用重要性这个概念,这个概念将在后面章节讲到。因此,可以看出财务报表审计是指对被审计单位的财务报表事项所进行的审计,主要关注财务报表的合法性和公允性。合法性是指财务报表列报是否按照既定的会计准则来编制。公允性是验证在报表上的事项是否真实。企业的经济状况在报表中是否充分披露。

(二) 合规性审计

合规性审计是指对被审计单位是否遵循特定的法规、程序等进行审计。这里要注意合规性审计中所指的法规是除会计、财务法规之外的法规。如对被审计单位是否遵守税法、环境保护法等进行的审计,就属于合规性审计。再如对被审计单位是否遵守内部控制相关规定、是否遵守国家重大政策措施进行的审计,都属于合规性审计。

(三) 绩效审计

绩效审计也称经营审计,是指对被审计单位经营活动的经济和效益进行的审计。绩效审计需要使用很多指标来评价被审计单位,一般主要对被审计单位的经济性(economy)、效率性(efficiency)、效果性(effectiveness)进行评价。所谓经济性,是指以最低费用取得一定质量的资源,即支出是否节约,主要审查和评价政府投入的各种资源是否得到经济合理的利用;效率性,是指以一定的投入取得最大的产出或以最小的投入取得一定的产出,即支出是否讲究效率;效果性,是指在多大程度上达到政策目标、经营目标和其他预期结果。还有学者提出应该增加两个"e",一个是环境性(environment),还有一个是公平性(equity)。环境性是指企业的经济活动符合可持续性发展原则,对自然生态环境不造成损害或是起到保护作用。而公平性是指企业的经济活动是否兼顾了不同利益相关方的利益。

　　注册会计师主要从事财务报表审计,针对财务报表是否在所有重大方面按照财务报告编制基础编制并实现公允反映而发表审计意见。目前,注册会计师也进行内部控制审计。内部控制审计实际上包括合规性审计和绩效审计两部分,因为进行内部控制审计需要首先判断被审计单位的内部控制是否健全,被审计单位是否执行内部控制制度,然后还需要判断内部控制的执行效果。有的时候,被审计单位会要求同一个事务所既实施财务报表审计,也实施内部控制审计,我们称这种审计为整合审计(integrated audit)。

二、按审计实施者不同分类

　　按照审计实施者不同,可分为国家审计、内部审计和注册会计师审计。

(一) 国家审计

　　国家审计也称政府审计,是指由政府审计机关依法实施的审计。如审计署和地方审计厅、审计局实施的审计。

1. 国家审计的模式

　　国家审计的模式主要有 4 种。

　　(1) 立法型审计模式。立法型审计模式下,审计机关隶属于立法部门,直接对议会负责并报告工作,完全独立于政府,主要审计政府财政。这种模式在西欧、北美等发达国家和许多发展中国家十分普遍,是目前世界审计制度的主流模式。英美两国比较典型,美国除了国会设有审计机构外,在联邦政府各部门还另设有监察长办公室,相当于政府部门的内部审计,主要负责审查所在部门的业务活动、经济效果以及本部门官员行为的合法性。

国家审计

　　(2) 司法型审计模式。司法型审计模式下,审计机关隶属于司法部门,审计机关除具有审计职能外,还拥有一定的司法权限,显示了国家对法治的强化。法国、意大利、巴西是典型的代表,它们设立审计法院,享有最高法院的某些特权,可以对违法或造成损失的事件进行审理并予以处罚。审计人员多为法官,审计的主要对象是国家财政。同时,负责管理财政部派出的公共会计。

　　(3) 行政型审计模式。行政型审计模式下,审计机关在体制上隶属于国家行政系列,是国家行政机构的一部分,对政府负责并报告工作。但从发展趋势看,它也越来越多地在为立法部门服务。目前,实行这种模式的主要有瑞典、沙特等少数国家。

　　(4) 独立型审计模式。独立型审计模式下,在隶属关系上,审计机关不隶属于任何权力部门。以德国、日本为典型代表,德国设立了联邦审计院,独立于立法、司法和行政部门,直接对法律负责。这种模式从形式上是独立于三权的,实际上它更偏重服务立法部门。

我国的国家审计模式为行政型。

2. 我国国家审计的发展

（1）新中国成立以前的发展。古代国家审计的内容主要包括两个部分，一个是针对财政财务收支的审计，一个是针对官员考核绩效的审计。国家审计毫无疑义地承担起了替君王监督臣子、地方官僚权力行使和责任履行情况的重任。纵观中国古代，设立国家审计的主要目的是在经济方面监督各级官员是否忠于自己、有无贪污舞弊，最终是维护统治者的利益。

而后，中华民国的国家审计借鉴了资本主义国家审计制度的先进经验和做法，体现了资产阶级民主思想在国家政权中的发展。

（2）新中国成立以后的发展。新中国的审计事业是伴随着我国的经济体制建立、改革和对外开放而产生，并逐步发展壮大的。中国国家审计制度发展历程可分为 4 个阶段，分别是萌芽阶段、探索阶段、发展阶段和完善阶段。

Ⅰ. 萌芽阶段（1949—1995 年）

萌芽阶段我国的国家审计工作前后经历了两个不同的时期。前一时期自 1949 年到 1982 年，后一时期以 1982 年宪法规定实行审计监督为开端，确立了社会主义审计制度。前一时期我国未设置独立的国家审计机构，未形成独立的审计监督制度。后一时期的审计工作大体可分为三个阶段：第一阶段是改革开放初期，社会主义审计制度建立和审计工作起步阶段。1983 年 9 月 15 日，中华人民共和国审计署成立，我国社会主义审计事业开始起步。1983 年《国务院批转审计署关于开展审计工作几个问题的请示的通知》对审计机关的任务、职权、设置和领导关系等作了规定。1985 年 8 月国务院颁布的《国务院关于审计工作的暂行规定》，对审计程序、审计报告、审计结论和决定、复审申请、审计人员的法定文务和法律保护、违反暂行规定的法律责任等作出了规定；同年 10 月审计署颁布了《审计工作试行程序》，明确规定了审计机关的审计工作程序，还对每一步骤的工作内容、要求、审计文书格式等都做出了规定。第二阶段是经济体制转变时期，审计工作在探索中稳步发展的阶段。这一阶段，我国国家审计的组织体系更加健全，县级以上各级政府建立的审计机关达到 3 000 多个，审计署还在全国部分大中城市和国务院各部门设立了派出机构。1994 年 8 月 31 日正式颁布《中华人民共和国审计法》，这是中国审计法制建设的重要里程碑，标志着审计工作走上了法制运行的轨道，中国特色审计监督制度框架初步形成。审计工作紧紧围绕着国家经济建设中心，遵循"抓重点、打基础""积极发展、逐步提高"和"加强、改进、发展、提高"等方针，不断扩大审计领域，充实、深化审计内容，积极摸索、改进审计方式和技术方法，审计重点由企业审计逐步向财政、金融、重点建设项目审计等方面转移。第三阶段是建立社会主义市场经济体制时期，审计工作全面发展阶段。审计机关还十分重视项目审计的规范化，在不断总结经验、参考国外有益的理论和方法的基础上，制定了许多规章制度。

Ⅱ. 探索阶段（1996—1999 年）

随着实践的发展，对审计规范化要求提高。从 1995 年开始，审计署着手探索制定审计准则，1996 年制定了《审计工作规范化建设规划方案》和《审计工作规范化项目分工实施计划》，1996 年年底先后发布了《中华人民共和国国家审计基本准则》等 38 个规范（简称 38 个规范）等。

我国在国家审计准则的探索阶段，主要有以下两个特点：一是本土化和国际化相结合。

38 个规范在体例设计和内容上,基本上是按照国家审计领域内通行的体例结构和准则体系要求,借鉴一些国家惯例和通行做法,又结合我国国家审计的实际情况,尤其是中国特色审计制度建立时间不长这个国情。二是层次明确。对于这 38 个规范,最高审计机关在审定草案时,采取了区别对待,对于不成熟的、与准则差距大的、属于机关行政管理工作的,不以准则形式发布的规范,仍作为行政法规,以规定、暂行规定或办法发布,仅对于比较成熟的称为准则,而汇编时为了便于理解、宣传和贯彻执行,统称为审计规范。1999 年经济责任审计的"两办"规定颁布后,确定了党政领导干部和企业领导人员的经济责任审计制度,自此,经济责任审计在中国得到大发展。

Ⅲ. 发展阶段(2000—2010 年)

这一阶段主要工作是完善审计准则体系。按规范的内容性质,将需要制定的审计准则分为通用的审计准则和专业审计准则两类。

2000 年以后,审计署陆续以 4 个审计署令发布了《中华人民共和国国家审计基本准则》等 20 个审计准则。2002 年,审计署第一次实行审计结果公告制度,且对中央各大部委 2003 年度预算执行情况进行审计发现了许多重大问题,催生了社会瞩目的"审计风暴"。2006 年审计署正式颁布《中华人民共和国审计署审计结果公告》,同年,《审计法》完成了修订,审计署陆续颁布了 38 个审计规范以及《国家审计基本准则》等 20 多个审计准则,构建起了以《中华人民共和国宪法》为依据,以《审计法》及其实施条例为主体,以审计准则为基础的比较完善的审计法律体系。

在国家审计准则的发展阶段,我国不仅构建了较为全面的审计准则体系,而且力求在审计质量控制上取得突破。该阶段的特点主要有以下几点:一是构建起了较为全面的审计准则体系。二是构建起了质量控制体系,并与审计准则并行。为实行审计项目全过程质量控制和质量追究制度,构建起一套完整的质量控制体系,明确了主要环节的工作目标和质量要求,同时也为进一步完善审计准则做准备和探索。在审计准则之外建立起与准则并行的质量控制体系,突出了质量控制的重要性,同时采取"打补丁"这种方式强调审计质量,也体现了国家审计准则发展的阶段性特征。

Ⅳ. 完善阶段(2011—2017 年)

《中华人民共和国审计法实施条例》经 2010 年 2 月 2 日国务院第 100 次常务会议修订通过,该条例自 2010 年 5 月 1 日起施行。《审计法实施条例》包括总则、审计机关和审计人员、审计机关职责、审计机关权限、审计程序、法律责任和附则 7 章,共计 58 条。2008 年 7 月 15 日,审计署印发了《关于成立国家审计准则咨询专家组和修订工作组的通知》,这标志新的审计准则的修订工作正式启动。2010 年 9 月 1 日,经过两年的制订、修改和征求意见等工作,审计署发布了《中华人民共和国国家审计准则》,并于 2011 年 1 月 1 日起实施。此次修订在适用范围、审计人员独立性和职业道德要求、审计计划、审计实施、审计报告、审计质量控制、内部控制的关注,责任以及信息技术下审计的特别规定上都有所变化。

Ⅴ. 飞速发展阶段(2018 年以后)

2018 年,党的十九大作出了改革审计管理体制的决策部署,《深化党和国家机构改革方案》从加强党对审计工作的领导和优化审计职责等方面作出具体部署:

——组建中央审计委员会。为加强党中央对审计工作的领导,构建集中统一、全面覆盖、权威高效的审计监督体系,更好发挥审计监督作用,组建中央审计委员会,作为党中央决策议事协调机构。

——优化审计署职责。将国家发展和改革委员会的重大项目稽查、财政部的中央预算执行情况和其他财政收支情况的监督检查、国务院国有资产监督管理委员会的国有企业领导干部经济责任审计和国有重点大型企业监事会的职责划入审计署，相应对派出审计监督力量进行整合优化，构建统一高效审计监督体系。

2021年10月23日，十三届全国人大常委会第三十一次会议审议通过了关于修改审计法的决定，自2022年1月1日起施行。审计法的修订进一步凸显了我国审计制度的三个特色：

第一，党对审计工作领导的"集中统一"的体制安排。中国共产党对审计工作的领导是我国审计管理体制的鲜明特征。中国特色社会主义审计制度自建立以来，始终把坚持党的领导作为基本原则和首要的政治前提，确保审计事业发展始终坚持正确的政治方向。2018年根据《深化党和国家机构改革方案》，组建了中央审计委员会，作为党中央决策议事协调机构，随后各省市县党委相继成立了地方党委审计委员会，全面加强了党对审计工作的领导。2021年出台的《中央审计委员会关于加强对地方党委审计委员会工作的指导意见》，进一步完善了党对审计工作领导的审计制度。近年来审计工作取得的显著成绩，证明了这次审计管理体制改革是有效的。为巩固和深化审计管理体制改革成果，把加强党的领导落实到审计工作全过程各环节，新修订的审计法在总则第二条中增加规定，"坚持中国共产党对审计工作的领导，构建集中统一、全面覆盖、权威高效的审计监督体系"。

第二，与审计监督地位相应的"全面覆盖"的审计职责权限。审计是党和国家监督体系的重要组成部分，是推进国家治理体系和治理能力现代化的重要力量。党中央国务院始终高度重视审计工作，不断对审计工作提出新要求和赋予新使命。我国审计监督制度建立40年来的实践也表明，审计监督在严肃财经纪律、规范管理和提升绩效、防范重大风险、反腐败和促进改革方面都具有重要作用。为使审计机关能够充分履行这些审计监督职责，新修订的审计法在原有的调查、检查、采取强制措施、移送和建议、通报公布审计结果、处理处罚等审计权限的基础上，进一步扩展了审计机关获取资料和进行检查的权限，压实了被审计单位配合审计的责任。赋予审计机关"全面覆盖"的审计职责权限，为审计机关有效开展审计监督提供了保障，表明新时代审计监督面临的更高期望，也体现了审计监督在我国国家治理中的重要地位和作用，这是我国审计监督制度的重要特色之一。

第三，保障审计监督工作"权威高效"的审计运行机制。审计运行机制是审计制度的重要组成部分，解决了审计机关和审计人员如何开展审计工作、审计工作如何发挥作用等问题。新修订的审计法，在审计运行机制方面进一步作出规定，保障了审计监督的权威高效。如增加了加强审计机关自身建设和提升审计独立性的规定，进一步规范了审计监督行为；要求下级审计机关向上级审计机关报送审计报告和审计决定，这是切实加强上级审计机关对下级审计机关的业务领导，实行审计工作"全国一盘棋"的重要举措；明确了有关部门和单位对审计发现问题进行整改的责任，完善向人大报告审计工作和审计发现问题整改情况的机制，不仅从法律上明确了审计整改的要求，有利于审计监督取得实效，还有利于发挥审计监督对人大监督的支持作用；明确审计机关提请公安、财政、自然资源等机关协助审计机关履行审计监督职责，有关机关予以配合的责任，对建立军地审计协作配合机制作出规定，对于审计发现问题处理和审计结果运用中有关各方的责任和机制的规定，都体现了审计监督与其他监督贯通协同的要求。从法律上对审计工作运行机制作出完善,有利于解决当前影响审计监督工作实效的突出障碍和问题,同时也从客观上保障了审计监督的权威性。

思考题:

审计是党和国家监督体系的重要组成部分,在维护国家财政经济秩序、提高财政资金使用效益、促进廉政建设等方面承担重要职责。中共中央总书记、国家主席、中央审计委员会主任习近平主持召开二十届中央审计委员会第一次会议时指出要发挥审计的"如臂使指,如影随形,如雷贯耳"的作用。请谈谈你对审计重要性的理解。

3. 国家审计的本质

国内学者对国家审计本质的认识理论包括经济监督论、经济控制论、权力制约论、民主法治论和"免疫系统"论。

(1)经济监督论。经济监督论认为,国家审计的本质就是经济监督。该观点强调国家审计对于具体经济行为和经济事项的监督作用,适用于审计制度初期审计环境和实际审计机关工作的情况。但经济监督论,没有从审计作用领域和功能来界定审计的本质,没有认可国家审计发挥的咨询作用。

(2)经济控制论。经济控制论认为,国家审计是一种经济控制,是监督保证经营者受托责任履行的控制机制,审计人员对审计过程中发现的问题实施"纠偏"。但经济控制论也是强调国家审计的监督控制作用,对国家审计的咨询作用重视不够,尤其是国家审计在宏观方面的作用更是没有说明。

(3)权力制约论。权力制约论认为,国家审计的本质是一种权力制约工具,即国家审计通过对政府权力实施情况的监督,实现对政府权力的控制,防止权力滥用和腐败。权力制约论是从政治学角度在政治制度安排层面对国家审计的本质进行的概括,仍然没有凸显国家审计的咨询功能。

(4)民主法治论。民主法治论认为,国家审计既是民主与法治的产物,也是民主与法治的工具。与前面几个理论相比,民主法治论不仅说明了国家审计与法治的关系,还强调了国家审计的推动和促进作用,体现了国家审计在民主法治方面的咨询建议功能。

(5)"免疫系统"论。"免疫系统"论认为,为了实现国家的良好治理,国家审计依法对权力进行监督评价,它是国家治理的重要组成部分,更好地保障人民的利益,是一个内生的具有预防、揭示和抵御功能的"免疫系统"。

经济监督等观点主要是从微观的视角认识审计,权力制约论或民主法治论是从政治的视角认识审计,而"免疫系统"论则是从国家经济社会整体的视角认识审计,它综合了经济监督论、经济控制论、权力制约论和民主法治论等观点,体现了国家审计的两个功能:监督与咨询。根据"免疫系统"论,编者认为,国家审计本质可概括为独立的、监控性的、咨询性的利益保障机制。

4. 中国国家审计的特征

我们可以根据中国国家审计的具体实践把国家审计定义为:审计机关依法对被审计单位的财政财务收支及相关活动和责任的真实性、合法性和效益性进行独立的鉴证活动,并建议对国家政府运行方式和结果进行改进,实现国家治理价值增值。

相比于社会审计与内部审计来说,国家审计一般具有权威性和广泛性两个特点。权威性是指国家审计是强制性的,被审计单位必须接受,而且其审计结果可作为处罚被审计单位的依据。广泛性是指国家审计的范围非常广泛,只要是财政资金涉足的地方,都是国家审计机关审计的范畴,不仅仅局限于财务信息,还涉及合规性审计和绩效审计,而且现阶段主要以合规性审计和绩效审计为主。目前国家审计开展的种类包括自然资源资产审计、领导干部经济责任审计、国家重大政策措施落实审计、精准扶贫审计等。

2015年起,审计署非常强调审计全覆盖,对公共资金、国有资产、国有资源和领导干部履行经济责任情况实行审计全覆盖,做到应审尽审、凡审必严、严肃问责,到2020年,要基本形成与国家治理体系和治理能力现代化相适应的审计监督机制,更好发挥审计在保障国家重大决策部署贯彻落实、维护国家经济安全、推动深化改革、促进依法治国、推进廉政建设中的重要作用。

2018年成立的中央审计委员会,是加强党对审计工作领导的重大举措,目的是构建集中统一、全面覆盖、权威高效的审计监督体系,更好发挥审计在党和国家监督体系中的重要作用。中央审计委员会的主要职责,是研究提出并组织实施在审计领域坚持党的领导、加强党的建设方针政策,审议审计监督重大政策和改革方案,审议年度中央预算执行和其他财政支出情况审计报告,审议决策审计监督其他重大事项等。中央审计委员会办公室设在审计署。

目前,我国国家审计坚持党对审计工作的集中统一领导,依法独立行使审计监督权,并具有以下特征:

(1) 法定性。《中华人民共和国宪法》《中华人民共和国审计法》及其实施条例等法律法规、《中国共产党党内监督条例》等党内法规、《关于完善审计制度若干重大问题的框架意见》及相关配套文件,以及《国务院关于加强审计工作的意见》等,对审计监督职责做出明确规定,赋予审计机关维护经济秩序、推动改革、推进法治、促进廉政、强化问责、保障发展等职责和任务。

(2) 独立性。审计机关依法独立行使审计监督权,不受其他行政机关、社会团体和个人的干涉。

(3) 全面性。凡是涉及管理、分配、使用公共资金、国有资产、国有资源的部门、单位和个人,都要自觉接受审计、配合审计。审计对象和内容涵盖经济、政治、文化、社会、生态文明等多个领域。

(4) 专业性。审计的实施需要依赖专业知识和技术方法。审计人员需要具备扎实的专业知识、专业胜任能力和工作经验,同时还需要严格遵守法律法规和国家审计准则,恪守审计职业道德。

(5) 及时性。审计具有反应快速的特征。审计机关可以根据党和国家中心工作的安排以及国民经济运行形势变化的需要,抽调审计力量开展专项审计,及时向党中央、国务院报送相关信息,供党中央、国务院及时掌握真实情况。

5. 典型的国家审计业务类型

典型的国家审计业务类型包括重大政策措施落实审计、领导干部经济责任审计、扶贫审计、财政审计、投资审计、社保审计等。重大政策措施落实审计,是指审计机关依法对各地区、各部门贯彻落实国家重大政策措施和宏观调控部署情况,主要是对贯彻落实的具体部署、执行进度、实际效果等进行监督检查。领导干部经济责任审计,是审计部门通过对领导干部任职期间在其管辖范围内贯彻执行党和国家经济方针政策、决策部署,推动经济和社会事业发展,管理公共资金、国有资产、国有资源,防控重大经济风险等有关经济活动的检查和评价,就领导干部经济责任履行情况进行监督和鉴证的活动。扶贫审计,是指对扶贫工作进行审计,主要是对财政扶贫资金、扶贫项目的实施、扶贫政策的执行及扶贫情况的评估,从财政控制、风险管理、政策合规、绩效评价等方面对扶贫资金使用情况进行检查,从而有效推进精准扶贫工作。财政审计,是对被审计单位财政、财政收支款项和管理制度等方面所开展的审计工作。投资审计,是在固定资产投资过程中,为了健全投资管理机制,制止盲目建设,节约建设资金,保证投资来源正当、使用合理,改善原有生产力布局,提高经济效益而对建造、购置或更新固定资产的经济活动进行的监督、检查。投资审计包括投资前期审计、投资实施审计和投资回收审计三大部分。社保审计,是指审计机关对社会保险资金财务收支的真实、合法、效益进行的审计监督。社保审计的范围包括养老、医疗、失业、农村养老、工伤等社会保险基金。

 **【案例】　审计助力脱贫攻坚**

（一）审计背景及目标

2017 年,H 审计局派出审计组,对 B 县扶贫资金开展专项审计。审计组以"精准、安全、绩效"为主线,紧紧围绕精准识贫、精准扶贫、精准脱贫三个关键环节,促进扶贫资金一分一厘都用到实处。最终,审计发现该县存在超建档立卡户范围发放危房改造资金、光伏产业未充分发挥效益、教育扶贫资助政策执行不到位等问题。

（二）审计发现的问题及整改成效

该县 2017 年建档立卡贫困村 14 个,贫困户近 1 万户、贫困人口 2 万余人,是全市的重点帮扶县之一。

通过调查了解得知,该县农村贫困户享受的各类资金都统一打卡发放至贫困户的农村居民一卡通账户。因此,在进点以后,审计人员第一时间与财政、扶贫部门联系,取得全县农村居民的一卡通账号和建档立卡贫困户信息。审计组在对该县农村贫困户危房改造工程资金的发放情况进行梳理时发现一个异常的卡号。经过计算机筛选比对,该卡号不属于一卡通账户。随后,审计人员到该县住建部门,调阅了农村贫困户危房改造工程资金申报的书面材料。通过翻阅资料,审计人员发现该卡号为一张城镇居民低保卡号。这意味着该户为城镇户口,不应该享受农村贫困户的危房改造资金。审计组指出问题后,住建部门工作人员承认是工作疏忽导致,在审计期间已让该户全额退还超范围发放的补助资金。

此外,由于该县对于建档立卡贫困户的危房改造补助标准高于一般农村危房改造补助标准。因此,审计人员将住建部门发放的建档立卡贫困户的危房改造补助与扶贫办提供的贫困户信息进行比对,发现有数户不在贫困人员名单,但按照建档立卡贫困人员的标准发放危房改造补助,超范围发放补助。

光伏电站是该县落实产业扶贫政策的"重头戏"。该县的光伏电站建设主要包括每个贫困村 2 座各 30 kW 的电站,及贫困户的 3 kW 的家庭电站。3 年期间共建设有 30 kW

1

的集体光伏电站24座,3 kW的家庭电站605座。这些电站是否能够正常运转,是否真正能够给贫困户带来每家每年3 000元的稳定收益? 带着这些疑问,审计人员在入户调查时重点关注了村集体及家庭光伏电站的运转与收益情况。

光伏电站的电表安装位置通常很高,审计人员借来板凳、梯子,挨家挨户查看,并做好记录。在查看的时候,发现部分电表上显示一行代码"error unconnected",并且电表没有正常运转。在记录该代码后,审计人员咨询该县供电部门员工,但他们表示,光伏电站的情况他们并不熟悉,需要咨询专业人员。审计人员立即联系该县光伏电站的中标企业,得到答复该代码为报错代码,说明该电站不能正常运转。为了解光伏电站发挥的效益,审计人员要求中标企业提供近3年该县光伏电站的报修、维修、定期巡检等记录。同时,联系该县供电部门,要求其提供村集体及贫困户光伏电站电费结算情况。电费结算单显示,截至审计时,该县2015年建成的225座家庭分布式光伏电站电费结算情况显示,结算至2016年12月的90户中,低于2 000元的有20户,占22.2%。收益与预期年均增收3 000元左右有较大差异。

审计结合入户调查了解的情况及供电部门、光伏施工企业提供的发电量、报修维修数据发现,光伏电站未能达到预期收益主要因为个别地区电压不稳造成发电不正常、部分家庭光伏电站安装条件不达标、农户维护及使用意识不到位等原因。找准了症结所在,审计人员与该县扶贫部门进行了深入沟通,要求其督促有关部门加大光伏电站相关知识宣传,要求电网企业确保农村电网改造升级质量满足光伏发电上网需求,电站中标企业健全运维体系,定期核查维护设备,各方协力保障光伏扶贫发挥最大效益。

治贫先治愚,扶贫先扶智。教育是阻断贫困"代际传递"的治本之策。审计重点关注对教育扶贫资金的投入、拨付、分配、管理及使用效益等情况,着力打通教育扶贫资金最后一公里。

审计人员在建档立卡人员中筛选出符合国家、省、市、县各类教育资助标准的学生,与教育部门的资助情况进行比对,发现存在应享受教育扶贫资助而未享受的现象。因各级教育资助政策较多,该县教育部门人员表示核实有困难。为进一步深入了解情况,审计人员带着筛选出来的名单,深入乡镇、村社,开展入户调查。在审计人员不断努力下,审计核实发现该县学前教育、义务教育、普通高中教育和中等职业教育阶段的建档立卡贫困家庭学生有59%未享受相应教育扶贫资助。随后,该县根据审计意见,为900多名贫困学生补发资助资金65万元。

 **【案例】 国家审计推动长江流域立法保护**

作为"母亲河",长江对流域的经济社会发展作用不言而喻。长江是我国第一大河,拥有占全国1/3的淡水资源、3/5的水能资源储量以及丰富的水生生物资源,每年长江供水量超过2 000亿立方米,供给4亿多人饮水。但是随着经济社会发展,人类活动对长江的索取和破坏日益显现,"母亲河"水生态面临巨大挑战。

长江流域各类水问题相互交织存在,加之水资源配置开发不合理、部分支流和湖泊污染问题突出,长江水生态受损严重。此外,长江还面临渔业资源衰减惊人(部分资源比20世纪80年代减少了90%以上)、流域生态功能退化严重、过度开发导致森林植被破坏严重等问题。长江流域生态保护面临十分严峻的考验。

2016 年 1 月，习近平总书记在第一次长江经济带发展座谈会上明确提出长江经济带发展"共抓大保护、不搞大开发"的要求。"共抓大保护"强调生态环境保护，这是建设长江经济带的前提；"不搞大开发"强调经济社会发展，这是建设长江经济带的预设结果。实现发展与保护的协调统一，就是要将保护和修复长江流域生态环境放在压倒性位置，全流域、全方位推进流域综合治理，实现绿色、有序、高质量发展，在发展中保护、在保护中发展。

为体检把脉长江经济带全域生态环境保护，2017 年年初，审计署决定对长江经济带生态环境保护情况进行审计。按照习近平总书记关于长江保护的重要讲话和指示批示精神，审计署确立了"共抓大保护、审计打头阵"的目标。审计内容涉及中央关于长江经济带生态环境保护重大方针政策和决策部署贯彻落实情况、水资源和水生态保护情况、污染防治情况、政策制度优化情况、产业布局结构调整情况，以及生态环境保护资金管理使用和重点项目建设运行情况。这是审计署首次对国家重大战略开展生态环境保护审计，这次审计以"推动长江大保护从投入型治理转向机制型治理，从行政化手段转向法治化行政化市场化综合手段"为使命，是一次极具开创性和挑战性的重大专项审计。

2018 年审计署发布《长江经济带生态环境保护审计结果》，公布了审计署对长江经济带沿江 11 省市 2016 至 2017 年生态环境保护相关政策措施落实和资金管理使用情况的审计结果，并针对审计查出的问题，依法出具审计报告、提出处理意见。审计客观反映了长江经济带生态环境保护取得的成效、存在的风险隐患和薄弱环节，揭示查处了一些地方和单位在生态破坏、环境污染方面存在的突出问题，在深入分析体制机制制度原因的基础上，提出了有针对性的建议。绿色财税、绿色金融等共抓大保护政策体系不健全，生态流量监管缺失，小水电无序开发问题突出，网络销售电鱼机缺乏监管，非法电鱼问题泛滥，大量生态环保资金结存沉淀未发挥效益，重要河湖生态修复未达预期，以及盲目建设开发区、环境监测监管存在薄弱环节、非法排污和违规占用岸线问题突出。上述问题的揭示，对中央相关政策落实推动力强，促进了有关部门和地方政府积极采取整改措施，有力纠正了不利于长江流域可持续发展的做法。

这次审计结果，揭示了长江经济带存在的生态环境风险，极大促进了长江流域生态环境问题的整改，更重要的是为长江保护立法列出了问题清单，意义十分重大。此次审计，审计署会同各级审计机关积极发挥审计"治已病、防未病"功能，推动解决制约长江经济带高水平保护和高质量发展的突出问题。审计结果有力地推动了我国首部流域法律——《中华人民共和国长江保护法》的出台，并在 2021 年 3 月 1 日起实施，筑牢长江大保护的法治之基。

（二）内部审计

1. 内部审计的定义

内部审计是指由组织内部审计机构对本组织实施的审计。2013 年，中国内部审计协会发布的《第 1101 号——内部审计基本准则》对内部审计下的定义是，内部审计是一种独立、客观的确认和咨询活动，它通过运用系统、规范的方法，审查和评价组织的业务活动、内部控制和风险管理的适当性和有效性,以促进组织完善治理、增加价值和实现目标。2018 年 1 月,审计署颁布的《关于内部审计工作的规定》也指出,内部审计是指对本单位及所属单位财政财务收支、经济活动、内部控制、风险管理实施独立、客观的监督、评价和建议,以促进单位完善治理、实现目标的活动。

2. 内部审计的模式

内部审计对于企业的治理非常重要,而内部审计是否能够发挥作用,关键在于内部审计部门以及内部审计师的独立性。内部审计部门的独立性取决于其在企业内部的地位,即内部审计在企业中的隶属关系。当前我国内部审计隶属模式可分为三类:董事会主导模式、经营层主导模式、财务部主导模式。这三种模式各有利弊,具体实践过程中选择何种模式应依据企业不同发展阶段及特点来确定。

(1)董事会主导的内部审计模式,优点主要有两点:首先,董事会在企业组织中地位较高,其主导的内部审计机构往往具备较高的权威性。公司管理层对内部审计重视程度也较高,使它在企业实际运营中能够对经营管理活动进行有效的监督和评价。其次,内部审计直接服务于高级管理层,可以协助高级管理层工作,有效完善企业内部管理。其不足之处在于董事会不能随时召开,缺乏对内部审计工作日常性和规律性的指导及监督,其反馈的及时性和充分性也不足,往往会降低内部审计工作效率。

(2)经营层主导的内部审计模式,是指由企业总经理主导和推行的模式,该模式的优势主要在于:一方面内部审计机构获得一定的组织地位,具有较强的权威性和独立性,可以对企业日常的经营管理活动进行审查、评价,及时向总经理反映存在的问题、提供完善管理的建议和措施;另一方面由于总经理直接参与企业经营管理活动,能够向内部审计机构提供全面、及时的信息,也可以为内部审计机构与其他职能部门沟通营造良好的环境,有利于审计工作的开展。但是该模式具有难以纠察管理层凌驾于控制之上的风险。

(3)财务部主导的内部审计模式,是指内部审计机构作为企业财务的一个组成部分,其主要职责是对财务部日常工作进行审计,可以从财务方面对公司风险进行控制。其缺点表现在以下两方面:其一,由于内部审计机构隶属于财务部,缺乏必要的独立性,所以很容易受到企业财务部主管的影响而无法对财务部的违法违规行为进行审查;其二,由于主导主体的权力有限,这类内部审计机构很难监督审查企业其他部门的经营管理行为。财务部主导的审计模式作用有限,无法达到企业内部审计的要求,这种模式只能算作财务部门的内部复核,不是真正意义的内部审计。

根据审计署 11 号令,内部审计应该由党组织或单位负责人直接领导,内部审计应该直接向党组织或单位负责人直接报告。单位可以根据自己的实际情况,选择适合自己的内置模式。内部审计的设置除了上述的内置模式外,还有外包模式,外包既可以全部审计业务外包,也可以部分审计业务外包。如果采用外包的形式,就要注意对于外包风险的把控。

3. 内部审计的内容

根据审计署 11 号令,内部审计的内容包括:对本单位及所属单位贯彻落实国家重大政策措施情况进行审计;对本单位及所属单位发展规划、战略决策、重大措施以及年度业务计划执行情况进行审计;对本单位及所属单位财政财务收支进行审计;对本单位及所属单位固定资产投资项目进行审计;对本单位及所属单位的自然资源资产管理和生态环境保护责任的履行情况进行审计;对本单位及所属单位的境外机构、境外资产和境外经济活动进行审计;对本单位及所属单位经济管理和效益情况进行审计;对本单位及所属单位内部控制及风险管理情况进行审计;对本单位内部管理的领导人员履行经济责任情况进行审计;协助本单位主要负责人督促落实审计发现问题的整改工作;对本单位所属单位的内部审计工作进行指导、监督和管理;国家有关规定和本单位要求办理的其他事项。

4. 内部审计的权利

内部审计的权利包括:①参与权,参加单位有关会议,召开与审计事项有关的会议;参与研究制定有关的规章制度,提出制定内部审计规章制度的建议。②检查权,要求被审计单位按时报送发展规划、战略决策、重大措施、内部控制、风险管理、财政财务收支等有关资料,以及必要的计算机技术文档;检查有关财政财务收支、经济活动、内部控制、风险管理的资料、文件和现场勘察实物;检查有关计算机系统及其电子数据和资料;就审计事项中的有关问题,向有关单位和个人开展调查和询问,取得相关证明材料。③制止权,对正在进行的严重违法违规、严重损失浪费行为及时向单位主要负责人报告,经同意作出临时制止决定;对可能转移、隐匿、篡改、毁弃会计凭证、会计账簿、会计报表以及与经济活动有关的资料,经批准,有权予以暂时封存。④建议权,提出纠正、处理违法违规行为的意见和改进管理、提高绩效的建议;对违法违规和造成损失浪费的被审计单位和人员,给予通报批评或者提出追究责任的建议;对严格遵守财经法规、经济效益显著、贡献突出的被审计单位和个人,可以向单位党组织、董事会(或者主要负责人)提出表彰建议。

(三) 注册会计师审计

注册会计师审计也称社会审计、外部审计,是指由会计师事务所接受委托,对被审计单位财务报表所进行的审计。审计目的是提高财务报表预期使用者对财务报表的信赖程度。这一目的可以通过注册会计师对财务报表是否在所有重大方面按照适用的财务报告编制基础编制发表审计意见得以实现。

1. 会计师事务所的形式

会计师事务所是注册会计师依法开展业务的机构。纵观世界各国注册会计师行业的发展,会计师事务所存在独资、普通合伙制、股份有限公司制和有限责任合伙制 4 种形式。

蟹堡王的年末审计之路

(1) 独资会计师事务所。独资会计师事务所是由具有注册会计师执业资格的个人独立开办,承担无限责任的会计师事务所。这类事务所执业人员少,经营方式灵活,但无力承担大型业务,发展受到限制。

(2) 普通合伙制会计师事务所。普通合伙制会计师事务所是由两个或两个以上的注册会计师组成的合伙组织,合伙人以各自的财产对会计师事务所的债务承担无限连带责任。

(3) 股份有限公司制会计师事务所。股份有限公司制会计师事务所是由注册会计师认购会计师事务所的股份,并以其所认购股份对会计师事务所的债务承担有限责任的会计师事务所。会计师事务所以其全部资产对债务承担有限责任。这类会计师事务所容易形成规模经营,能承接大型业务,但降低了风险责任对执业行为的高度约束,降低了注册会计师个人的责任。

(4) 有限责任合伙制会计师事务所。有限责任合伙制也称为特殊普通合伙制,它具有合伙制和股份有限公司制会计师事务所的优点。在有限责任合伙制会计师事务所中,一个合伙人或者数个合伙人在执业活动中因故意或者重大过失造成合伙事务所债务的,应当承担无限责任或者无限连带责任,而其他合伙人以其在合伙事务所中的财产份额承担有限责

1

任。合伙人在执业活动中非因故意或者重大过失造成的合伙事务所债务以及合伙事务所的其他债务,由全体合伙人承担无限连带责任。

各个会计师事务所都有自己的组织结构,设立分所的会计师事务所一般按照业务类型或者地区组织,每个业务类别或者地区都由一个合伙人或者负责人全权负责。每个审计项目由合伙人或者负责人领导的项目小组负责实施,由合伙人或者负责人以及项目经理签署报告,并对审计结果承担责任。合伙人或者负责人负责项目的各项决策,包括审计范围、审计策略以及重大会计审计事项等。项目经理具体负责管理项目审计各项活动,包括制定审计计划,与被审计单位沟通,分配小组成员任务,指导、监督和复核小组成员工作等。

2. 新中国会计师事务所经历的几个重要阶段

(1) 我国独立审计制度的恢复重建。1978年党中央召开第十八届三中全会,会议确立了"对外开放,对内搞活"的经济建设方针。财政部于1980年发布《关于成立会计顾问处的暂行规定》。《暂行规定》的发布标志着我国独立审计制度的重新建立。为了与国际通行的叫法一致,会计顾问处后改称为会计师事务所。从1980年开始,会计师事务所在财政机关的管理与监督下恢复与发展起来。同时,在审计机关的推动下,审计(师)事务所也逐步建立。会计师事务所与审计(师)事务所在业务上既有共性,也各具特点,适应了改革开放,发展经济的需要。1981年,我国财政部筹建了自独立审计制度恢复重建后的第一家会计师事务所——上海公证会计师事务所。随后"国际五大"会计师事务所也陆续在我国设立办事处。除了"国际五大"之外,我国的本土会计师事务所均由其上级主管单位创办,事务所本身只是挂靠于上级主管单位的附属单位。这种特殊的会计师事务所模式称为挂靠制。

1988年,中国注册会计师协会建立。1993年,中国注册审计师协会成立,注册审计师从此也同注册会计师一同步入政府监管和行业自律结合的发展轨道。

1995年,中国注册审计师协会和中国注册会计师协会(以下简称两会)实行联合,成立了新的中国注册会计师协会,审计(师)事务所改名为会计师事务所。两会联合后,会计师、审计(师)事务所开始执行统一的法规,具有相同的业务范围。1995年,首批独立审计准则制定实施。

(2) 会计师事务所的"脱钩改制"。事务所脱钩改制的主要目的就是使事务所脱离原主管部门,把注册会计师个体利益同事务所的信誉和整体利益紧密结合起来,促进注册会计师树立起高度的风险意识,恪守职业道德确保执业质量,使事务所成为自主执业、自担风险、自我约束与自我发展的独立的社会中介组织机构。

1999年4月13日,财政部颁布《会计师(审计)事务所脱钩改制实施意见》。意见明确了事务所脱改制的目标和原则、脱钩的内容、改制的形式、脱钩改制的期限和实施步骤,以及相关问题的处理等。《意见》同时指出,事务所的改制要建立以注册会计师为投资主体发起设立的合伙制和有限责任制事务所。

(3) 会计师事务所合并浪潮。自"脱钩改制"以来,在相关政府部门的引导下,我国会计师事务所经历了2次较大的合并浪潮。第一次合并浪潮发生在"脱钩改制"之后到2006年。我国于2000年先后发布《会计师事务所扩大规模若干问题的指导意见》《会计师事务所分所设立审批管理办法》《会计师事务所合并审批管理办法》以及《关于会计师事务所和注册会计师换发证券、期货相关业务许可证的通知》等文件。随后,《分所设立审批管理办法》和《合并审批管理办法》分别针对事务所分所设立和合并的基本要求以及具体实施流程进行了规范。

我国会计师事务所第二次合并浪潮发生于 2007 年至 2013 年。此次合并浪潮的发生主要有两个方面的原因。其中一方面是为了配合我国企业"走出去"战略。另一方面,为了培养出能够与"国际四大"相抗衡,同时能够为国际资本市场服务的本土事务所,我国财政部于 2007 年正式发布《中国注册会计师协会关于推动会计师事务所做大做强的意见》。根据《意见》,出现了较大规模的合并。

(4)会计师事务所一体化。2022 年 5 月,财政部发布了《会计师事务所一体化管理办法》,分别从人员管理、财务管理、业务管理、技术标准和质量管理、信息化建设等一体化建设提出管理要求。①会计师事务所应当建立实施统一的人员管理制度,制定统一的人员聘用、定级、晋升、业绩考核、薪酬、培训政策与程序并确保有效执行。②会计师事务所应当实施统一的财务管理制度,制定统一的业务收费、预算管理、资金管理、费用和支出管理、会计核算、利润分配、职业风险补偿政策与程序并确保有效执行。③会计师事务所应当实施统一的业务管理制度,制定统一的客户与业务风险评估与分类标准、业务承接与保持、项目分派与承做、独立性与职业道德管理、报告签发、印章管理政策与程序并确保有效执行。会计师事务所应当为每个审计项目投入充足的资源,确定不同层级员工合理的工作负荷。④会计师事务所应当实施统一的技术标准与质量管理制度,制定项目咨询、意见分歧解决、项目质量复核、项目质量检查、质量管理缺陷识别与整改等方面的政策与程序并确保有效执行。⑤会计师事务所应当统一开展信息系统的规划、建设、运行与维护,通过持续有效的投资维护信息系统的安全性、实用性,以信息技术手段提高审计作业效率与质量,提升独立性与职业道德管理水平,保障一体化管理体系有效实施。

3. 会计师事务所针对审计业务的质量管理

2020 年中国注册会计师协会修订了会计师事务所质量管理相关准则,颁布了《会计师事务所质量管理准则第 5101 号——业务质量管理》《会计师事务所质量管理准则 5102 号——项目质量复核》以及《中国注册会计师审计准则第 1121 号对财务报表审计实施的质量管理》。《会计师事务所质量管理准则第 5101 号——业务质量管理》规范了会计师事务所就应当实施项目质量复核的范围,制定相关政策和程序的责任。《会计师事务所质量管理准则第 5102 号——项目质量复核》规范了有关项目质量复核人员的委派和资质要求,以及项目质量复核实施和记录的要求。《中国注册会计师审计准则第 1121 号——对财务报表审计实施的质量管理》规定了项目层面实施质量管理的具体责任以及项目合伙人的相关责任。

会计师事务所质量管理体系包括下列八个组成要素:第一,会计师事务所的风险评估程序;第二,治理和领导层;第三,相关职业道德要求;第四,客户关系和具体业务的接受与保持;第五,业务执行;第六,资源;第七,信息与沟通;第八,监控和整改程序。

(1)会计师事务所的风险评估程序。会计师事务所应当设计和实施风险评估程序,以设定质量目标,识别和评估质量风险,并设计和采取应对措施以应对质量风险。

(2)治理和领导层。会计师事务所质量管理体系中的治理和领导层应当为质量管理体系的设计、实施和运行营造良好的环境,以为该体系提供支持。针对治理和领导层,会计师事务所应当设定下列质量目标:

① 会计师事务所在全所范围内形成一种质量至上的文化,树立质量意识。这种文化认同和强调下列方面:会计师事务所有责任通过持续高质量地执行业务服务于公众利益;职业

1

价值观、职业道德和职业态度的重要性;会计师事务所所有人员都对其执行业务的质量承担责任,或对质量管理体系中执行活动的质量承担责任,并且这些人员的行为应当得当;会计师事务所的战略决策和行动,包括会计师事务所在财务和运营方面对优先事项的安排,都不能以牺牲质量为代价。

② 会计师事务所领导层对质量负责。

③ 会计师事务所领导层通过实际行动展示其对质量的重视。

④ 会计师事务所领导层向会计师事务所人员传递质量至上的执业理念,培育以质量为导向的文化。

⑤ 会计师事务所的组织结构以及对相关人员角色、职责、权限的分配是恰当的,能够满足质量管理体系设计、实施和运行的需要。

⑥ 会计师事务所的资源(包括财务资源)需求有计划,并且资源的取得和分配能够保障会计师事务所履行其对质量的承诺。

(3) 相关职业道德要求。针对相关人员按照相关职业道德要求(包括独立性要求)履行职责,会计师事务所应当设定下列质量目标:会计师事务所及其人员充分了解规范会计师事务所及其业务的职业道德要求,并严格按照这些职业道德要求履行职责;受职业道德要求约束的其他组织或人员,包括网络、网络事务所、网络或网络事务所中的人员、服务提供商,充分了解与其相关的职业道德要求,并严格按照这些职业道德要求履行职责。

针对相关职业道德要求,会计师事务所应当制定下列政策和程序:识别、评价和应对遵守相关职业道德要求的不利影响;识别、沟通、评价和报告任何违反相关职业道德要求的情况,并针对这些情况的原因和后果及时作出适当应对;至少每年一次向所有需要按照相关职业道德要求保持独立性的人员获取其已遵守独立性要求的书面确认。会计师事务所应当按照相关职业道德要求,建立并完善与公众利益实体审计业务有关的关键审计合伙人轮换机制,明确轮换要求,确保做到实质性轮换,防止流于形式。针对公众利益实体审计业务,会计师事务所应当对关键审计合伙人的轮换情况进行实时监控,通过建立关键审计合伙人服务年限清单等方式,管理关键审计合伙人相关信息,每年对轮换情况实施复核,并在全所范围内统一进行轮换。

(4) 客户关系和具体业务的接受与保持。会计师事务所应当设定下列质量目标:第一,会计师事务所就是否接受或保持某项客户关系或具体业务所作出的判断是适当的,充分考虑了下列方面:会计师事务所是否针对业务的性质和具体情况以及客户(包括客户的管理层和治理层)的诚信和道德价值观获取了足以支持上述判断的充分信息;会计师事务所是否具备按照适用的法律法规和职业准则的规定执行业务的能力。第二,会计师事务所在财务和运营方面对优先事项的安排,并不会导致对是否接受或保持客户关系或具体业务作出不恰当的判断。

(5) 业务执行。针对业务执行,会计师事务所应当设定下列质量目标:第一,项目组了解并履行其与所执行业务相关的责任,包括项目合伙人对项目管理和项目质量承担总体责任,并充分、适当地参与项目全过程;第二,基于项目的性质和具体情况、向项目组分配的资源以及项目组可获得的资源,对项目组进行的指导和监督以及对项目组已执行的工作进行的复核是恰当的,并且由经验较为丰富的项目组成员对经验较为缺乏的项目组成员的工作进行指导、监督和复核;第三,项目组恰当运用职业判断并保持职业怀疑(如适用);第四,对困难或有争议的事项进行了咨询,并已按照达成的一致意见执行;第五,项目组内部、项目组与项目质量复核人员之间(如适用),以及项目组与会计师事务所内负责执行质量管理体系相关活动的人员之间存在的意见分歧,能够得到会计师事务所的关注并予以解决;第六,业务工作底稿能够在业务报告日之后及时得到整理,并得到妥善的保存和维护,以遵守法律法规、相关职业道德要求和其他职业准则的规定,并满足会计师事务所自身的需要。

(6)资源。会计师事务所应当设定下列质量目标,以及时且适当地获取、开发、利用、维护和分配资源,支持质量管理体系的设计、实施和运行:第一,会计师事务所招聘、培养和留住在下列方面具备胜任能力的人员:具备与会计师事务所执行的业务相关的知识和经验,能够持续高质量地执行业务;执行与质量管理体系运行相关的活动或承担与质量管理体系相关的责任。第二,会计师事务所人员通过其行为展示出对质量的重视,不断培养和保持适当的胜任能力以履行其职责。会计师事务所通过及时的业绩评价、薪酬调整、晋升和其他奖惩措施对这些人员进行问责或认可。第三,当会计师事务所在质量管理体系的运行方面缺乏充分、适当的人员时,能够从外部(如网络、网络事务所或服务提供商)获取必要的人力资源支持。第四,会计师事务所为每项业务分派具有适当胜任能力的项目合伙人和其他项目组成员,并保证其有充足的时间持续高质量地执行业务。第五,会计师事务所分派具有适当胜任能力的人员执行质量管理体系内的各项活动,并保证其有充足的时间执行这些活动。第六,会计师事务所获取、开发、维护、利用适当的技术资源,以支持质量管理体系的运行和业务的执行。第七,会计师事务所获取、开发、维护、利用适当的知识资源,以为质量管理体系的运行和高质量业务的持续执行提供支持,并且这些知识资源符合相关法律法规(如适用)和职业准则的规定。第八,结合上述各项,从服务提供商获取的人力资源、技术资源或知识资源能够适用于质量管理体系的运行和业务的执行。

(7)信息与沟通。针对获取、生成和利用与质量管理体系有关的信息,并及时在会计师事务所内部或与外部各方沟通信息,会计师事务所应当设定下列质量目标,以支持质量管理体系的设计、实施和运行:第一,会计师事务所的信息系统能够识别、获取、处理和维护来自内部或外部的相关、可靠的信息,为质量管理体系提供支持。第二,会计师事务所的文化认同并强化会计师事务所人员与会计师事务所之间,以及这些人员彼此之间交换信息的责任。第三,会计师事务所内部以及各项目组之间能够交换相关、可靠的信息,包括:会计师事务所向相关人员和项目组传递信息,传递的性质、时间安排和范围足以使其理解和履行与执行业务或质量管理体系各项活动相关的责任;会计师事务所人员和项目组在执行业务或质量管理体系各项活动的过程中向会计师事务所传递信息。第四,会计师事务所向外部各方传递相关、可靠的信息,包括:会计师事务所向网络、在网络中或向服务提供商(如有)传递信息,使该网络或服务提供商能够履行其与网络要求、网络服务或提供资源相关的责任;会计师事务所根据相关法律法规或职业准则的规定向外部传递信息,或为了帮助外部各方了解质量管理体系而向外部传递信息。

(8)监控和整改程序。会计师事务所应当建立在全所范围内统一的监控和整改程序,并开展实质性监控,以实现下列质量目标:第一,就质量管理体系的设计、实施和运行情况提供相关、可靠、及时的信息;第二,采取适当的行动以应对识别出的质量管理体系的缺陷,以使该缺陷能够及时得到整改。

（四）注册会计师审计与国家审计、内部审计比较

注册会计师审计与国家审计和内部审计的最大区别在于注册会计师审计是受托审计，也就是说是一种双向选择，被审计单位可以选择会计师事务所，会计师事务所也可以选择被审计单位。此外，国家审计人员和内部审计人员的工资收入就是其做审计工作的报酬，不存在向被审计单位收费的问题。而注册会计师审计是有偿审计，被审计单位需要付费给会计师事务所，因此，注册会计师与被审计单位存在经济利益关系，这种关系对独立性存在一定的威胁，关键是看委托方是谁，一般国外的企业都通过审计委员会来聘用会计师事务所，如美国的审计委员会全部由独立董事承担，不受制于被审计单位。

由此可以看出，注册会计师审计属于双向独立，既独立于被审计单位也独立于委托方（如果委托方不受制于管理层）。国家审计属于单向独立，由于其属于政府部门，不能独立于委托方，但是可以独立于被审计对象。内部审计则相对独立，由于内部审计机构不能完全脱离本单位，只能相对独立于委托方和被审计对象。国家审计遵循国家审计准则，注册会计师审计遵循注册会计师执业准则，内部审计遵守内部审计准则。国家审计的审计对象主要是财政财务收支与国家经营效益等，注册会计师审计对象主要是企业财务报表，而内部审计主要针对企业经营绩效进行审计。国家审计对于审计结果以审计公告的形式对外公布；注册会计师审计要发表审计意见并附在企业年报中对外公布；内部审计报告不对外公布，因为内部审计报告内容详实，会涉及很多企业内部信息，只供企业管理层使用。三者的区别可以如表 1-2 所示。

表 1-2　　　　　　　　注册会计师审计、国家审计、内部审计比较

项　　目	国家审计	注册会计师审计	内部审计
法规（工作依据）	宪法、审计法、审计法实施条例、国家审计准则、地方审计法规和规章等	注册会计师法、注册会计师执业准则（审计准则）等	内部审计准则、内部审计规定等
独立性	单向独立	双向独立	相对独立
审计范围	财政财务收支，国家经营绩效等	企业财务报表	企业经营绩效
审计报告公布	发表审计意见，发布审计公告	发表审计意见，对外公布	发表审计意见，不对外公布
工作目标	服务国家和社会，维护经济安全，推动全面深化改革，促进依法治国，推进廉政建设，保证经济社会健康发展	对财务报表是否在所有重大方面按照适用的财务报告编制基础发表审计意见	服务组织自身发展，促进组织完善治理、实现组织发展目标
工作权限	由法律法规赋予，并以国家强制力保证实施，被审计单位和其他有关单位应当予以支持和配合	由委托人在协议中承诺或授予的，其权限不具有法定性和强制性	由组织内部规章制度确定，审计权限在一定程度上受本组织管理层制约

虽然三种审计存在差异，但是它们的相似点表现在都需要收集证据，收集证据的方法可以相互借鉴。同时，国家审计和注册会计师审计一般都可以借鉴内部审计的工作成果。首先，内部审计是单位内部控制制度的重要组成部分。国家审计和注册会计师审计在实施时，

都需要对内部控制进行了解和测试,必然需要了解内部审计的情况。其次,内部审计和注册会计师审计在审计依据、审计内容、审计方法等方面都具有一致性。再次,利用内部审计工作成果,可以提高审计工作效率、节约审计费用等。

关于加强内部审计工作业务指导和监督的意见

此外,国家审计与内部审计、注册会计师审计之间存在着法定的监督与被监督关系。2018年1月审计署颁布《关于加强内部审计工作业务指导和监督的意见》里面专门指出,国家审计机关对内部审计具有指导和监督的作用,并且也需要利用内部审计的工作。同时根据审计法及其实施条例的规定,依法属于审计机关审计监督对象的单位,其内部审计工作应当接受审计机关的业务指导和监督。注册会计师审计的单位依法属于审计机关审计监督对象的,审计机关有权对该注册会计师审计出具的有关审计报告进行核查。

目前如何协调三种审计的关系也是研究的热点。内部审计、注册会计师审计是实现国家审计全覆盖的重要力量。内部审计作为单位经济决策科学化、内部管理规范化、风险防控常态化的重要制度设计和自我约束机制,其工作越有效,单位出现违法违规问题和绩效低下问题的可能性就越小,国家审计监督的综合效能也就越高。国家审计可以按规定向注册会计师审计组织购买审计服务,根据《国务院关于加强审计工作的意见》《国务院办公厅关于政府向社会力量购买服务的指导意见》等规定,审计机关可以有效利用社会审计力量,除涉密项目外,根据审计项目实施需要,可以向社会购买审计服务。

思考题:
　　二十大提出"切实做到坚持人民至上",请谈谈三种审计是否需要"坚持人民至上"?

三、按照审计执行的时间不同分类

按照审计执行的时间不同,可分为期前审计、期中审计和期末审计。

(一)期前审计

期前审计是指在被审计单位经济业务发生之前所进行的审计。如政府审计机关对财政预算编制的合理性,重大投资项目的可行性等进行的审查;会计师事务所对企业盈利预测文件的审核;内部审计组织对本企业生产经营决策和计划的科学性与经济性、经济合同的完备性所进行的评价。开展期前审计,有利于被审计单位进行科学决策和管理,保证未来经济活动的有效性,避免因决策失误而导致重大损失。

(二)期中审计

期中审计是指在一个会计年度内实施的审计。期中审计主要是对审计客户进行情况调查、内部控制调查和测试。期中审计多数由被审单位的内部审计机构和人员进行。期中审计的优点:①能及早发现问题和采取纠正措施;②能做好审计工作人员的调配工作;③能提前完成审计任务和迅速揭露重大问题;④由于审计业务分散进行,能同企业的经营活动协调起来;⑤能对被检查企业施加精神上的控制(moral check);⑥审计人员能及早熟悉和了解审计对象,等等。因此,在内部管理组织相当完善的企业,过去在期末审计中进行的余额检查逐渐转移到期中审计中进行了。然而,期中审计也有一些固有的缺点:①审计事项在检查后有被篡改的危险;②审计证据的确定性不足,等等。因此,必须进行期中审计事项的事后管理,并在期末审计时追查有关事项的处理结果。

（三）期末审计

期末审计是指在一个会计年度结束后实施的审计。期末审计的重点是余额检查和一部分会计事项的检查（如会计事项记录的检查、下期初一定时期的会计事项的检查和因余额检查中发现问题而追加的会计事项检查等）。此外，还要检查决算处理情况，检查各种财务报表的项目分类和内容，了解决算后发生的事项（subsequent event），查证业务事实。最后，结合期中审计的结果，提出审查意见。一般来说，期末审计中所取得的审计证据，在证明力和确定性方面都超过期中审计取得的证据。然而，如果整个时期的审计业务都集中到期末去办理，审计人员有不足之虞，势必拖延检查时间，不能迅速完成审计任务，进而就会妨碍对重大问题的及时揭露（disclosure），干扰被检查企业进行正常经营活动，等等。因此，在一定条件下，可以考虑把一部分期末审计的检查业务（特别是一部分余额检查）移到期中审计中去办理，早日结束期末审计。

 ## 重 点 回 顾

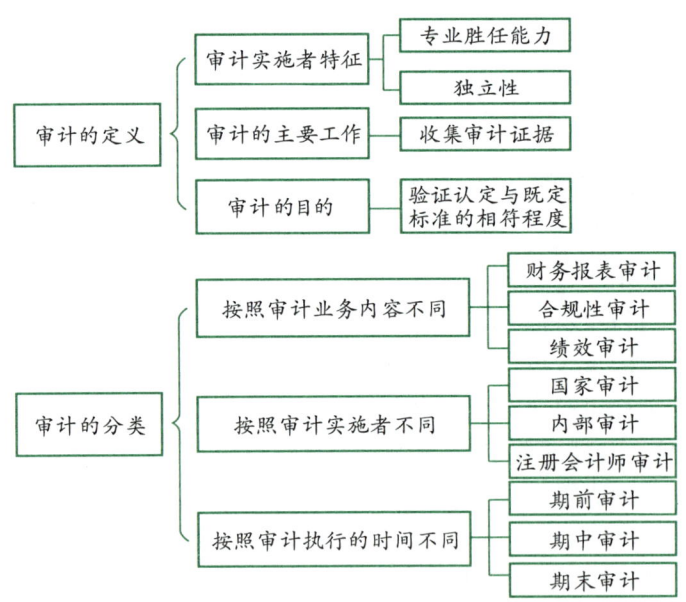

 ## 专业词汇中英文对照

审计　audit

国家审计　governmental audit

内部审计　internal audit	非鉴证业务　non-assurance service
注册会计师审计　CPA firm's audit	财务报表审计　financial statement audit
专业胜任能力　competence	财务报表审阅　financial statement review
认定　assertion	有限保证　limited assurance
独立性　independence	合理保证　reasonable assurance
形式上的独立性　independence in appearance	公允性　fairness
实质上的独立性　independence in fact	期中审计　interim audit
审计证据　audit evidence	期末审计　final audit
既定标准　established criteria	合规性审计　compliance audit
外勤工作　field work	绩效审计　performance audit
鉴证业务　assurance service	

练 习 题

一、单选题

1. 注册会计师职业诞生的标志是(　　　　)。

A. 1721 年英国南海公司事件　　　　B. 1845 年英国修改《公司法》

C. 1853 年爱丁堡会计师协会成立　　D. 1581 年威尼斯会计师公会成立

2. 鉴证业务的对象(　　　　)。

A. 只能是财务信息　　　　　　　　B. 只能是具有实物形态的

C. 只能是抽象的　　　　　　　　　D. 以上答案均正确

3. 以下各情形中,缺乏形式上独立性的是(　　　　)。

A. 会计师事务所委派出去的审计小组由 A、B、C 三个人组成,其中 A 的配偶为被审计单位的财务总监

B. 会计师事务所委派出去的审计小组由 A、B、C 三个人组成,其中 A 的配偶为被审计单位的司机,但是目前已经退休

C. 会计师事务所委派出去的审计小组由 A、B、C 三个人组成,其中 A 在审计中为了省事,不对被审计单位的应收账款向债务方进行核对

D. 会计师事务所委派出去的审计小组由 A、B、C 三个人组成,D 也是该会计师事务所的,其配偶为被审计单位的会计人员

4. 审计的目的是(　　　　)。

A. 评价认定与既定标准的相符程度　　B. 评价审计风险

C. 查找企业的问题　　　　　　　　　D. 审核企业的账目

1

5.我国国家审计的模式是( )。

A. 立法型 B. 司法型 C. 行政型 D. 独立型

二、多选题

1. 下列对鉴证业务准则的说法中,不正确的有( )。

A. 审计业务提供绝对保证,审阅业务提供有限保证

B. 有限保证的鉴证业务以消极方式提出结论

C. 如果责任方和财务报告预期使用者来自同一企业,则两者是同一方

D. 注册会计师进行鉴证业务,结论应以书面报告形式表述,且表述形式与所提供的保证程度相适应

2. 会计师事务所的鉴证业务一般包括( )。

A. 财务报表审计业务 B. 财务报表审阅业务

C. 其他鉴证业务 D. 税务服务

3. 国家审计一般会实施的审计类型有( )。

A. 财务报表审计 B. 合规性审计 C. 绩效审计 D. 内部审计

4. 下列说法中,正确的有( )。

A. 政府审计是独立性最弱的一种审计

B. 会计报表的合法性是报表使用者最为关心的

C. 注册会计师的审计意见应合理保证会计报表的可靠程度

D. 内部审计在审计内容、审计方法等方面与外部审计具有一致性

5. 注册会计的发展过程包括( )。

A. 详细审计 B. 资产负债表审计 C. 会计报表审计 D. 绩效审计

三、判断题

1. 审计实施者只要具有形式上的独立或者实质上的独立的一种即可认为其具有独立性。 ( )

2. 审计提供合理保证,审阅提供有限保证。 ( )

3. 合规性审计是指对被审计单位是否遵守法规、程序等进行审计,包括是否遵守相关的会计准则等。 ( )

4. 外部审计为了提高工作效率、节约审计费用,可以适当利用内部审计工作成果,因此内部审计结果要对外起鉴证作用。 ( )

5. 独立性包括形式上的独立和实质性上的独立。 ( )

四、简答题

1. 注册会计师审计发展经历了哪些阶段,各自的特点是什么?

2. 注册会计师审计、内部审计和政府审计的区别有哪些?

3. 会计师事务所不同组织形式的特点有哪些?

4. 会计师事务所的业务有哪些?

5. 注册会计师审计的过程包括哪几个部分?

 学习目标

1. 了解账项导向审计
2. 理解制度导向审计
3. 掌握风险导向审计
4. 了解大数据审计

审计模式是审计导向（oriented）的目标、范围和方法等要素的组合，它规定了审计应从何处下手、何时着手、如何着手等问题。在审计发展的历史长河中，审计模式的发展起着相当重要的作用。审计活动总是为达到一定的目的，为完成一定的审计目标而设计的，因而审计模式的发展，要受到审计目标变化的深刻影响。随着社会经济的发展，审计目标是有变化的，因而审计模式也是不断发展的。按照历史的顺序，与审计目标的变化相适应，审计模式的发展大致可以分为 4 个阶段：账项导向审计阶段、制度导向审计阶段、风险导向审计阶段和大数据审计阶段。

第一节　账项导向审计

账项导向审计也称账表导向审计，是指以会计账目记录为基础，通过审查会计资料来收集有关审计证据，继而作出结论的审计行为。通俗地说，就是查账。它是一种最初审计模式，是审计模式发展的第一阶段，在审计模式发展史上占据着十分重要的地位，直到现在仍被广泛采用。

账项导向审计的技术方法主要是从审计期间会计事项所依据的相关原始凭证入手，追查到记账凭证、账簿、会计报表等会计文件的形成，验算其记账金额、核对账证、账账、账表，如果它们之间能够勾稽相符，就认为财务报表所反映的情况是真实的。审计目标是查错防弊，在这种审计模式下，审计人员往往只关注被审计单位的会计报表及相关的会计资料，审计的方法主要是详查法，即对大量的凭证、账目、财务报表等进行逐项审查，而不考虑客户的

内部控制和风险情况。力图通过大量的凭证审核及其在会计系统内的周转来发现问题。

　　账项导向审计的优点是，基本对所有账目进行审计，可以实施审计全覆盖。其缺点是比较费时，此外，如果被审计单位提供的是假账，且票据齐全，有可能无法查出问题。忽略了审计目的与手段之间的内在联系，难免出现过度审计或审计不足的问题，使审计人员只注意局部而忘记了整体，除非审计人员具备把握重点的超常能力，否则审计质量难以得到可靠保障。账项导向审计通过凭证的核对，虽然可以发现技术性错误或舞弊行为，但是审计耗费人力较多，难以作深入分析，难以查找产生的原因，不能够揭示会计系统中不合理的缺陷。因而，账项导向审计并不能达到预期的效果，特别是经济业务规模扩大，业务复杂的情况下。账项导向审计模式仅适用于经济业务不很复杂的小规模企业。

　　由于舞弊行为的多样化，使得审计工作如果仅仅着眼于会计过程中的账证、账账、账表的"三相符"，在实践中则难以保证有效地查错防弊。曾经有一个案例，一个国家级事业单位的会计8年挪用了单位2亿元，这个单位年年被审计，还年年得优秀。为什么审计人员在8年的审计中，都没有发现这个会计有问题呢？主要的原因就是审计人员采用的是账项导向审计模式，这个会计把账做得很漂亮，按照会计制度的要求，票据单据齐全，审计人员只是查账，从账面没有查出任何问题。

第二节　制度导向审计

一、内部控制

　　制度导向审计一词里面的"制度"是指内部控制制度。当前在全球范围内受到广泛认可的内部控制定义是由美国 COSO（The Committee of Sponsoring Organizations of the Treadway Commission）委员会在 1992 年所发布的《内部控制——整合框架》（Internal Control-Integrated Framwork）中的定义。根据 COSO 委员会的定义，内部控制是企业或组织为了合理保证财务报告的可靠性、经营的效率和效果性以及对法律法规的遵守性，由企业或组织的治理层、管理层以及其他人员共同设计和执行的政策和程序。其实所谓企业的内部控制就是用于规范企业的行为的一系列的制度。内部控制的目标是合理保证：①财务报告的可靠性，这一目标与管理层履行财务报告编制责任密切相关；②经营的效率和效果，即经济有效地使用企业资源，以最优方式实现企业的目标；③遵守适合的法律法规的要求，即在法律法规的框架下从事经营活动。设计和实施内部控制的责任主体是治理层、管理层和组织中的员工，即组织中的每一个人都对内部控制负有责任。

　　内部控制的发展主要经历了五个阶段，如图 2-1 所示。

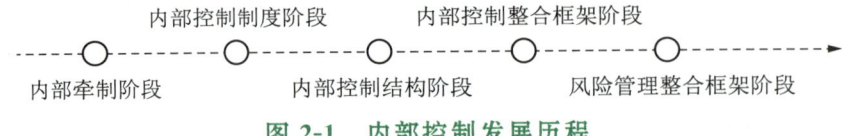

图 2-1　内部控制发展历程

20 世纪 40 年代以前为内部牵制阶段。内部牵制是指某位职员的业务与另一位职员的业务必须是相互弥补、相互牵制的关系,即必须进行组织上的责任分工和业务的交叉检查或交叉控制,以便相互牵制,防止错误或弊端。这也是内部控制的雏形。

20 世纪 40—80 年代为内部控制制度阶段。内部控制制度思想认为,内部控制应分为内部会计控制和内部管理控制两个部分。内部会计控制包括与财产安全与财产记录可靠性有关的所有方法和程序。内部会计控制在于保护企业资产、检查会计数据的准确性和可靠性。内部管理控制包括组织规划的所有方法和程序,这些方法和程序主要与经营效率和贯彻执行方针有关。内部管理控制在于提高经营效率,促使有关人员遵守既定的管理方针。

20 世纪 80 年代以来,内部控制的理论研究又有了新的发展,其标志是美国 AICPA 于 1988 年 5 月发布的《审计准则公告第 55 号》(SAS55)。在公告中,以"内部控制结构"概念取代了"内部控制制度",并指出:"企业内部控制结构包括为提供取得企业特定目标的合理保证而建立的各种政策和程序。"认为内部控制结构由下列三个要素组成:控制环境、会计系统和控制程序。所谓控制环境是指对建立、加强或削弱特定政策和程序的效率发生影响的各种因素,主要表现在股东、董事会、经营者及其他员工对内部控制的态度和行为。会计系统是指规定各项经济业务的确认、计量、记录、归集、分类、分析和报告的方法,也就是要建立企业内部的会计制度。控制程序是指管理当局可制定的用以保证达到一定目的的方针和程序。

美国 COSO 委员会成立于 1985 年,由美国注册会计师协会(AICPA)、美国会计学会(AAA)、内部审计师协会(IIA)、管理会计师协会(IMA)和财务经理协会(FEI)五家私立的部门机构联合组成。1992 年,COSO 发布《内部控制——整合框架》:一个定义＋三个目标＋五个要素,具体见图 2-2 所示。这一框架成为内部控制领域的纲领性文件,在内部控制方面为企业的经营管理层提供了指导和参考。该框架指出的内部控制五要素分别是控制环境,风险评估,信息与沟通,控制活动和监控。

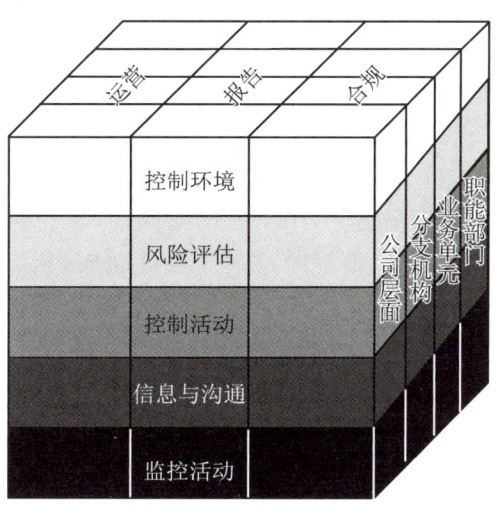

图 2-2 "内部控制——整合框架"示意图

为了帮助企业和组织有效防范风险和提高风险管理水平,COSO 于 2004 年发布《企业风险管理整合框架》。企业风险管理整合框架认为：“企业风险管理是一个过程，它由一个主体的董事会、管理当局和其他人员实施，应用于战略制订并贯穿于企业之中，旨在识别可能会影响主体的潜在事项，管理风险以使其在该主体的风险容量之内，并为主体目标的实现提供合理保证。”与1992年COSO报告提出的内部控制整体架构相比，企业风险管理架构增加了一个观念、一个目标、两个概念和三个要素，即“风险组合观”“战略目标”“风险偏好”和“风险容忍度”的概念以及“目标制定”“事项识别”和“风险反应”要素，具体如图2-3所示。目前我国还是采用内部控制整合框架的思想，因此，企业的内部控制涵盖5个要素：控制环境、风险评估、信息与沟通、控制活动与监督。

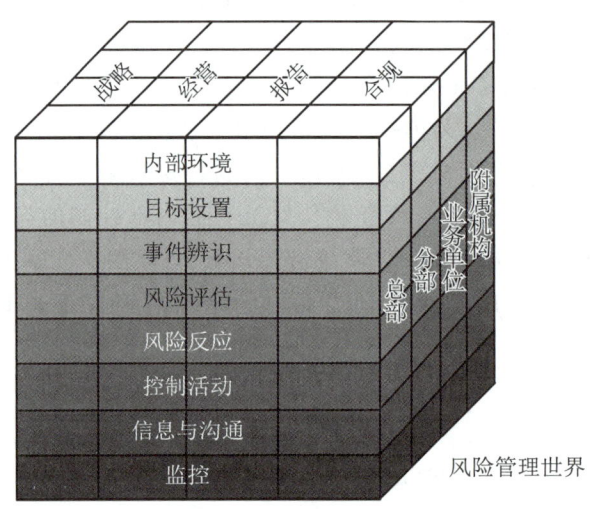

图 2-3 企业风险管理整合框架

（一）控制环境

制度导向审计——内部控制

控制环境包括治理职能和管理职能，以及治理层和管理层对内部控制及其重要性的态度、认识和措施。说得通俗点，控制环境是指被审计单位高层的态度和论调，涉及企业的组织架构、人力资源管理政策、权力分配、企业文化、经营理念等。控制环境设定了被审计单位的内部控制基调，影响员工对内部控制的认识。良好的控制环境是实施有效内部控制的基础。比如A公司的董事长是一个严谨自律的人，在他65岁的时候，公司决定到新疆建分厂，董事长不顾自己年纪已大，跟工人同吃同住，在新疆待了几年把厂建设起来，他的这种行为极大地鼓励了员工。他平时每天5点就起床，然后进行锻炼，7点半准时到公司，他的这种示范效应必然会影响下面的员工，该公司的财务总监也是5点起床去锻炼，然后7点半到单位。可见，这种公司具有很好的控制环境。由于内部控制的设计、建立都取决于公司的高层，因此控制环境是其他内部控制要素建立的基础。控制环境的构成要素体现在以下方面：①对诚信和道德价值观念的沟通与落实；②对胜任能力的重视；③治理层的参与程度；④管理层的理念和经营风格；⑤组织结构；⑥职权与责任的分配；⑦人力资源政策与实务。

（二）风险评估

风险评估是指企业是否能够辨识其存在的风险，并对风险提供防范措施。比如A公司属于技术研发企业,其存在的风险之一就是员工有可能会把技术研发的成果泄露出去。那么 A 公司针对这个风险是否采取了相关措施,比如让员工签订保密协议等。审计人员应当了解被审计单位的风险评估过程和结果,在评价被审计单位风险评估过程的设计和执行时,审计人员应当确定管理层如何识别与财务报表相关的风险,如何估计该风险的重要性,如何评估风险发生的可能性,以及如何采取措施管理这些风险。

被审计单位可能产生风险的事项和情形包括:①监管及经营环境的变化;②新员工的加入;③新信息系统的使用或对原系统进行升级;④业务快速发展;⑤新技术;⑥新生产型号、产品和业务活动;⑦企业重组;⑧发展海外经营;⑨新的会计准则等。

(三) 信息与沟通

信息与沟通中的沟通包括企业内部沟通和外部沟通两个方面。其中,内部沟通是指信息在企业内部能够顺畅流通,下级的意见能够顺畅反馈给上级,上级的命令能够及时传达给下级。外部沟通则是指企业与外部利益相关方之间的沟通,如为投资者及时更新财报和投融资计划;企业的重大事项在报表中详尽列示和披露;与客户和供应商定期召开座谈会了解需求;与监管机构沟通,及时了解监管要求等。信息与沟通是收集与交换被审计单位执行、管理和控制业务活动所需信息的过程,包括收集和提供信息给适当人员,使之能够履行职责。

信息与沟通的质量直接影响到管理层对经营活动做出正确决策和编制可靠的财务报表的能力。审计人员应当了解被审计单位内部如何沟通与财务报表相关的重大事项,还应当了解管理层与治理层之间的沟通,以及被审计单位与外部的沟通等。除此之外,信息与沟通还包括与财务报告相关的信息系统。与财务报告相关的信息系统包括用以生成、记录、处理和报告交易事项和情况,以及对相关资产、负债和所有者权益履行经营管理责任的程序和记录。与财务报告相关的信息系统应当与企业的业务流程相适应,能够:①识别与记录所有的有效交易;②及时、详细地描述交易,以便在财务报告中对交易做出恰当分类;③恰当计量交易,以便在财务报告中对交易的金额做出准确记录;④恰当确定交易生成的会计期间;⑤在财务报表中恰当列报交易。与财务报告相关的信息系统所生成信息的质量,对管理层能否做出恰当的经营管理决策以及编制可靠的财务报告具有重大影响。

(四) 控制活动

控制活动是指有助于确保管理层的指令得以执行的政策和程序,包括授权、信息处理、实物控制、职权分离等相关活动。它是内部控制中非常重要的要素,很多内部控制出现问题就是由于控制活动没有做好。

授权的目的在于保证交易在管理层授权范围内进行,授权包括一般授权和特殊授权。一般授权是指管理层制定的要求组织内部遵守的普遍适用于某类交易或活动的政策。特别授权是指管理层针对特定类别的交易或活动逐一设置的授权,如重大资本支出和股票发行等。

信息处理控制可以是人工的、自动化的,或是基于自动流程的人工控制。信息处理控制分为一般控制和应用控制。信息技术一般控制是指与多个应用系统有关的政策和程序,有助于保证信息系统持续恰当地运行(包括信息的完整性和数据的安全性),支持应用控制作用的有效发挥。一般控制通常包括数据中心和网络运行控制,系统软件的购置、修改及维护控制,接触或访问权限控制,应用系统的购置、开发及维护控制。信息技术应用控制是指主

2

要在业务流程层次运行的人工或自动化程序,与用于生成、记录、处理、报告交易或其他财务数据的程序相关,通常包括检查数据计算的准确性,审核账户和试算平衡表,设置对输入数据和数字序号的自动检查等。

职权分离,也就是一个人不能承担不相容岗位的职权,如会计与出纳要由两个人员来担任,就是典型的职权分离。一般来说,授权的职权、执行的职权、记录的职权、监督的职权和保管的职权需要分开。前面提到的某事业单位一个会计8年挪用了2亿元的案件,究其原因就是这个会计一个人负责资金的发放,既记录、又复核、又执行,身兼数职,没有人对其进行监督,导致其随意挪用公款。

审计人员应当了解职权分离,主要包括了解被审计单位如何将交易授权、交易记录以及资产保管等职责分配给不同员工,以防范同一员工在履行多项职责时可能发生的舞弊或错误。常见的职权分离包括:①执行某项经济业务的职务和审查稽核该项经济业务的职务应分离;②执行某项经济业务的职务与该项经济业务的记录职务应分离;③保管某项财产物资的职务和该项财产物资的记录职务应分离;④保管某项财产物资的职务和对该项财产进行清查的职务应分离;⑤记录总账的职务和记录明细账、日记账的职务应分离等。

【课堂练习】

蓝亭公司为一大型饮食娱乐企业。因人员流动性强,公司每周核发上周的员工工资。员工工资按计时工资制计算,并通过工时卡打卡登记工作时间。计时员小王每周将员工的工时卡和工资卡收集起来,送交财务中心计算机录入人员小刘那里。小刘录入后,由财务中心会计员老张依据所输入数据核算应付工资,填制工资支票,同时由财务人员青峰按照同一标准编制人工成本分配表和登记工资日记账。财务主管老周核对工资支票与工资日记账并确定无误后,签发工资支票和人工成本分配表,并直接交由小刘输入计算机以及到银行办理员工工资结算手续,办理完毕后将支票存根和人工成本分配表返还老周,同时将员工的工时卡和工资卡一并返还计时人员小王,最后由小王分发给每位员工。

要求:分析蓝亭公司工薪内部控制制度中存在的一个最严重的缺陷,指出这一缺陷可能导致错报的具体情况,并提出针对性的改进建议。

(五)监督

监督是指企业是否存在监督评价机制,对其业务活动进行监控,如企业是否成立内部审计机构,是否接受外部事务所的审计。监督是由适当的人员,在适当、及时的基础上,评估控制的设计和运行有效性的过程,该过程包括及时评价控制的设计和运行,以及根据情况的变化采取必要的纠正措施。

审计人员应当了解被审计单位对于内部控制的持续监督活动和专门的评价活动。持续的监督活动通常贯穿于被审计单位的日常经营活动与常规管理工作中。例如,管理层在履行其日常管理活动时,取得内部控制持续发挥功能的信息。当业务报告、财务报告与他们获取的信息有较大差异时,会对有重大差异的报告提出疑问,并做必要的追踪调查和处理。被审计单位管理层一般会授权内部审计人员对内部控制的设计和执行进行专门的评价,以找出内部控制的优点和不足,并提出改进建议。被审计单位还可能利用与外部有关各方(比如注册会计师,监管机构等)沟通或交流所获取的信息监督相关的控制活动。

二、制度导向审计的特点和不足

制度导向审计模式将审计的重点放在对内部控制制度各个控制环节的审查上,目的是发现内部控制制度的薄弱之处,找出问题发生的根源,然后针对这些环节扩大检查范围;对内部控制制度有效之处,则可缩小检查范围或简化审计程序。在这种审计模式下,是否检查凭证与经济事项、检查多少凭证与经济事项,都不再是毫无目的的大海捞针,而是建立在对被审计单位内部控制系统认识基础上的重点审查。

制度导向审计、账表导向审计与风险导向审计的区别

制度导向审计存在的不足:第一,制度导向审计模式是建立在被审计单位管理层与审计人员之间的"无利害关系假设"基础上的,即假设双方都希望建立能防止和揭露差错舞弊的内控制度。这种假设是建立在认为被审计单位的管理层都很诚信,也就是说没有考虑管理层存在凌驾于制度之上的可能性。第二,在审计实务中,审计人员往往不注重从宏观层面上了解企业及其环境(如行业状况、监管环境及目前影响企业的其他因素;企业的性质,包括产权结构、组织结构以及企业的经营、筹资和投资情况;企业的目标、战略以及可能导致会计报表产生重大错报的相关经营风险;对企业财务业绩的衡量和评价等),仅从制度层面上评估风险,容易造成只见树木不见森林的审计思路的缺陷。因为如果将被审计单位隔离于其所处的广泛的经济网络,审计人员就不可能有效地理解其交易及整体绩效和财务状况。而制度导向审计方法由于其固有的内向型特点,以分析评价企业的内控制度作为审计的基础,较少考虑内外部环境对企业及其会计报表的影响,因而当企业规模愈来愈大、经营愈来愈复杂时,其局限性和不足之处就日渐明显。第三,制度导向审计关注的首要对象是企业的内部控制,但内部控制可能因环境改变、执行人员的粗心大意、判断失误、员工的串通舞弊而失效,特别是由于内部控制无法制约最高管理层的行为,他们可以很轻松地超越控制的限制。此时,检查内控制度往往无法发现这种刻意隐瞒的舞弊造假行为。

第三节　风险导向审计

一、风险导向审计的含义及特点

风险导向审计是指审计人员从被审计单位的风险着手,分析其外部的风险有哪些,如国家政策,行业竞争情况,然后再分析内部风险有哪些,如内部控制制度,高管人员的经营理念等,这些在审计之前就存在的风险,我们叫作重大错报风险,通过分析风险,明确财务报表有哪些地方是需要审计人员关注的,这个就是风险导向审计。如审计人员去审计一个医药企业,这个企业的主要收入就是销售抗生素产品。审计人员发现,国家近期颁布了关于在医院限制滥用抗生素的规定,那么这个宏观政策就会导致被审计单位的销售收入受到影响。此外,审计人员又分析医药公司内部的结构、经营环节等方面,发现研发费用也存在很大的风险,因此,审计人员把销售收入和研发费用作为审计的重点,这就是风险导向审计。

风险导向审计模式具有以下显著特点:第一,风险导向审计模式立足于对审计风险进行系统地分析和评价,并以此作为出发点,制定审计策略和与企业状况相适应的多样化审计计划,将风险考虑贯穿于整个审计过程;合理地扬弃了作为制度导向审计模式基础的"无利害关系假设",把指导思想建立在"合理的职业怀疑假设"的基础上。它不只依据对被审计单位管理层所设计和执行内部控制制度的检查与评价,而且实事求是地对公司管理层是否诚信,是否有舞弊造假的驱动,始终保持一种合理的职业警觉,将审计的视野扩大到被审计单位所处的经营环境,捕捉潜在的风险点,将风险评估贯穿于审计工作的全过程。第二,风险导向审计模式使审计重心从以审计测试为中心前移到以风险评估为中心,克服了传统审计风险评估不到位,未能有效发现高风险审计领域的难题。第三,风险导向审计扩大了审计证据的内涵,使审计师形成审计结论所依据的证据不仅包括实施控制测试和实质性测试获取的证据,还包括了解企业及其环境获取的证据。最后,风险导向审计模式以防范风险为中心,把审计风险的评估贯穿于审计整个过程,能够通过数量化的测定,将审计风险降低到审计人员可以接受的水平。将客户置于行业、法律、经营管理、资金、生产技术,甚至企业的经营理念等环境中,从各个方面研究环境对审计风险控制的影响,并对这种影响进行评价,将其数量化。通过对产生风险的各个环节的分析评价,审计人员利用审计风险模式,可以把风险量化确定出可以接受的检查风险水平,并以此确定实质性测试的重点和测试水平,确定如何收集、收集多少及收集什么性质的审计证据。最终将审计风险降低至审计人员可以接受的水平,出具相应的审计报告。

二、风险模型

风险导向审计的流程可以通过风险模型来解释。风险模型如下:

$$审计风险＝重大错报风险×检查风险$$

(一) 审计风险

审计风险是指审计师遵守了相关的审计准则,认真执行了审计相关的程序,仍然不能发现被审计单位的重大错漏报,从而签发错误审计意见的可能性。即当财务报表存在重大错报时,审计师发表不恰当审计意见的可能性。审计风险取决于重大错报风险和检查风险。如 A 会计师事务所在审计 XYZ 公司时,非常认真,最后得出结论 XYZ 公司不存在重大问题,但后来发现 A 事务所没有发现 XYZ 公司一个重大问题,这个就是审计风险。

(二) 重大错报风险

重大错报风险是被审计单位在审计之前就存在的重大错报的可能性,其主要与企业自身的特点和经营管理有关。审计师无法控制该风险,不能通过审计降低企业的重大错报风险。审计师需要首先通过风险评估程序来评价被审计单位的重大错报风险。风险评估程序,是指审计师为了解被审计单位及其环境(包括内部控制),以识别和评估财务报表层次和认定层次的重大错报风险(无论该错报由于舞弊或错误导致)而实施的审计程序。审计师需要重点关注特别风险,特别风险是指审计师识别和评估的、根据判断认为需要特别考虑的重大错报风险。在判断哪些风险是特别风险时,审计师应当至少考虑:风险是否属于舞弊风险;风险是否与近期经济环境、会计处理方法或其他方面的重大变化相关,因而需要特别关注;交易的复杂程度;风险是否涉及重大的关联方交易;财务信息计量的主观程度,特别是计量结果是否具有高度不确定性;风险是否涉及异常或超出正常经营过程的重大交易。

一般来说,重大错报风险可分为报表层次的重大错报风险和认定层次的重大错报风险。

1. 报表层次的重大错报风险

报表层次的重大错报风险是指与财务报表整体存在广泛联系并可能影响多项认定。也即该重大错报风险会影响报表上面很多事项,而不是仅仅一两项。如被审计单位的管理层凌驾于内部控制制度之上,不受制度的制约,想干什么就干什么,这个风险就属于报表层次的重大错报风险,因为它会对报表上很多事项造成影响。

针对报表层次的重大错报风险,总体应对措施包括:审计师可以向项目组强调保持职业怀疑的必要性;指派更有经验或具有特殊技能的审计人员;提供更多的指导;对审计程序进行修改,融入更多的不可预见的因素。

2. 认定层次的重大错报风险

认定层次的重大错报风险是指与特定交易事项,期末余额或列报认定相关的重大错报风险,也即该重大错报风险仅仅会影响报表上面的某个项目。比如,审计师发现被审计单位没有现金管理制度,该风险一般只会影响货币资金这个项目,因此这个风险属于认定层次的重大错报风险。审计师针对认定层次的重大错报风险,一般应实施进一步的审计程序,也就是说审计师需要针对该认定层次的风险扩大审计范围,收集更多证据。

认定层次的重大错报风险主要包括固有风险和控制风险。固有风险是指在考虑相关的内部控制之前,某类交易、账户余额或披露的某一认定易于发生错报(该错报单独或连同其他错报可能是重大的)的可能性。即固有风险是指被审计单位所处行业和自身特点决定的存在重大错报的可能性,如 A 企业从事食品行业,B 企业从事 IT 行业,相对 A 企业来说,B 企业的固有风险要高一些,因为 IT 行业的更新换代很快。这个就属于固有风险。又如现金账户的固有风险要高于固定资产账户,因为现金容易被偷盗挪用。控制风险是指某类交易、账户余额或披露的某一认定发生错报(该错报单独或连同其他错报可能是重大的),但没有被内部控制及时防止或发现并纠正的可能性。也即企业的内部控制也不能防范和发现的存在重大错报的可能性。这主要是由于内部控制不健全或者存在漏洞造成的。重大错报风险评估及应对如图 2-4 所示。

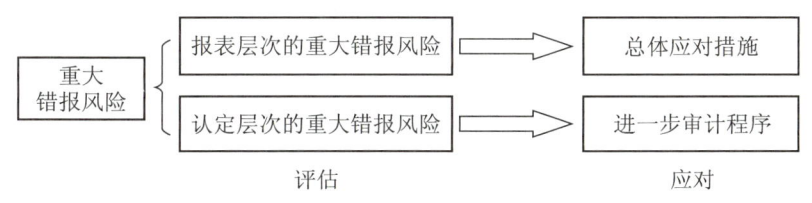

图 2-4　重大错报风险的评估与应对

【课堂练习】

洁诺公司主要从事环保设备的生产和销售业务。A 注册会计师负责审计洁诺公司的 2023 年度财务报表。A 注册会计师根据所了解的洁诺公司情况及其环境,在审计工作底稿中记录了以下内容:

(1) 2023 年,洁诺公司生产产品所需的专利技术使用权,由于使用费提高较大,产品价格上升,销量下滑。

(2) 最新行业分析报告显示,洁诺公司竞争对手已于 2023 年年初推出新产品,市场销售良好,抢占了洁诺公司原有的市场份额。洁诺公司 2023 年 6 月开始研究新产品,2023 年 12 月研发成功,准备于 2024 年年初投放市场。

（3）洁诺公司为合作伙伴雨虹公司担保一笔 1 000 万元的银行借款,承担连带责任。2023 年 12 月 12 日该借款到期,雨虹公司无力还款,洁诺公司在 2023 年的年度财务报表中对该事项进行了披露。

（4）2023 年年初,洁诺公司董事长进行了更换,新任董事长刚愎自用,喜欢冒进。

要求:针对资料(1)至(4)项,假定不考虑其他条件,逐项指出资料所述事项是否可能表明存在重大错报风险,如果存在,是属于报表层次还是认定层次的重大错报风险。

(三) 检查风险

检查风险是指审计师不能发现被审计单位错漏报的可能性。也就是说审计人员能控制检查风险,其可以通过扩大审计范围,多收集审计证据来把检查风险控制在其可以接受的范围内。我们把审计模型进行变形,得到:

检查风险＝审计风险/重大错报风险

根据公式,审计人员首先确定一个自己可以接受的审计风险,然后通过评估被审计单位的重大错报风险,可以得出检查风险。如审计师审计 A 公司,通过风险评估得出重大错报风险高,那么代入公式可以得出检查风险低,检查风险低意味着审计师需要把检查风险控制在低水平,因此其需要扩大审计范围,多收集审计证据。风险导向审计流程如图 2-5 所示。

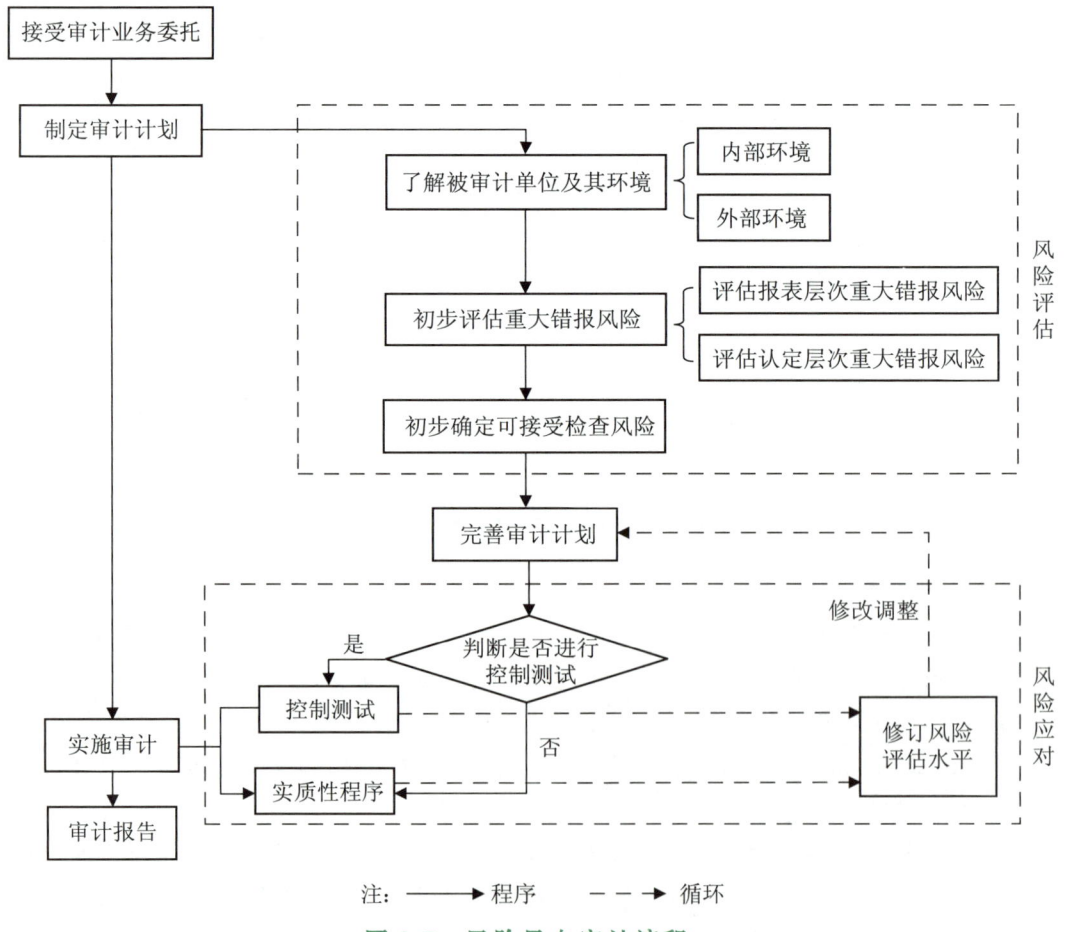

图 2-5　风险导向审计流程

目前我们实施的审计一般都从风险导向审计着手,在明确了风险领域后,也要实施制度导向审计和账项基础审计,也就是对三种模式的一个综合运用。如审计师审计 A 公司,通过分析宏观风险、企业内部风险,然后确定销售收入和研发费用是两个重大的风险领域,在审计销售收入的时候,审计师也需要去分析销售收入的内部控制是否存在缺陷,也需要去审查重大的销售收入的账目。此外,风险导向审计是一个动态的过程,风险评估贯穿审计的始终,在计划阶段需要进行风险评估,在审计实施阶段需要进行风险评估,在审计结束的时候,还需要进行风险评估,如果发现风险评估的结果与上一次不一致,那么就需要调整审计的范围等。

第四节　大数据审计

中国注册会计师审计准则 第 1211 号——通过了解被审计单位及其环境识别和评估重大错报风险

一、大数据的含义

大数据(big data)又称作巨量资料,其所涉及的数据量规模大到无法利用现行主流软件工具在一定的时间内实现收集、分析、处理或转化成为帮助决策者决策的可用信息。互联网数据中心(IDC)为大数据下定义:大数据是指为了更经济更有效地从高频率、大容量、不同结构和类型的数据中获取价值而设计的新一代架构和技术,用它来描述和定义信息爆炸时代产生的海量数据,并命名与之相关的技术发展与创新。

二、大数据的特点

大数据的特点简单来讲体现在 4 个方面(4V),即:数据量(volume),产生、收集和处理速度(velocity),多样性(variety)和真实性(veracity)。

(一)数据量

大数据的特征首先就体现为"大",从前 Mp3 时代,一个小小的 MB 级别的 Mp3 就可以满足很多人的需求。然而随着时间的推移,存储单位从过去的 GB 到 TB,乃至现在的 PB、EB 级别。随着信息技术的高速发展,数据开始爆发性增长。社交网络(微博、推特、脸书)、移动网络、各种智能工具,服务工具等,都成为数据的来源。淘宝网近 4 亿户的用户每天产生的商品交易数据约 20TB,脸书约 10 亿户的用户每天产生的日志数据超过 300TB。迫切需要智能的算法、强大的数据处理平台和新的数据处理技术,来统计、分析、预测和实时处理如此大规模的数据。

(二)产生、收集和处理速度

大数据的产生非常迅速,主要通过互联网传输。生活中每个人都离不开互联网,也就是说每个人每天都在向大数据提供大量的资料。并且这些数据是需要及时处理的,因为花费大量资本去存储作用较小的历史数据是非常不划算的,对于一个平台而言,也许保存的数据只有过去几天或者 1 个月之内的,再远的数据就要及时清理,不然处理代价太大。基于这种情况,大数据对处理速度有非常严格的要求,服务器中大量的资源都用于处理和计算数据,很多平台都需要做到实时分析。数据无时无刻不在产生,谁的速度更快,谁就有优势。

2

（三）多样性

广泛的数据来源，决定了大数据形式的多样性。任何形式的数据都可以有作用，目前应用最广泛的就是推荐系统，如淘宝、网易云音乐、今日头条等，这些平台都会通过对用户的日志数据进行分析，从而进一步推荐用户喜欢的内容。日志数据是结构化明显的数据，还有一些数据结构化不明显，例如图片、音频、视频等，这些数据因果关系弱，就需要人工对其进行标注。

（四）真实性

真实性也是大数据的核心特征。现实世界所产生的数据，有价值的数据所占比例很小。相比于传统的小数据，大数据最大的价值在于通过从大量不相关的各种类型的数据中，挖掘出对未来趋势与模式预测分析有价值的数据，并通过机器学习方法、人工智能方法或数据挖掘方法深度分析，发现新规律和新知识，并运用于农业、金融、医疗等各个领域，从而最终达到改善社会治理、提高生产效率、推进科学研究的效果。

对于数据量的定义在各个领域都不同，对于一家四大会计师事务所来说，小会计师事务所认为的大数据可能不是那么"大"，从中国国家宇航局的角度来看，四大会计师事务所认为的大数据可能也不是那么"大"。所谓数据量是否很大取决于这些数据是否会推高使用这些数据的信息系统的能力极限。从大中型企业相关的会计和审计工作的角度来看，使用"大数据"一词意味着数据量达到或超过了相关会计信息系统可以存储或处理的限制。数据集的容量是否大是相对的，取决于信息系统的能力。巨大的数据量和超高的数据产生、收集和处理速度对企业信息系统的储存和处理能力提出了更高的要求。此外，数据集的种类多样性和价值不确定性可能大大超出当前会计信息系统或者审计信息系统的能力。

三、大数据对会计与审计的影响

未来，大数据和数据挖掘技术对会计和审计的影响将会是广泛而且深刻的。其已经或者正在实现在会计实务的场景应用，并正在逐步重塑我们的会计实务工作。一方面，如企业资源管理系统（ERP）不断融合、整合企业各个部门的数据，包括业务数据、财务数据、人力资源数据、生产数据和仓库库存数据，进一步降低各层级、各部门在线实时（online realtime）的信息不对称，高效地优化企业内部的资源配置。另一方面，企业信息的提取从关注高度加工后的财务数据进一步扩展到大量的、原始的、具有预测能力的非财务数据。尤其是在电商领域，管理者可以通过顾客对网站的访问量、访问链接和浏览时间等访问记录预测相关商品的受关注程度，预测未来的销售收入，或者推荐更符合顾客兴趣的产品。电子产品行业，根据移动互联网的订单以及订单趋势优化产品库存。旅游行业，如航空公司和酒店等，根据销售网站访问量进行价格调整。企业的资产管理部门利用 RFID 技术和 GPS 技术对库存商品进行实时定位、盘点。大型国际集团公司，尤其是农产品生产、运输、销售等公司，甚至可以根据天气情况预测或者验证在全球的各个分公司的经营业绩。未来，区块链（blockchain）的广泛应用将众多企业 ERP 系统相互联接，进一步加速降低企业与企业之间的信息不对称，以实现资源在一个更加广阔的商业生态系统（business ecosystem）里的全局优化配置。数据挖掘（data mining）中的分类、聚类、关联分析、神经网络和深度学习等技术将在这个广阔的生态系统中发挥更加强大的优势，其数据分析结果将在数据可视化软件，如 Tableau 的帮助下更加直观、清晰地展示给社会公众。

同样，在审计领域，大数据的广泛应用将大大提高审计工作的效率、减低审计成本，实现高质量的、实时的、持续的和全样本的审计。在利用企业的外部数据之前，我们首先应该思考如何有效利用企业内部数据进行审计。但是，企业的内部数据通常产生、加工并存储在企业信息系统中。大型信息系统越来越不透明，结构越来越复杂，数据越来越丰富，并与不断扩大的外部系统和 Web 服务进行交互。随着系统规模和复杂性的增加，鉴证业务几乎不可能以手工方式完成。相反，鉴证业务将要求独立于实际业务流程的实时自动审计，其中包含识别数据异常（anomaly detection）和执行异常审计（anomaly auditing）的流程。该流程必须接近系统的速度，并与异常检测和解决流程同步，并存储到数据仓库（data warehouse）。当实时自动审计在内部审计部门中得到充分的应用后，其保留的大量数据将可以被用来进行公司内部开发或者外部审计。另外，ERP 系统中的日志记录（event log）可以在过程挖掘（process mining）技术的分解下被用来对企业的内部控制进行测试并评估控制风险。在外部数据方面，例如通过分析微博、微信等社交网络对企业的品牌价值、竞争能力和市场份额等方面进行风险评估，对企业存在的或有事项和期后事项进行外部视角的跟踪和分析。

四、大数据环境下的审计思维

（一）全样本思维

大数据背景下，审计人员需要对全部样本进行分析找出审计疑点。如果你的数据足够多，它会让规律能够看得见、摸得着。正是因为数据量大而多，所以人们觉得有足够的能力把握未来，能对不确定状态做出判断，从而做出自己的决策。在大数据时代，无论是商家还是信息的搜集者，会比消费者自己更知道其在想什么。有商家通过信用卡消费的记录数据分析，成功预测了未来 5 年内的消费热点。统计学中最基本的一个概念就是，全部样本才能找出规律。为什么能够找出行为规律？一个更深层的概念是人和人是一样的，如果是单一个体，可能很有个性，但当人口样本数量足够大时，就会发现其实每个人都是一模一样的。审计人员就是需要用全数据样本思维方式思考问题，解决问题。因为我们的客户相信数据越大，真实性也就越大。全样本分析中得到的结论比抽样分析得到的水分少很多。

（二）技术性思维

大数据思维的核心就是从事后控制转变为可以事前的实时控制。这种实时监控需要相应的技术才能实现。广州市伤害监测信息系统通过广州市红十字会医院、番禺区中心医院、越秀区儿童医院 3 个伤害监测哨点医院，持续收集市内发生的伤害信息，分析伤害发生的原因及危险因素，系统共收集伤害患者 14 681 例，接近九成半都是意外事故。整体上伤害多发生于男性，占 61.76％；5 岁以下儿童伤害比例高达 14.36％。45.19％的伤害发生在家中，其次才是公路和街道。这样通过收集监测数据，再经分析处理，把数据"深加工"利用，就可以提前采取监控措施。又如监测数据显示，老人跌倒多数不是发生在雨天屋外，而是发生在家里，尤其是早上刚起床时和浴室里，这就提示防止老人跌倒的对策应该着重在居家。老人起床要注意不要动作过猛，浴室要防滑，加扶手，等等。同样，大数据预测思维方式也能用来思考和解决公司内部管理问题。大数据预测、统计、分析、模式建立等措施都有助于审计人员尽快帮助公司找到管理问题，减少审计成本。只有当审计效率极大提高时，审计人员的监控力量才能前移，实现实时监控，才能充分体现审计工作的价值。

2

（三）相关性思维

大数据思维一个最突出的特点,就是从传统的因果思维转向相关性思维。传统的因果思维一定要找到一个原因,推出一个结果来。而大数据没有必要事先找到原因,不需要科学的手段来证明事件之间有一个必然的因果规律。我们只需要知道,出现这种迹象的时候,数据统计的高概率显示它会有相应的结果,那么只要在发现这种迹象的时候,就可以去做决策。如纽约市每年接到2.5万宗有关房屋住得过于拥挤的投诉,但市里只有200名处理投诉的巡视员。一个分析专家小组觉得大数据可以帮助解决这一需求与资源的落差。该小组建立了一个市内全部90万座建筑物的数据库,并在其中加入市里19个部门所收集到的数据:欠税扣押记录、水电使用异常、缴费拖欠、服务切断、救护车使用、当地犯罪率、鼠患投诉,诸如此类。接下来,他们将这一数据库与过去5年中建筑物着火记录进行比较,希望找出相关性。一个预料不到的结果是,非法在屋内打隔断造成拥挤的建筑物着火的可能性比其他建筑物高很多。而之前他们所记录的建筑物的各种特征数据都不是导致火灾的原因。这种分析结论被证明是极具价值的,通过有针对性的处罚措施可有效降低住房拥挤情况和火灾发生率。在审计案例中也是经常采取类似方法,找到审计线索。如定期分析全公司的电子银行支付数据。将支付异常数据,如提现金额超出平均值的数据全部作为重点关注事项,最终顺藤摸瓜发现公司存在小金库。这种审计线索全部来自审计大数据分析。喜欢寻找原因是现代社会的神论,大数据分析推翻了这个论断。正是由于拥有更多的数据源,能够帮助我们发现规律找出异常,才能帮助审计人员探索出一条条审计线索。过去寻找少量线索找原因的观点正在被"更好"的大数据相关性分析所取代。用大数据的相关性思维方式来思考问题,解决问题已是审计工作的常态。转向相关性,不是完全不要因果关系分析,因果关系还是基础。在信息化时代,通过大数据分析技术,可以观测被审计单位的行为,找到相关性信息,为审计人员快速找到审计线索提供便利。

五、大数据技术在国家审计中的运用现状

（一）在财政预算执行情况审计方面

一是数据收集。按月在线采集财政部门数据或各部门定期报送各类财务数据和业务数据,构建部门电子数据依法定期报送制度和财政联网审计系统定期采集制度。二是数据分析。集中审计机关各方面人才联合攻关,对预算编报系统、预算指标系统、非税征管系统、决算编报系统等的财务和业务数据,集中进行多系统关联、大数据比对。三是分组核查。审计开始前,将各项数据表和疑点表统一分发给审计组,为每位审计组成员讲解数据分析形成的审计中间表和疑点表。在具体实施过程中,统一召开进点会,统一分发自查表和自查报告提纲,提高效率,增强指导性。审计结束后,强化经验总结,形成数据采集转换指南,归集整理并形成财政大数据审计模型方法体系表,为进一步深化大数据审计积累经验。

（二）在领导干部经济责任审计方面

一是建立领导干部经济责任审计对象数据库,采集被审计对象的财务数据、领导干部个人报告数据等,形成基础数据库。二是对领导干部实行分类。按权限大小、资金规模等对审计对象进行分类,分别实行一年一审、几年一审或离任交接为主的审计模式,突出重点。三是搭建数据交换平台。搭建综合性审计作业平台,形成不同类别审计组内部统一的互联互通、实时交流通道。四是现场核查。对筛选出来的疑点线索,要求各审计组一一核查到位、

——"对账销号"，做好审计监督与跟踪。

（三）在自然资源资产离任审计方面

一是数据采集。依法采集土地、森林、水、矿产等资源与环保等部门数据。在数据采集中，数据要全面，同时要加强大数据的保密工作。二是分析比对。组建数据分析团队，运用3S技术，对比分析数据，初步发现土地、森林、水等自然资源资产管理方面存在的图斑和疑点数据，为审计取证提供数据支撑。三是现场核实。审计组深入疑点场地进行现场核实，具体核对基本农田占用、林地占用、热电在线监测设备运行等基本情况，实现数据分析与现场核实相互印证。四是运用地理信息系统（GIS）数据审查违建拆除、高污染企业淘汰情况。大量浏览 GIS 中的地理信息数据，查看关停现状。调取执法部门的执法记录，在 GIS 中找到相应地址，查看违规建筑物拆除情况，并与执法记录时间相比对，发现未整改的问题。

六、国家审计的大数据审计模式

面对被审计单位海量的业务数据，运用大数据技术来进行审计是顺应时代发展的必然手段。审计署在 2014 年成立了电子数据审计司，建立了国家审计数据中心，目前审计数据采用集中存储方式管理，先由各派驻机构去被审计单位采集数据，然后统一上传到审计署数据中心（以下简称数据中心），再由数据中心集中管理，派驻机构不存储相关数据。形成"集中分析、发现疑点、分散核实、系统研究"的大数据审计工作模式。具体模式如图 2-6 所示。

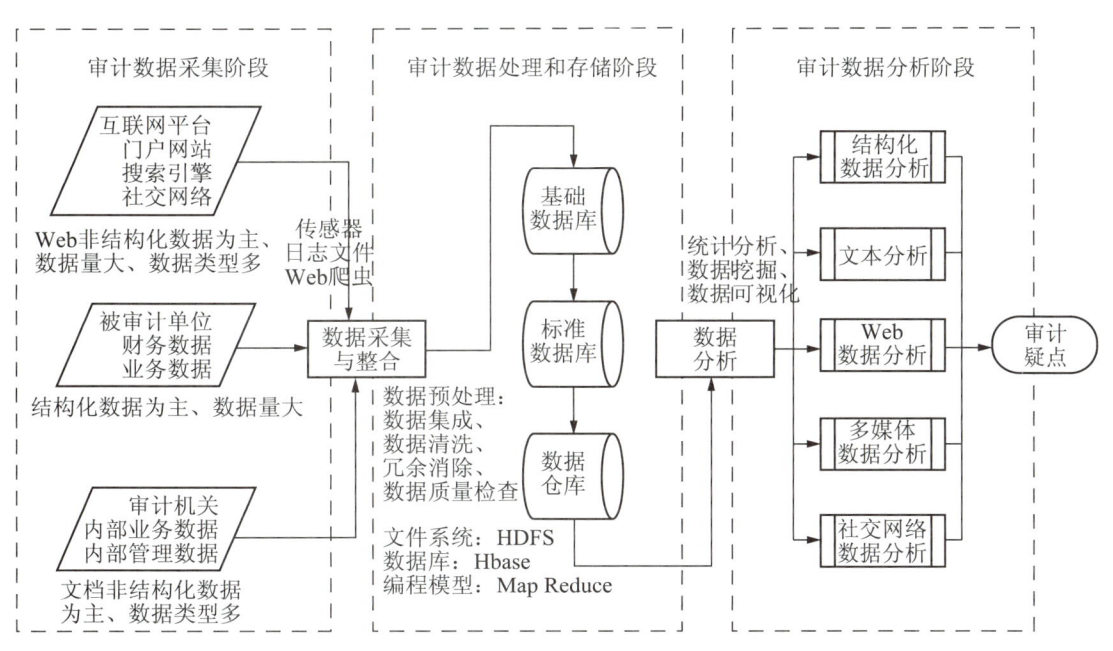

图 2-6　大数据环境下数据式审计模式逻辑流程

来源：郑伟，张立民，杨莉.试析大数据环境下的数据式审计模式.审计研究，2016（4）.

（一）审计大数据采集阶段

大数据环境下，审计数据采集来源更加丰富。从互联网平台，审计人员可以采集门户网站、搜索引擎、社交网络如论坛、微博、微信等互联网大数据，数据类型主要为网页、文档、图片等非结构化数据,数据量大而且数据类型多;对各行各业的被审计单位,审计人员主要采集财务数据和业务等结构化数据,也可以采集会议纪要、业务文档等非结构化数据,数据量很大;对审计机关内部,审计人员可以整理和分析审计业务数据和管理数据,数据类型以审计文书、审计档案等各类非结构化数据为主。大数据环境下,设置传感器、采集日志文件和Web爬虫技术,成为大数据采集的重要手段,审计人员可以采集和处理的数据范围得以显著拓展。

(二) 审计大数据处理和存储阶段

大数据环境下,从各种渠道采集的大数据需要进行预处理,包括数据集成、数据清洗和冗余消除后,才会存储到数据库中。数据集成是在逻辑上和物理上把不同数据源的数据进行集中,为用户提供一个统一的视图便于处理;数据清洗是在数据集中过程中发现不准确、不完整或不合理数据,并对这些数据进行修补或移除以提高数据质量的过程;冗余消除是减少数据的重复或过剩,降低传输开销和存储空间。大数据环境下,审计大数据处理和存储阶段尤其需要对数据进行充分的预处理,才能提高数据处理和存储效率。而且,数据质量检查成为该阶段的重要审计任务。数据质量检查将为后续的大数据审计分析打下良好基础。

(三) 审计大数据分析阶段

传统环境下,审计数据分析以查询型分析和多维分析为主,审计分析多以关联分析和趋势分析作为审计疑点或线索的判定依据,结果精确但作用范围有限,而且分析预测能力不强。大数据环境下,由于大数据分析的三个原则即要全体不要抽样,要效率不要绝对精确,要相关关系不要因果关系,大数据分析可以更多采用统计分析、数据挖掘和数据可视化等方法,以扩大审计数据分析能力。不同的数据分析类型需要采用不同的分析方法,结构化数据分析主要采用数据挖掘和统计分析方法;文本分析主要采用文本表达、自然语言处理、信息提取、摘要、分类聚类、问答系统和观点挖掘等方法;网页分析主要采用网页内容挖掘、网页结构挖掘、网页用法挖掘方法;多媒体分析主要使用摘要、标注、索引检索、推荐和事件检测方法;社交网络分析主要使用链接预测、社区发现、社交网络演化、影响分析、关键词搜索、分类聚类和迁移学习方法。通过上述大数据分析方法,审计数据分析得以对采集获得的各类数据进行深入挖掘,取得以往难以取得的审计数据分析效果。大数据审计在此阶段将发挥重大作用。

随着大数据时代的序幕开启,全球数据作为核心生产要素被利用、开发而产生的价值日益凸显,数据的规模呈现爆发式增长态势,数据的丢失、泄漏、篡改、勒索所引发的经济损失和社会负面影响愈发严重,数据的流通、交易、使用和产生的安全问题已经成为国家及社会各领域关注的重点。国家审计中的大数据事关国计民生,更是重中之重。

2021年以来,我国陆续发布了《"十四五"国家信息化发展规划》《"十四五"数字经济发展规划》等重要国家数据战略,强调建设数字中国,加快数据要素市场化流通,创新数据要素开发利用机制。2021年6月10日,第十三届全国人民代表大会常务委员会第二十九次会议通过《中华人民共和国数据安全法》,2021年9月1日正式施行。国家层面,《国家安全法》《网络安全法》《数据安全法》及《个人信息保护法》等共同构筑了数据安全保护的基础性"法律堡垒"。

未来,审计人也要立足数字中国建设"2522"的整体框架,强化数字技术创新体系和数字安全屏障"两大能力",增强大数据审计能力,向信息化要资源,向大数据要效率,促进前沿技术与审计业务深度融合,充分激发审计高质量发展的强大动能。

思考题:

　　二十大强调"科技强国",谈谈未来如何使用科技手段提高审计效率、效果?

 【案例】 以智慧审计助力基层治理

　　大数据赋能审计工作,是用信息化提高政务服务水平的重要方面,也是以数字化助力高效基层治理的重要手段。打开界面、输入账号密码、点击查询,很快就能调出电子数据。这是利用审计信息系统开展大数据审计的一个现实场景。前不久,在云南省凤庆县,审计局主要负责同志表示,在大数据平台助力下,完成任务更加顺利、高效。

　　确保资金在阳光下运行,离不开有效监督。审计是党和国家监督体系的重要组成部分。近年来,相关政策要求,对公共资金、国有资产、国有资源和领导干部履行经济责任情况实行审计全覆盖。以凤庆县为例,保守估计每年会面临上百个审计任务,以传统方式工作,一个审计任务少说要用三四个月,加之审计单位人员有限,若想做到审计全覆盖,难度非常大。因此,拓展审计监督广度和深度,提高审计工作效率和精度,必须坚持科技强审,加强审计信息化建设,更好利用大数据技术。

　　加强智慧审计,数据收集是前提。近几年,我国政务信息数据化建设突飞猛进。无论是脱贫攻坚项目,还是自然资源的国情普查和财政一体化系统,很多政务项目都逐步实现数据化,开始形成大数据并发挥作用。过去,审计人员需要翻阅大量的纸质资料,才能完成单个项目的数据统计;现在,随着卫星图片等数据信息集纳,借助大数据平台,只需输入项目经纬度,项目资金等数据就能很快呈现在数据平台上。过去,审计人员到一个单位现场审计,至少需要1个多月;现在,依靠大数据模型可以事前筛选出疑点,审计人员有重点地进行现场核查,时间压缩到了两三天。把纸质材料变为数据资料,把数据信息整合成数据资源,对提高审计效率和审计质量大有裨益。

　　提升审计效能,关键要打通数据梗阻。重大审计任务,往往时间跨度长、内容项目多、涉及人员广,对信息资料的全面性、准确性要求高,更需要在各种信息交互对比中得出有效结论。借助大数据平台开展工作,要确保有足够的数据内容、有安全的保存方法、有高效的处理技术,其重点在于让数据关联好、无梗阻。为此,凤庆县审计局与华中科技大学合作,共同研发了实体数据中心和虚拟数据中心相融合的审计信息系统,使之成为覆盖凤庆县政府机关和乡镇政府部门的审计内部网络。在实际应用时,尽量做到跨部门数据处理,避免"以报告数据审报告数据"的弊端。

　　大数据赋能审计工作,是用信息化提高政务服务水平的重要方面,也是以数字化助力高效基层治理的重要手段。从政务微信小程序汇聚政策推送、惠民办事等功能,到设立政务服务一体机,实现个人事项自主办理;从打通数据孤岛,到优化政务流程;从"最多跑一次",到"一网通办"……"大数据+政务""互联网+服务"等应用场景,让基层治理日趋精准化、智能化,有效提升了群众的获得感、幸福感、安全感。面对治理课题,应围绕群众需求,立足办事需要,进一步探索新机制、拓宽新应用,为基层治理插上信息化、智慧化翅膀,让各项审批更简、监管更强、服务更优,从而为高质量发展更好地保驾护航。

2

重点回顾

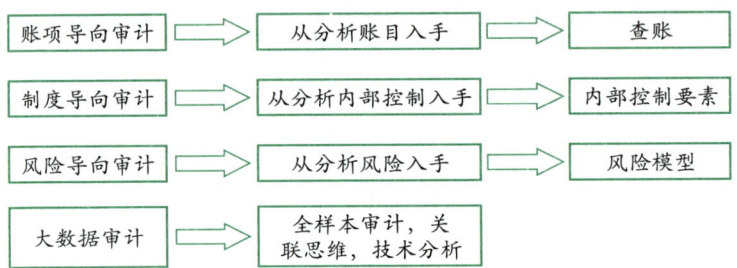

账项导向审计 ⟹ 从分析账目入手 ⟹ 查账

制度导向审计 ⟹ 从分析内部控制入手 ⟹ 内部控制要素

风险导向审计 ⟹ 从分析风险入手 ⟹ 风险模型

大数据审计 ⟹ 全样本审计，关联思维，技术分析

专业词汇中英文对照

账项导向审计　account-oriented audit

制度导向审计　institutional-oriented audit

风险导向审计　risk-oriented audit

内部控制　internal control

控制环境　control environment

控制活动　control activity

风险评估　risk assessment

信息与沟通　information & communication

监控　monitoring

职权分离　segregation of duties

重大错报风险　material misstatement risk

报表层次风险　financial statement level risk

认定层次风险　relevant assertion level risk

审计风险　audit risk

可接受的审计风险　acceptable audit risk

检查风险　detection risk

固有风险　inherent risk

控制风险　control risk

进一步审计程序　further audit procedure

管理层凌驾于制度之上　management override internal control

职业怀疑　professional skepticism

练 习 题

一、单选题

1. 内部控制要素中,( )是其他要素的基础。

A. 风险评估　　　　 B. 信息与沟通　　　　 C. 控制环境　　　　 D. 控制活动

2. 以下属于以会计账目为基础,通过审查会计资料收集相关证据,从而形成审计意见的一种审计取证模式的是( )。

A. 账项导向审计　　 B. 风险导向审计　　 C. 制度导向审计　　 D. 合规性审计

3. 审计人员可以控制的风险是( )。

A. 控制风险　　　　 B. 固有风险　　　　 C. 重大错报风险　　 D. 检查风险

4. 审计风险取决于重大错报风险和检查风险,下列表述中,正确的是( )。

A. 在既定的审计风险水平下,注册会计师应当实施审计程序,将重大错报风险降至可接受的低水平

B. 注册会计师应当合理设计审计程序的性质、时间和范围,并有效执行审计程序,以控制重大错报风险

C. 注册会计师应当合理设计审计程序的性质、时间和范围,并有效执行审计程序,以消除检查风险

D. 注册会计师应当获得认定层次充分、适当的审计证据,以便在完成审计工作时,能够以可接受的低审计风险对财务报表整体发表意见

5. 关于检查风险,以下说法中,不恰当的是( )。

A. 检查风险的控制效果取决于审计程序设计的合理性和执行的有效性

B. 在既定审计风险水平下,检查风险与注册会计师所需的审计证据成同向关系

C. 注册会计师应当合理设计审计程序的性质、时间和范围,并有效执行审计程序,以控制检查风险

D. 在既定的审计风险水平下,可接受的检查风险水平与认定层次重大错报风险的评估结果呈反向关系

二、多选题

1. 以下各项中,属于控制环境薄弱而导致财务报表层次中的错报风险的有( )。

A. 被审计单位的工资仍然采用手工计算和现金发放方式

B. 被审计单位销售人员的收入主要取决于基于销售量的提成

C. 管理层的经营风格过于激进

D. 被审计单位董事会主要由控股股东代表和高层管理人员组成,没有独立董事

2

2. 认定层次的重大错报风险包括(　　　　　)。

A. 检查风险　　　B. 审计风险　　　C. 固有风险　　　D. 控制风险

3. 以下属于控制活动要素的有(　　　　　)。

A. 授权　　　B. 实物控制　　　C. 职权分离　　　D. 控制环境

4. 在下列各项中,与 W 公司交易、账户余额层次重大错报风险评估最相关的包括(　　　　　)。

A. W 公司存货周转率呈下降趋势

B. W 公司持有大量高价值且被盗窃的资产

C. W 公司 A 产品的生产成本计算过程相当复杂

D. W 公司控制环境薄弱

5. 以下属于内部控制基本要素的有(　　　　　)。

A. 控制环境　　　B. 风险评估　　　C. 内部牵制　　　D. 监控

三、判断题

1. 由于固有风险和控制风险不可分割地交织在一起,审计准则将两者合并称为"重大错报风险"。注册会计师不可以单独对固有风险和控制风险进行评估。　　　(　　)

2. 大数据审计下将对被审计单位总体进行分析,而且需要具有相关性思维。　(　　)

3. 账项导向审计是从账目开始着手进行审计。　　　　　　　　　　(　　)

4. 审计人员可以通过审计减少被审计单位的重大错报风险。　　　　(　　)

5. 大数据审计也是基于风险导向的思维。　　　　　　　　　　　(　　)

四、简答题

1. 比较分析账项导向审计、制度导向审计与风险导向审计的区别与联系。

2. 简述什么是审计风险模型。

五、案例分析题

1. A 注册会计师负责审计甲公司 2023 年度的财务报表,A 注册会计师在审计工作底稿中记录了所了解的甲公司财务报表的相关状况,部分内容摘录如下:

(1) 购入的一批材料还在途中,没有列入期末存货项目中。

(2) 3 月购入的办公用设备和一项专利技术,均从 4 月份开始计提折旧和摊销。

(3) 购入的用于生产 M 产品的 C 材料,市场价格已经严重下跌,但生产的 M 产品的市价并没有降低,因此甲公司并没有针对 C 材料计提存货跌价准备。

(4) 董事会已经做出书面决议,将甲公司的一处仓库用于经营出租并且短期内不再发生变化,甲公司将其确定为投资性房地产。

(5) 生产用的某项设备和某种材料,因市价回升,甲公司将其原已计提的减值准备转回。

(6) 12 月购入的一批原材料,因供货方提供了 10% 的商业折扣,甲公司按照扣除了商业折扣后的金额记录了应付账款。

要求:针对上述每一种情况,分别指出是否会直接导致财务报表存在重大错报风险,将答案填入表 2-1 的空格中。

表 2-1   **财务报表重大错报风险判别**

事项序号	是否直接导致财务报表存在 重大错报风险（是/否）	财务报表层次/ 认定层次	财务报表 项目名称	财务报表 项目认定
（1）				
（2）				
（3）				
（4）				
（5）				
（6）				

2. ABC 会计师事务所承接了甲公司 2023 年度财务报表的审计业务，在项目组讨论考虑审计风险时，成员有不同的观点，具体如下：

（1）项目组成员 A 认为可接受的检查风险与所需要的审计证据呈正向关系，如果可接受的检查风险越低，所需要的审计证据就越少。

（2）项目组成员 B 认为认定层次的重大错报风险可分为固有风险和控制风险，两者不可分割地交织在一起，所以不能对固有风险和控制风险单独进行评估。

（3）项目组成员 C 认为，为将审计风险模型中的审计风险控制在一定的水平，需要降低检查风险，同时需要降低重大错报风险。

（4）项目组成员 E 认为检查风险不可能降低为零。

要求：逐一判断各个项目组成员的观点是否恰当；如果不恰当，说明理由。

2

第三章

审计测试与重要性

学习目标

1. 理解审计测试的两种方法
2. 掌握重要性的含义及运用阶段

第一节　审计测试

　　审计测试实际上就是审计人员用于收集审计证据的方法和技术。审计测试包括控制测试和实质性测试。

一、控制测试

　　控制测试,是指用于评价内部控制在防止或发现并纠正认定层次重大错报方面的运行有效性的审计程序。也就是说,控制测试是为了测试内部控制是否执行有效。控制测试的对象是内部控制。内部控制就是指企业的规章制度,这些规章制度可以用于规范企业的行为。一般在进行控制测试前,审计师需要了解内部控制,包括评价内部控制的设计和确定内部控制是否执行。

　　我们通过下面的举例来说明内部控制测试的步骤和方法。如 A 审计师现在审计现金,被审计单位给他一本厚厚的现金管理制度,这个就是针对现金的内部控制,A 审计师首先对这个现金管理制度进行研读,发现现金管理制度设计合理,这就属于了解内部控制。但是这个厚厚的现金管理制度是否真的执行有效呢,这时 A 审计师就需要继续了解内部控制,并进行控制测试。

　　A 审计师可以从这本现金管理制度中任意找一条来验证这个制度是否真的执行有效。如其中有一条是单笔现金支付在 50 万元以上的必须要经过 3 个负责人的签字,那么 A 可以从现金支付凭证中任意抽出几笔支付额在 50 万元以上的,审核是否有这 3 个人的签字,如果有,说明内部控制的确被执行了,这也属于了解内部控制的内容,审计人员找到这 3 个签章的人并对他们进行询问,从而确定该条款是否真的有效执行了,这就是控制测试。但是要注意,内部控制测试的前提是企业存在内部控制,如果被审计单位没有内部控制或者内部控

制很糟糕,那么就没有必要进行控制测试。

　　内部控制测试可以针对一个时点进行,也可以针对一个时段进行。如果针对一个时点进行测试,则只能说明那个时点内部控制是否执行有效,如果针对一个时段进行测试,则可以说明那个时段的内部控制是否执行有效。在测试内部控制是否执行有效时,审计人员应当从下列方面获取关于内部控制是否有效运行的审计证据:第一,控制在所审计期间的相关时点是如何运行的;第二,控制是否得到一贯执行;第三,控制由谁或以何种方式执行。内部控制运行有效性强调的是能够在各个不同时点按照既定设计得以一贯执行。

　　目前,监管部门还要求上市公司提供内部控制自评报告和内部控制审计报告。内部控制自评报告是指管理层对内部控制的五要素进行评价。内部控制审计报告是指会计师事务所对与被审计单位财务相关的内部控制发表意见。

二、实质性测试

　　实质性程序,是指用于发现认定层次重大错报的审计程序。实质性程序包括下列两类程序:①对各类交易、账户余额和披露的细节测试;②实质性分析程序。也就是说,实质性测试是针对具体的交易事项、金额等所实施的测试。假设被审计单位在报表上列明存货 150 万元,那么 A 审计师去审核存货的采购凭证,盘点存货,以便验证报表上存货的金额的真实性、完整性等,就属于实质性测试。

趣味审计
小讲堂

　　实质性测试包括分析程序和细节测试两种测试的方法。如果审计师把今年的存货余额与去年的存货余额进行对比,计算存货周转率,与行业情况进行对比等,就是分析程序。所以,分析程序就是通过不同时间数据比较、计算比率与行业标准比率进行比较、分析两个事物之间的关系是否正常合理,查看被分析对象是否存在显著异常。如假设企业只采购存货,而且采用的是赊购方式,那么可以分析存货的增加与应付账款的增加趋势是不是一致的,如果两者出现明显的不一致,或者相反变动,那就出现了异常,审计师需要去核查原因。

　　分析程序不仅可以比较财务数据,也可以用于比较非财务数据,而且分析程序是对全样本的分析。在大数据时代,一般会使用数据分析发现审计疑点,数据分析是审计师获取审计证据的一种手段,在计划阶段和实施阶段,通过对内部或外部数据进行分析、建模或可视化处理,以发现其中隐含的模式、偏差或不一致,从而揭示出对审计有用信息的方法。

　　分析程序在审计的计划阶段、实施阶段和报告阶段都可以使用。在审计计划阶段,通过分析程序进行风险评估,初步确定审计的范围;在审计实施阶段,分析程序是作为实质性测试的一种方法,用于对被审计对象进行分析并收集证据;在报告阶段,使用分析程序再次对报表的整体合理性进行分析,看看是否还存在重大不合理的地方。在实施阶段,实施分析程序主要是作为实质性测试的一种方法,明确存在显著异常的事项,并收集证据;如在对应收账款进行审计时候,把今年未审数与前年的审定数进行比较,把本月的数据与前几个月的数据进行比较,计算应收账款周转率,看应收账款回收的情况,并与同行业、同规模的其他公司应收账款周转率进行比较等,看看是否存在明显差异。在报告阶段,实施分析程序主要是对报表的整体合理性做最后一次评价,看是否还存在异常的地方,需要进一步取证。由于在实施阶段,审计师实施分析程序可能找不到明显差异,因此无法明确进一步取证的方向,审计师就必须依靠细节测试,所以在实施阶段,分析程序可能失效。但是在审计计划阶段和审计报告阶段必须实施分析程序。

分析程序涉及以下六个步骤：①识别需要运用分析程序的账户余额或交易；②确定期望值；③确定可接受的差异；④识别需要进一步调查的差异；⑤调查异常数据关系；⑥评估分析程序结果。

细节测试，是针对具体交易事项进行审查，如核对明细账与总账，核对实物与账面余额，针对存货进行盘点，对存货的计价方式进行核实等。

三、控制测试与实质性测试的关系

一般来说，在进行控制测试前，需要了解被审计单位的内部控制情况，如被审计单位是否存在内部控制，内部控制制度是否健全，这是必须实施的步骤。如果被审计单位存在内部控制，审计师才需要进行控制测试；如果被审计单位没有内部控制或内部控制很薄弱，则不需要进行控制测试，直接进行实质性测试，因此控制测试有可能不需要实施。如审计师去审计企业的现金，结果发现企业没有现金管理制度，则其不需要进行控制测试，因为找不到测试的内容；如果发现企业存在现金管理制度，但是非常薄弱，则在这种内部控制下生成的现金相关账户存在问题的可能性极大，因此，审计人员就不用再花费时间做控制测试，可直接进行实质性测试。如果通过控制测试发现被审计单位内部控制有效，则可以缩小实质性测试的范围；如果通过控制测试发现被审计单位内部控制无效，则应扩大实质性测试的范围。总之，实质性测试是必须实施的程序。一般在实施期中审计的时候，应多实施控制测试，而在实施期末审计的时候，应多实施实质性测试。

下图展示了控制测试与实质性测试的关系。

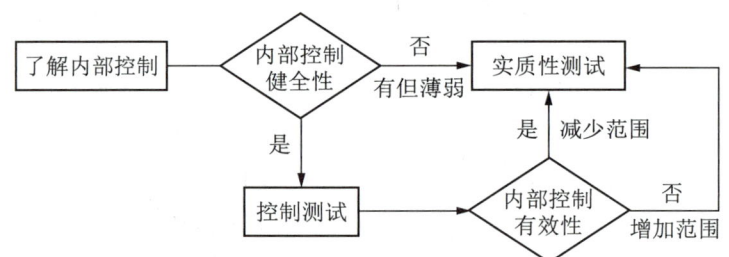

图 3-1　控制测试与实质性测试的关系

　【案例】　自然资源资产审计

近年来，自然资源资产审计成了审计工作的一项新的课题。在大数据背景下，建立自然资源资产数据库，建成统一标准的自然资源资产信息资料库，是开展领导干部自然资源资产离任审计的基础，是审计人员开展信息化审计分析的数据源，与审计工作的质量和效率直接相关。

自然资源资产数据库包括多个政府管理部门的自然资源资产专业数据和测绘部门的基础数据。专业数据是审计分析的对象，主要来源于自然资源、生态环境、水利、林草等部门的管理或规划数据；基础数据是自然资源现状的真实反映，是审计的重要依据，主要来源于测绘部门的测绘数据，如地理国情普查数据等。在审计项目中，审计人员根据审计业务的需要，基于自然资源资产数据库的数据，运用 SQL Server、ArcGIS、测绘遥感等软件对数据进行关联或对比分析。通过大数据分析,查找问题疑点,挖掘审计线索,提高审计工作效率。

　　以 GIS 技术为例,GIS 是地理信息系统的英文简称,它能够对整个或部分地球表层(包括大气层)空间中的有关地理分布数据进行采集、储存、管理、运算、分析、显示和描述。GIS 技术可以应用于自然资源资产审计工作的多种场景。在审查有关部门是否违规安排林业工程时,可以通过 GIS 技术将国土、林业部门的数据做套合比对,检查林业部门退耕还林项目的安排区域是否符合规定。审计人员将某旗 2015 年退耕还林设计的小班图与2015 年的耕地图做擦除分析,发现两个图层有未相交的部分,这部分就是没有按照要求将退耕还林工程安排在年度土地利用现状调查中的坡耕地、严重沙化耕地或产量较低的耕地。通过 GIS 系统分析后,再经过现场抽查,就可以确认是否存在违规安排林业工程项目问题了。

违规安排
退耕还林
项目示例图

　　由于影像图不是实时影像,呈现的图像可能不是当地的现有状况,而且受图像清晰度限制,找出疑点后,审计组还和相关部门一起对数据逐一进行核对,并到现场进一步抽查核实违规使用土地情况,如确有其事会责令整改。

复垦前后
对比图

【课堂练习】

　　请说明下面的测试属于控制测试还是实质性测试。

　　(1)选择具有代表性的固定资产业务,向相关人员逐项询问预算、审批、验收等环节的规章制度执行情况。

　　(2)根据对×公司年末存货的实地观察,有选择地进行复盘抽查,以确定×公司采用的计量方法能否得到正确的结果。

第二节　审计重要性

一、重要性的定义、特点和分类

(一)重要性的定义

　　莫茨和夏拉夫在经典著作《审计理论结构》中对重要性的解释,引用了 1957 年会计概念和准则委员会的会计重要性定义,即:某项目的重要性可能取决于它的金额大小、性质,或者两者兼而有之。如果有充足的证据证明,了解该项目将会影响投资者的决策,那么,这个项目就是重要的。

　　1980 年,美国财务会计准则委员会(FASB)在其发布的第 2 号财务会计概念公告《会计信息的质量特征》中这样描述重要性概念:"根据其周围所处的环境,如果对财务报表中漏报或错报的项目进行纠正将很可能改变或者影响一个依赖于该财务报表的理性人的判断,那么它就是重要的"。该概念影响深远,被众多审计学者和机构引用,如在 1983 年,美国注册会计师协会(AICPA)发布的第一个关于审计重要性的准则 SAS 47《审计业务中的审计风险

3

与重要性》中,采用的就是该公告中的重要性概念。2007 年 AICPA 发布的 SAS 107《审计风险和审计操作中应遵循的重要性原则》再一次提及该概念,仍没有发生变化。国际审计实务委员会(IAPC)于 1987 年 10 月发布的 IAG 25《重要性和审计风险》直接对重要性进行了定义:"审计重要性涉及财务资料误报(包括漏报)的数量和性质,不论是个别的还是合计的,根据周围的环境,作为这种误报的结果,将会对人们依据这些资料作出尽可能合理的判断或决策产生影响。"我国财政部于 1996 年发布的《独立审计具体准则第 10 号——审计重要性》规定:"重要性是指被审计单位会计报表中错报或漏报的严重程度,这一程度在特定环境下可能影响会计报表使用者的判断或决策。"而财政部 2006 年 2 月发布的《中国注册会计师审计准则第 1221 号——重要性》则规定:"重要性取决于在具体环境下对错报金额和性质的判断。如果一项错报单独或连同其他错报可能影响财务报表使用者依据财务报表作出的经济决策,则该项错报是重大的。"2019 年 2 月修订的《中国注册会计师审计准则第 1221 号——计划和执行审计工作时的重要性》对重要性的定义如下:"如果合理预期错报(包括漏报)单独或汇总起来可能影响财务报表使用者依据财务报表作出的经济决策,则通常认为错报是重大的。"审计署在 2003 年 12 月发布的《审计机关审计重要性与审计风险评价准则》中提出:"审计重要性是指被审计单位财政收支、财务收支及相关会计信息错弊的严重程度,该错弊未被揭露足以影响信息使用者的判断或决策以及审计目标的实现。"中国内部审计协会在 2005 年 3 月发布的《内部审计具体准则第 17 号——重要性与审计风险》中规定:"重要性,是指被审计单位经营活动及内部控制中存在偏离特定目标的差异或缺陷的严重程度,这一程度的差异或缺陷在特定环境下可能会影响管理层的判断或决策以及组织目标的实现。"

可见,公认的重要性的含义是指当一项错报单独或连同其他错报可能影响财务报表使用者依据财务报表做出的经济决策,则该项错报是重大的。如 A 刚从大学毕业准备买房子,但是他没有那么多钱,于是他准备向银行贷款,银行会要求其提供收入证明,银行需要通过收入证明来判断 A 是否具有还款能力。假设银行的判断标准如下:如果贷款后,A 每月的还款额与 A 每月收入的比例小于 40%,那么银行认为 A 具有还款能力,如果比例大于 40%,那么银行认为 A 不具有还款能力。可以看出 40% 就是一个分界线,银行在这个分界线前后会有不同的决策,这个 40% 就是银行认为的贷款重要性水平。

审计重要性

(二) 重要性的理解

财务审计的目标是对被审计单位财务报表整体是否存在由于舞弊或错误导致的重大错报获取合理保证,而重要性则是审计师用以判断错报是否重大的标准。因此,重要性是审计的基本和核心概念。我们可以从以下几个方面加深对重要性的理解:

1. 重要性和审计风险呈反向变动关系

在其他条件不变的情况下,审计师将重要性确定得越高,他们所面对的审计风险就越低,所需要搜集的审计证据也就越少。比如审计师一开始将重要性确定为 50 万元,那么只要被审计单位财务报表中单项或汇总的错漏报超过 50 万元,审计师就会认为被审计单位的报表包含重大错报。若其他情况都不发生改变,审计师将原先的重要性从 50 万元提高至 100 万元,那么只有超过 100 万元的错漏报才能被认为是重大错报。如果被审计单位的错漏报超过了 50 万元但没有达到 100 万元,在原先 50 万元的重要性下审计师将会认为被审计单位报表包含重大错报,而在 100 万元的重要性下,审计师却会认为此报表不包含重大错报。审计风险是在被审计单位财务报表有重大错报的情况下,审计师出具不恰当审计意见的可能性。随着重要性水平的提高,被审计单位财务报表出现重大错报的概率下降,因此审计风险降低。为了将审计风险降低至可接受的低水平,在审计风险已经下降的情况下,审计师所需要搜集的审计证据将会减少。

2. 重要性的确定必须要站在报表使用者的角度

在审计过程中,虽然重要性是审计师所确定的,但审计师必须要站在报表使用者的角度考虑他们所确定的重要性是否恰当。若审计师合理预期单独或汇总的错漏报超过一定金额即可能影响财务报表使用者依据财务报表做出的经济决策,则审计师通常需要以此金额确定重要性,而不是为了降低自身审计风险,任意提高重要性。此外,判断某事项对财务报表使用者是否重大,是在考虑财务报表使用者整体共同的财务信息需求的基础上做出的。由于不同财务报表使用者对财务信息的需求可能差异很大,因此不考虑错报对个别财务报表使用者可能产生的影响。但若审计师从事的是特殊目的审计,那么审计师需要考虑特定使用者的信息需求,已实现特殊审计目标。

3. 重要性的确定离不开具体环境

由于不同的被审计单位面临不同的环境,不同的报表使用者有不同的信息需求,因此审计师确定的重要性也应当不同。比如一个金额为 20 万元的错报,对于年度营业收入只有 200 万元的被审计单位而言无疑是重大的。但是如果被审计单位本年度营业收入达到数亿或数十亿元,这 20 万元的错报就变得不重大。再如对于就金融机构的财务报表使用者而言,对流动性风险的披露则是重要的。

4. 重要性包含数量和性质两个方面

以上三点主要考虑的是重要性的数量方面,就数量方面而言,重要性可以被理解为一个临界点或者门槛,超过此临界点或门槛的错漏报被认为是重大错报,否则即使为错报却不重大。除了对重要性数量方面的考虑之外,审计师还需要考虑重要性的性质。一些错漏报,虽然金额不大或很小,但由于性质严重,也可以影响报表使用者的决策,因此也会被认为是重大错报。如一个企业以银行贷款为主要融资手段,在过去几个年度累计向银行借入过千万元款项,如若无法按时还款付息,就会面临破产的风险。为了保证资金安全,银行要求此企业的流动比率不低于 2.5。在本年度,企业通过高估存货 2 000 元刚好满足银行对流动比率的要求。2 000 元虽然从金额而言也不重大,但是却决定了这个企业是否会发生技术性破产。因此从性质而言,也是非常重大的。一般而言,如果涉及如下事项,无论错漏报金额大小,审计师都应该从性质上考虑是否为重大错报:

(1) 影响被审计单位获利能力趋势。在其他情况下认为不重大的错漏报,如果影响了被审计单位获利能力趋势,则审计师应该从性质上考虑是否为重大错报。如企业通过高估收入,扭亏为盈。

(2) 涉及舞弊或者违法行为。金额不大的错漏报,如果涉及被审计单位的舞弊或违法行为,则通常应当被视为重大错报。舞弊和违法行为通常反映了被审计单位管理层缺乏诚信和可靠性。相比于单纯由错误导致的错报,由舞弊或违法行为导致的错报所反映的问题更加严重,性质更加恶劣。

(3) 影响管理层业绩评价和考核。被审计单位对管理层的业绩评价和考核标准涉及管理层薪酬或奖金等现金收入,以及职业发展前景等。如果某项错漏报影响了被审计单位对管理层的业绩评价和考核,则很有可能反映了管理层故意操纵财务报表的舞弊行为,审计师

3

应当谨慎考虑该错漏报是否在性质上属于重大错报。

（4）影响贷款契约等合同约定。如果错漏报影响了贷款契约等合同约定，则会进一步影响合同签订方的权利和义务，如我们上述银行贷款契约的例子。因此，如果某项错漏报影响了贷款契约等合同规定，审计师应当在性质考虑该错漏报是否属于重大错报。

（5）涉及关联方交易。关联方通常包括被审计单位的控股股东、实际控制人、董事、监事、高级管理人员，以及与他们有直接或间接关系的企业。而关联方交易则是指被审计单位与它关联方之间发生的交易。关联方虽然在法律上是平等独立的，然而在事实上却并非如此。被审计单位可能通过关联方交易从事转移资产，操纵利润等舞弊行为。因此，一旦被审计单位的错漏报涉及关联方交易时，审计师不仅要从数量上，还需要从性质上考虑该错漏报是否属于重大错报。

（6）长期出现却未得更正的错漏报。无论在数量上，还是性质上，一些小金额错漏报都不能被视为重大错报。但是如果这些小金额错漏报长期出现，则反映了被审计单位在内部控制上存在缺陷，性质严重。而且小金额错漏报累积起来也可能会对报表产生重大影响。如果审计师在审计过程中，发现被审计单位在一些会计事项上，长期出现却未更正的错漏报，则需要从性质上考虑是否为重大错报。

（三）重要性的分类

审计重要性的十大误区

重要性水平也分为报表层次的重要性水平和认定层次的重要性水平两类，一般所说的重要性水平都是指报表层次的重要性水平。认定层次的重要性水平，是指具体的交易、账户余额、列报的重要性水平，如在审计现金账户余额时，针对现金的重要性水平，也称为可容忍误差。可容忍错报或可容忍误差的确定是以审计人员对财务报表层次重要性水平的初步评估为基础，它是在不导致财务报表存在重大错报的情况下，审计人员对各类交易、账户余额、列报确定的可接受的最大错报。因为审计人员在搜集证据的时候要对具体的交易、账户余额和列报进行审计，因此需要确定认定层次的重要性水平。

> **思考题：**
> 二十大提出"坚持守正创新，坚持问题导向"，请谈谈重要性水平如何做到"坚持守正创新，坚持问题导向"。

二、重要性在审计中的运用

重要性在审计的计划阶段、实施阶段和报告阶段都要运用。

（一）重要性在计划阶段的运用

1. 报表层次的重要性

在审计计划阶段，审计师需要综合考虑被审计单位所处的具体环境，审计的目标，财务报表项目的金额和波动等方面，确定合适的重要性用以：①安排风险评估程序的性质、时间和范围；②识别和评估重大错报风险；③安排进一步审计程序的性质、时间和范围。由于审计的目标是对被审计单位财务报表是否存在重大错报进行合理保证，因此审计师应当首先考虑报表层次的重要性。确定重要性需要审计师运用职业判断。通常而言，审计师会根据所在事务所的惯例或自身的经验，首先选取一个恰当的基准，然后用此基准乘以一个百分比以确定报表层次的重要性。在现实中，许多汇总性财务数据可以作为审计师确定报表层次

重要性的基准,如被审计单位的总资产、总营收、所有者权益、税前利润以及净利润等。在选取基准时,审计师需要考虑如下因素:

(1)财务报表要素,如资产、负债、所有者权益、收入和费用。

(2)是否存在特定会计主体的财务报表使用者特别关注的项目,如为了评价财务业绩,使用者可能更关注利润、收入或所有者权益。

(3)被审计单位的性质、所处的生命周期阶段以及所处行业和经济环境。

(4)被审计单位的所有权结构和融资方式,例如,如果被审计单位仅通过债务而非权益进行融资,财务报表使用者可能更关注资产及资产的索偿权,而非被审计单位的收益。

(5)基准的相对波动性。适当的基准取决于被审计单位的具体情况,包括各类报告收益(如税前利润、营业收入、毛利和费用总额),以及所有者权益或净资产。对于以营利为目的的实体,通常以经常性业务的税前利润作为基准。如果经常性业务的税前利润不稳定,选用其他基准可能更加合适,如毛利或营业收入。一般可以选择的标准如图 3-2 所示。

被审计单位的情况	可能选择的基准
企业的盈利水平保持稳定	经常性业务的税前利润
企业近年来经营状况大幅度波动,盈利和亏损交替发生,或者由正常盈利变为微利或微亏,或者本年度税前利润因情况变化而出现意外增加或减少	过去3~5年经常性业务的平均税前利润或亏损(取绝对值),或其他基准,例如营业收入
企业为新设企业,处于开办期,尚未开始经营,目前正在建造厂房及购买机器设备	总资产
企业处于新兴行业,目前侧重于抢占市场份额、扩大企业知名度和影响力	营业收入
开放式基金,致力于优化投资组合、提高基金净值、为基金持有人创造投资价值	净资产
国际企业集团设立的研发中心,主要为集团下属各企业提供研发服务,并以成本加成的方式向相关企业收取费用	成本与营业费用总额
公益性质的基金会	捐赠收入或捐赠支出总额

图 3-2　重要性在计划阶段的选择基准

就选定的基准而言,相关的财务数据通常包括前期财务成果和财务状况,本期最新的财务成果和财务状况,本期的预算和预测结果。当然,本期最新的财务成果和财务状况、本期的预算和预测结果需要根据被审计单位情况的重大变化(如重大的企业并购)和被审计单位所处行业和经济环境情况的相关变化等做出调整。例如,当按照经常性业务的税前利润的一定百分比确定被审计单位财务报表层次的重要性时,如果被审计单位本年度税前利润因情况变化出现意外增加或减少,审计师可能认为按照近几年经常性业务的平均税前利润确定财务报表整体的重要性更加合适。

在选定恰当的基准之后,为选定的基准确定百分比同样需要审计师运用职业判断。百分比和选定的基准之间存在一定的联系,如经常性业务的税前利润对应的百分比通常比营业收入对应的百分比要高。例如,对以营利为目的的制造行业实体,审计师可能认为经常性业务的税前利润的 5% 是适当的;而对非营利组织,审计师可能认为总资产额的 1% 是适当的。百分比无论是高一些还是低一些,只要符合具体情况,都是适当的。以下是一些审计实务中常用的基准和百分比:

3

（1）以营利为目的的企业，以经常性业务的税前利润或税后利润的 5% 或总收入的 0.5% 为基准；

（2）对非营利组织，以总收入或者费用的 0.5% 为基准；

（3）如果小型被审计单位由所有者管理，所有者以薪酬的形式拿走了大部分的税前利润，其经常性业务的税前利润可能一直很低，在这种情况下，以扣除薪酬和税金之前利润的 5% 作为基准。

（4）就保管公共资产的公共部门实体而言，以总资产的 0.5% 为基准。

若针对同一被审计单位，选用不同基准和百分比所确定的报表层次重要性不同，基于审计的职业谨慎，审计师应当选取最低值。重要性越低，审计师需要收集的审计证据就越多。但是在实务中，审计师会综合考虑审计时限，审计人员数量等成本约束条件，不一定会选择最低，而是一个合适的重要性。

2. 各类交易事项、期末余额、列报与披露认定层次的重要性

财务报表的合法性和公允性通过与各类交易事项、期末余额以及列报和披露相关的认定反映出来。因此，审计师必须通过对各类认定进行审计，进而判断财报整体是否存在重大错报。在确定了报表层次的重要性之后，审计师还需要进一步确定各类交易事项，期末余额，列报与披露认定层次的重要性。认定层次的重要性，是在保证财报整体不出现重大错报的情况下，各类交易、期末余额、列报和披露所能接受的最大错报。

在确定认定层次的重要性时，审计师通常可以选用比例法和分配法。比例法又叫单独评估法，是以报表层次重要性的一定比例确定认定层次的重要性。通常而言，比例可以选用 20%～50%，或者 1/6～1/3。分配法则是将报表层次的重要性分配至各报表项目以确定认定层次的重要性。在使用分配法时，审计师通常并非简单地按照报告金额的相对比例分配报表层次的重要性，而是需要综合考虑报表项目的金额大小，审计难度以及出现错报的可能性。一般而言，对于金额较大，审计难度较高，错报出现可能性较大的报表项目，审计师可以多分配一些重要性。而对于金额较小，审计难度较低，错报出现可能性较小的项目则可以少分配一些重要性。由于重要性与审计风险呈反向变动关系，这样分配的目的是在保证报表整体不出现重大错报的前提下，提高审计效率，节约审计成本。

 **【案例】　审计计划的重要性**

假设某公司的总资产构成如表所示，审计人员初步判断的会计报表层次的重要性水平是资产总额的 1%，为 140 万元。现审计人员按这一重要性水平分配给各资产账户，如表 3-1 所示。

表 3-1　　　　　　　　　　**以分配法确定认定层次的重要性**

项　　目	金额/万元	甲方案/万元	乙方案/万元
现金	700	7	2.8
应收账款	2 100	21	25.2
存货	4 200	42	70
固定资产	7 000	70	42
总计	14 000	140	140

在本案例中,甲方案是按报表项目金额的比例分配重要性水平的。一般来说,这种分配方法存在较大的缺陷。由于应收账款和存货错报或漏报的可能性较大,故应分配较高的重要性水平,以节省审计成本,如乙方案。

除了在数量方面的考虑,在确定认定层次重要性时,审计师同样需要考虑可能发生错漏报的性质。下列因素可能表明存在一个或多个特定类别的交易、账户余额或披露,其发生的错报金额虽然低于财务报表整体的重要性,但合理预期将影响财务报表使用者依据财务报表做出的经济决策:

(1)法律法规或适用的财务报告编制基础是否影响财务报表使用者对特定项目(如关联方交易以及管理层和治理层的薪酬)计量或披露的预期;

(2)与被审计单位所处行业相关的关键性披露(如制药企业的研究与开发成本);

(3)财务报表使用者是否特别关注财务报表中单独披露的业务的特定方面(如关于分部或重大企业合并的披露)。

在审计计划阶段所确定的重要性,无论是报表层次的重要性还是认定层次的重要性,都称为审计计划的重要性。

【课堂练习】

A和B注册会计师对XYZ股份有限公司20×4年度会计报表进行审计,其未经审计的有关会计报表项目金额如下(单位:人民币万元):

资产总额:180 000;利润总额:36 000;

股东权益合计:88 000;净利润:24 210;

主营业务收入:240 000

要求: 如果以资产总额、净资产、主营业务收入和净利润为判断标准,采用固定比率法,并假定资产总额、净资产、主营业务收入和净利润的固定百分比数值为0.5%,1%,0.5%,5%。

请代A和B注册会计师确定XYZ公司20×4年度会计报表层次的重要性。

(二) 重要性在实施阶段的运用

在审计实施过程中,由于审计师对于被审计单位更加了解,其可能会调整重要性水平,从而调整审计程序的性质和时间、范围。一般重要性水平越低,审计的范围越大,需要收集的证据越多。在实施阶段,审计师有时要根据计划的重要性水平,确定一个实际执行的重要性水平。实际执行的重要性水平,是指注册会计师确定的低于财务报表整体的重要性的一个或多个金额,旨在将未更正和未发现错报的汇总数超过财务报表整体的重要性的可能性降至适当的低水平。实际执行的重要性水平一般为计划重要性水平的50%~75%,具体取哪个比率,要根据被审计单位的风险来定。如果被审计单位风险高,则选择计划重要性水平的50%,因为重要性水平越低,审计的范围就越大,审计师更能全面地分析企业存在的问题。如果被审计单位风险低,则选择计划重要性水平的75%。

在审计实施阶段,如果发生如下情况,审计师还需要考虑修改报表层次和认定层次的重要性:①审计过程中,情况发生重大变化(如决定处置被审计单位的一个重要组成部分);②获取新信息;③通过实施进一步审计程序,注册会计师对被审计单位及其经营的了解发生变化。最后,与认定层次实际执行重要性相关的一个概念是可容忍错报。可容忍错报可以被看作认定层次实际执行重要性在特定抽样程序中的应用。可容忍错报是审计师设定的货币金额,通过抽样对总体中的实际错报不超过该货币金额获取适当水平的保证。在审计抽样中,审计师也需要依赖可容忍错报确定样本规模。由于抽样风险的存在,可容忍错报可能等于或低于认定层次实际执行的重要性。

（三）重要性在报告阶段的运用

中国注册会计师审计准则第 1251 号——评价审计过程中识别出的错报

在审计报告阶段,通过重要性水平评价财务报表存在的错漏报程度,从而确定应该发表什么样的审计意见。一般在报告阶段,审计师需要汇总被审计单位尚未更正的错漏报,然后与报表层次重要性水平进行对比。未更正错报,是指审计师在审计过程中累积的且被审计单位未予更正的错报。错报,是指某一财务报表项目的金额、分类或列报,与按照适用的财务报告编制基础应当列示的金额、分类或列报之间存在的差异。错报可能是由于错误或舞弊导致的。审计师应当及时将审计过程中累积的所有错报与适当层级的管理层进行沟通。审计师还应当要求管理层更正这些错报。一般地,如果被审计单位愿意接受并修改的错漏报,审计师就可以认为被审计单位没有出现这个错漏报,不用考虑其对审计意见的影响。如果汇总被审计单位尚未更正的错漏报低于重要性水平,则发表无保留意见。无保留意见就是指财务报表不存在重大错漏报,整体上是合法和公允的。被审计单位最乐意接受的就是无保留意见。如审计师审计 A 公司,其重要性水平为 100 万元,审计师发现最后汇总的尚未更正的错报为 50 万元,由于 50 万元小于 100 万元,因此,审计师最后发表无保留意见。无保留意见并不一定意味着企业财务报表不存在错漏报,而是不存在重大错漏报。如果汇总被审计单位尚未更正的错漏报高于重要性水平,为谨慎起见,审计师最好扩大审计范围或者要求被审计单位调整相关账目,从而再次确认汇总的尚未更正的错漏报是否超过了重要性水平。因为一旦超过重要性水平,被审计单位就要被出具不好的意见,如保留意见、否定意见。保留意见是指被审计单位的财务报表存在重大错漏报,但是这个重大错漏报仅仅影响报表的局部,因此,除了这个错漏报外,报表整体上还是合法和公允的。否定意见是指被审计单位的财务报表存在重大错漏报,这个重大错漏报的影响巨大,导致报表整体上不再真实和公允。比如,审计师审计 A 公司,重要性水平为 100 万元,审计师最后汇总的尚未更正的错报为存货 120 万元,其大于重要性水平,因此 A 公司存在重大错漏报。如果存货占公司总资产的比例为 2%,也就是说这个重大错漏报仅仅影响报表的 2%,因此是局部影响,应该发表保留意见;如果把存货的占比变为 40%,那么这个重大错漏报就会影响报表的 40%,就属于影响比较大了,因此发表否定意见。

尚未更正的错报分为事实错报、判断错报和推断错报。

事实错报是毋庸置疑的错报。如审计师发现被审计单位新购入的存货价值为 1 500 元,但其账面记录金额为 1 000 元。由此,被审计单位的存货和应付账款均被低估了 500 元,这 500 元就是事实错报。

判断错报是由于审计师认为管理层对财务报表中的确认、计量和列报（包括对会计政策的选择或运用）做出不合理或不恰当的判断而导致的差异。如在对固定资产进行审计时,被审计单位的管理层认为该项固定资产的剩余使用年限为 10 年,而审计师却认为只有 8 年。由于估计和判断的不同,审计师认为被审计单位的固定资产折旧存在错报。这种错报就是判断错报。

最后一类推断错报则是审计师对总体存在的错报做出的最佳估计数,涉及根据在审计样本中识别出的错报来推断总体的错报。如被审计单位本年度应收账款余额为 2 000 万元,审计师从中抽取 400 万元作为样本。在对这 400 万元的样本执行审计程序之后,审计师发现错报金额为 100 万元,由此推断 2 000 万元总体的错报金额为 500 万元(2 000×100/400)。这 500 万元的错报金额中,被审计师查明的 100 万元是事实错报,而剩下的 400 万元则是推断错报。

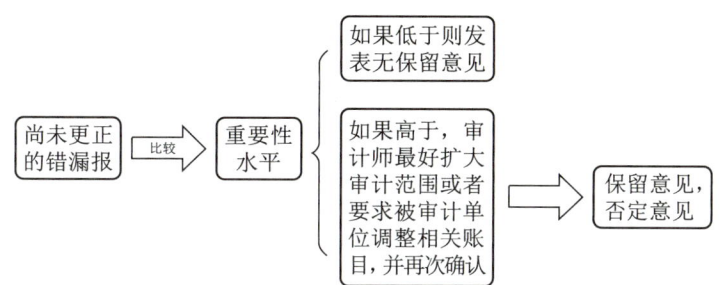

图 3-3 重要性水平在报告阶段的使用

重点回顾

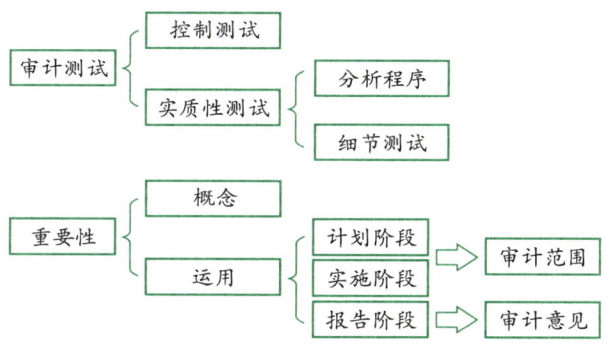

专业词汇中英文对照

控制测试　test of control
实质性测试　substantive test
分析程序　analysis(analytical procedure)

细节测试　detailed test
明显异常(显著异常)　significant difference
重要性　materiality

审计意见　audit opinion　　　　　　　保留意见　qualified opinion(modified opinion)

无保留意见　unqualified opinion(unmodified opinion)

否定意见　adverse opinion　　　　　　重大错漏报　material misstatement

 练 习 题

一、单选题

1. 重要性水平在审计计划阶段的作用是(　　)。

A. 确定审计的范围、性质和时间　　　　B. 确定审计的意见类型

C. 风险评估　　　　　　　　　　　　　D. 查找异常

2. 如果注册会计师认为利润表可接受的重要性水平为 50 000 元,而资产负债表可接受的重要性水平为 100 000 元,则财务报表层的重要性水平应为(　　)元。

A. 100 000　　　　B. 50 000　　　　C. 75 000　　　　D. 23 000

3. 以下做法中不属于分析程序的是(　　)。

A. 将以前 3 个年度财务报表中的同一项目的数额进行比较

B. 重新计算折旧费用是否正确

C. 计算被审计年度期末应收票据占全年主营业务收入的比重,并与行业标准进行比较

D. 比较当年各月的修理、维护费用

4. 重要性与审计证据之间的关系为(　　)。

A. 无关系　　　　B. 不确定关系　　　　C. 反向关系　　　　D. 正向关系

5. 分析程序在审计的(　　)阶段可能不需要使用。

A. 计划　　　　B. 实施　　　　C. 报告　　　　D. 计划与报告

6. 控制测试是为了确定(　　)而实施的审计测试。

A. 财务报表认定是否正确　　　　　　　B. 内部控制执行的有效性

C. 内部控制是否得到执行　　　　　　　D. 内部控制设计的合理性

7. 关于财务报表整体的重要性与实际执行的重要性之间的关系,下列说法中,正确的是(　　)。

A. 实际执行的重要性总是小于财务报表整体的重要性

B. 实际执行的重要性可以等于财务报表整体的重要性

C. 实际执行的重要性应当等于财务报表整体的重要性的 50%

D. 实际执行的重要性应当等于财务报表整体的重要性的 75%

8. 下列关于实际执行的重要性的说法,错误的是(　　)。

A. 实际执行的重要性是指注册会计师确定的低于财务报表整体重要性的一个或多个金额

B. 注册会计师应当确定实际执行的重要性,以评估重大错报风险并确定进一步审计程序的性质、时间安排和范围

C. 确定实际执行的重要性,旨在将未更正和未发现错报的汇总数超过财务报表整体重要性的可能性降至适当的低水平

D. 以前年度审计调整越多,评估的项目总体风险越高,实际执行的重要性越接近财务报表整体的重要性

9. 在确定尚未更正错报的汇总数时,注册会计师不应将其包括在内的是(   )。

A. 本期审计中已识别但尚未更正的具体错报

B. 以前期间审计中已识别但尚未更正错报对本期的净影响额

C. 对不能明确识别的其他错报的最佳估计数

D. 可容忍性误差

10. 随着审计过程的推进,注册会计师通常认为修改重要性水平的合理理由是(   )。

A. 审计的时间预算重新调整

B. 约定的审计收费发生变化

C. 公司及其经营环境发生变化

D. 公司在下一年度采用新的固定资产折旧政策

二、多选题

1. 实质性测试包括(   )。

A. 分析程序   B. 细节测试   C. 风险评估   D. 控制测试

2. 分析程序的方法主要包括(   )。

A. 趋势分析   B. 比率分析   C. 合理关系分析   D. 风险评估

3. 下列表述中,正确的有(   )。

A. 审计风险是指财务报表存在重大错报而注册会计师发表不恰当审计意见的可能性

B. 审计风险取决于重大错报风险和检查风险

C. 重要性水平越高,可接受的审计风险越低

D. 重要性水平越高,可接受的审计风险越高

4. 下列各项中,需要运用重要性原则的情形包括(   )。

A. 签订审计业务约定书时   B. 进行实质性测试时

C. 对存货进行监督盘点时   D. 制定具体审计计划时

5. 关于重要性的下列说法中,正确的有(   )。

A. 重要性概念从注册会计师角度考虑

B. 重要性概念是从财务报表使用者的角度来考虑

C. 重要性是注册会计师运用专业判断得来的

D. 不同环境下对重要性的判断可能是不同的

6. 注册会计师在评价结果时,尚未更正错报的汇总数的构成包括(   )。

A. 对事实的错报

B. 涉及主观决策的错报

C. 通过测试样本估计出的总体的错报减去再测试中发现的已经识别的具体错报

D. 通过实质性分析程序推断出的估计错报

7. 在评价未更正错报的影响时,下列说法中,注册会计师认为正确的有(　　　　)。

A. 未更正错报的金额不得超过重要性水平

B. 注册会计师应当从金额和性质两个方面确定未更正错报是否重大

C. 注册会计师应当要求被审计公司更正未更正错报

D. 注册会计师应当考虑与以前期间相关的未更正错报对相关类别的交易、账户余额或披露以及财务报表整体的影响

8. 在确定实际执行的重要性时,下列各项因素中,注册会计师认为应当考虑的有(　　　　)。

A. 财务报表整体的重要性

B. 前期审计工作中识别出的错报的性质和范围

C. 实施风险评估程序的结果

D. 甲公司管理层和治理层的期望值

9. 在执行审计业务时,注册会计师应当确定合理的重要性水平。下列做法不正确的有(　　　　)。

A. 通过调高重要性水平,降低评估的重大错报风险

B. 通过调低重要性水平,降低评估的重大错报风险

C. 在确定计划的重要性水平时,应当考虑对公司及其环境的了解

D. 在确定计划的重要性水平时,应当考虑进一步审计程序的结果

10. 下列情形中,注册会计师可能认为需要在审计过程中修改财务报表整体的重要性的有(　　　　)。

A. 公司情况发生重大变化

B. 注册会计师获取新的信息

C. 通过实施进一步审计程序,注册会计师对公司及其经营情况的了解发生变化

D. 审计过程中累积错报的汇总数接近财务报表整体的重要性

三、判断题

1. 分析程序的关键是通过比较来发现是否存在显著性的差异。　　　　　　(　　)

2. 重要性水平只需要考虑数量不需要考虑性质。　　　　　　　　　　　(　　)

3. 重要性水平在报告阶段主要是为了用于确定审计意见类型。　　　　　　(　　)

4. 细节测试是针对具体交易事项进行的测试。　　　　　　　　　　　　(　　)

5. 分析程序的方法包括趋势分析、比率分析、合理性分析等。　　　　　　(　　)

四、简答题

1. 简述分析程序及其在审计使用过程中的作用。

2. 简述重要性及其在审计使用过程中的作用。

3. 简述控制测试与实质性测试以及两者的关系。

五、案例分析题

1. ABC 会计师事务所负责审计甲公司 2023 年度财务报表,A 注册会计师是项目合伙人,在审计过程中,需要运用分析程序获取充分、适当的审计证据,A 注册会计师的相关

观点和做法如下:

(1) 分析程序可以用于实质性程序,但是需要结合细节测试使用,分析程序单独使用不能获取充分、适当的审计证据。

(2) 相对于细节测试,实质性分析程序能够达到的精确度可能受到种种限制,因此证明力相对较弱。

(3) 总体复核阶段实施分析程序是必要的,而且比实质性分析程序更加详细和具体。

要求:针对上述情况,逐项指出 A 注册会计师的观点或做法是否正确。如不正确,简要说明理由。

2. Y 公司是 ABC 会计师事务所的常年审计客户,C 注册会计师是 Y 公司 2023 年度财务报表审计业务的项目合伙人。在审计过程中,需要初步确定重要性,根据情况对重要性进行修订,并运用重要性评价错报的影响。相关情况如下:

(1) 在运用职业判断确定重要性时,注册会计师认为既要针对具体环境对错报的金额进行判断,也要考虑个别财务报表使用者对财务报表的需求。

(2) 注册会计师考虑到 Y 公司的财务报表使用者非常重视 Y 公司的盈利能力,而 2023 年的营业外收入也是 Y 公司的主要利润来源,在从数量方面确定计划重要性水平时,注册会计师决定以 Y 公司营业收入和营业外收入的合计数作为基准。

(3) 基于重要性水平与重大错报风险之间的正向变动关系,注册会计师认为报表层次和认定层次的重要性水平应当同时确定。

(4) 在对重要性水平作出初步判断时,注册会计师无须考虑被审计单位内部控制的有效性。

(5) 注册会计师认为,重要性水平一经确定就不能变动。

要求:请代注册会计师分别判断上述表述是否恰当,并简要说明理由。

3

第四章

审 计 证 据

学习目标

1. 了解审计证据的定义与分类
2. 掌握审计证据的特征

第一节 审计证据的分类

审计证据,是指注册会计师为了得出审计结论和形成审计意见而使用的所有信息。审计证据包括构成财务报表基础的会计记录所含有的信息和从其他来源获取的信息。会计记录是指对初始会计分录形成的记录和支持性记录。例如,支票、电子资金转账记录、发票和合同;总分类账、明细分类账、会计分录以及对财务报表予以调整但未在账簿中反映的其他分录;支持成本分配、计算、调节和披露的手工计算表和电子数据表。会计记录是编制财务报表的基础,构成审计师执行审计业务所需获取的审计证据的重要部分。而其他来源的信息则包括审计师从被审计单位内外部获取的会计记录以外的信息,如被审计单位的经营许可、各类合同、内控手册、询证函回函、分析师报告、会议纪要以及其他音视频资料等。会计记录和其他来源获取的信息共同构成了审计证据,如果没有前者,审计将无法进行;如果没有后者,审计师将无法识别和评估重大错报风险。只有将两者结合在一起,才能为审计师出具恰当的审计意见提供基础。

审计的目标是为被审计单位财务报表整体是否存在重大错报提供合理保证,出具恰当审计意见。为了保证审计结论和审计意见的准确性,审计师需要收集充分,适当的审计证据。根据《中国注册会计师审计准则1301号——审计证据》的规定,"审计师需要通过恰当的方式设计和实施审计程序,获取充分、适当的审计证据,以得出合理的结论,作为形成审计意见的基础。"审计证据作为审计师形成审计意见的依据和基础,直接关系到审计师发表意见的准确性以及后续所可能承担的监管和法律责任。因此,收集审计证据也是审计师在审计过程中最重要的工作,是管理和控制审计质量的关键。

审计证据根据不同的标准有以下几种分类。

一、按照证据的外形特征分类

按照外形特征,审计证据可以分为实物证据、书面证据、口头证据和环境证据。

(一)实物证据

实物证据,是指审计师通过实地观察或清查盘点所得到的,以确定某些实物资产是否真实存在的证据。它是证明实物资产是否存在的非常有说服力的证据,但其本身也具有局限性,一般只能证明实物资产的存在性,不能证明资产的所有权,可以证明实物资产的数量,难以证实其资产的质量。实物证据对某项实物资产是否存在的证明力最强,效果最为显著。它可以对该实物的状态、数量、特征给予有力的证明。因此,在对现金、存货、固定资产等项目进行审计时,审计师首先考虑通过清查、监督或参与盘点来取得实物证据以证明它们是否存在。

但是,我们也可以看出,实物证据并不能完全证明该项实物资产的价值及所有权的归属。就实物资产价值的确定而言,它主要取决于实物资产的质量,而实物资产的质量不能完全依据它的外形和状态来确认,因为我们不难发现一些看似污秽不堪、质量奇差的实物(如设备)才刚刚投入使用,对它的设计使用寿命而言才算开了一个头。与此相反,某些外观崭新、光可鉴人的设备可能已接近它设计使用寿命的终点。所以说,确定实物资产的价值应以取得时有关资料或中介部门评估确认资料为主要依据,切不可以"貌"取值。

就实物资产的所有权而言,也许审计师看到纳入盘存清点的实物中包括外单位寄存的实物、被审计单位经营性租入的设备、已售出待发运的商品。毋庸置疑,这些实物的所有权与被审计单位毫不相干。因此,实物证据不能证实资产价值和所有权的认定,可以说是它的局限性,这种局限性需要通过另行审计并取得其他形式的审计证据方可得以补充和完善。

存货和现金的盘点是不同的。盘点现金要注意,审计师一般不要亲自去点现金,应该由被审计单位的出纳点,审计师在旁边监督。如果必须由审计师点,审计师一定要注意在点完后,与出纳进行交接。盘点现金与盘点存货是不同的,盘点现金一般采用突击式,不事先通知,常常选择在上午刚上班或者下午要下班的时候,因为上午刚上班的时候,盘点出来的数字应该与前一个工作日的账上余额一致;下午要下班时,当天的业务基本结束,盘点出来的数字应该与当天账上余额一致。盘点现金时企业所有的现金都要盘点,不是抽盘。存货的盘点就不能采用突击式,审计师必须事先通知对方,仓库管理员会在需要盘点的存货上面贴上标记,便于审计师检查,而且盘点范围也不是针对所有存货,而是根据存货在报表上的占比,抽盘重大存货。

(二)书面证据

书面证据,是注册会计师通过实施测试程序和运用不同的方法所获取的以书面资料为存在形式的审计证据,包括与审计有关的各种原始凭证、记账凭证、会计账簿、会议记录、合同、函件、通知书、报告书、声明书、程序手册等。书面证据是注册会计师收集的数量最多、范围最广的一种证据。注册会计师发表审计意见基本上都以书面证据为基础。书面证据具有如下特点:①数量多;②覆盖范围广;③来源渠道多样化;④容易被篡改。根据这些特点,注册会计师在收集有关的书面证据时,还要注意对书面证据进行认真细致的鉴定和分析,运用专业判断,辨别真伪,以便充分正确地利用书面证据。

4

（三）口头证据

口头证据,是指由被审计单位职员或其他人员对审计师提问做出的口头答复所形成的证据。口头证据证明力有限,一般需要其他相应证据的支持。在审计过程中,审计师往往要就以下事项向有关人员进行询问:①被审事项发生时的实况;②对特别事项的处理过程;③采用特别会计政策和方法的理由;④对舞弊事实的追溯调查;⑤对事项的意见或态度等。通常,口头证据本身不能完全证明事实的真相,因为被调查或询问人可能有意隐瞒实情或由于对过去事情记忆上的模糊或遗漏而导致口头证据不准确、不完整。因此,获取口头证据的同时,还应实施其他审计程序以获取其他形式的审计证据。

审计师获取口头证据的目的主要有两个方面:①为了印证某一结果是否与审计师的判断相一致。②发掘一些新的重要审计线索,从而有利于对有关事项进行进一步调查取证。无论出于何种目的,审计师获取口头证据时一定要讲究技巧,方法和程序要合法、合规,应讲明原则和要求,循循善诱,对各种重要的口头答复做好笔录,注明被询问人姓名、时间、地点和背景,必要时应要求被询问人确认并签名。虽然口头证据可靠性较低,需要其他证据的支持和佐证,但如果不同的被询问人员对同一问题在同一时间所做的口头陈述一致,其可靠性则显得较强,可以作为审计结论的依据。

（四）环境证据

环境证据,是指对被审计单位产生影响的各种环境事实。如有关内部控制的情况,被审计单位管理层的素质,各种管理条件和管理水平等。环境证据一般不属于基本证据,不能用于直接证实有关被审事项,但它可以帮助审计师了解被审事项所处的环境或发展的状况,为判断被审事项和验证已收集其他证据的可靠程度提供依据,因而,环境证据仍然是审计师进行判断所必须掌握的资料。具体地,环境证据包括:反映内部控制状况的环境证据、反映管理素质的环境证据、反映管理水平和管理条件的环境证据。环境证据最突出的特点是它能帮助审计师正确评价有关资料所反映信息在总体上的可靠程度,即它对证实总体合理性有着积极的意义。通常,运用调查、询问和观察等手段是审计师获取环境证据的有效途径。审计师可以通过设计调查表,记录、询问观察事项等方式来形成审计工作底稿,作为发表审计意见依据的环境证据。

二、按照证据的来源分类

按照来源,审计证据可以分为亲历证据、外部证据和内部证据。

（一）亲历证据

亲历证据,是指审计师亲自获取的各种审计证据,具有较强的证明力。它是由审计师(包括助理人员、外聘专家)通过运用专业判断和相应的程序与方法,对被审事项的有关资料进行计算和分析而得到的证据,包括审计师动手编制的各种计算表、分析表等。对于书面证据而言,亲历证据强调的是审计师对有关基础资料(证据)必须进行重新加工,按照既定的目标所确定的程序进行计算和分析,因此,它具有较其他来源形式证据更为可靠的证明力。如审计师亲自去盘点存货而获取的证据,审计师重新计算相关费用而获取的证据。

（二）外部证据

外部证据,是指产生于企业外部的,由被审计单位以外的组织机构或人士编制的书面证据。外部证据一方面包括单纯的外部证据,即由被审计单位以外的机构或人士编制并由其直接递交给审计师的外部证据。如在审计银行存款的时候,审计师直接向银行发函,银行直接把回函寄给审计师,这个银行回函就是外部证据。另一方面,外部证据包括外部证据的内部流转,如被审计单位留存的购货发票,是被审计单位从外部获得,但在企业内部留存的,还有如银行对账单、应收票据、顾客订货单、有关的合同和契约等。这些证据都是由被审计单位以外的单位所出具,由被审计单位有关业务人员进行保存和处理,这样难免存在被涂改甚至伪造的可能性。因此,一般情况下,单纯的外部证据的证明力强于外部证据的内部流转。

(三)内部证据

内部证据,是指产生于企业内部,由被审计单位内部机构或职员编制和提供的书面证据。如公司章程,公司内部控制制度,账簿,会计报表等。内部证据也分为两种,一种为单纯的内部证据,这种证据只在公司内部流转;另一种为内部证据的外部流转,如销售发票,产生于企业内部,但是被外部第三方持有,得到外部第三方的认可。

内部证据——真相只有一个

内部书面证据从其反映的内容来看,包括反映会计核算处理情况的会计记录,反映被审计单位管理当局责任、态度和意图的管理当局声明书以及其他的书面文件。其中会计记录包括各种原始凭证、记账凭证、账簿记录、试算平衡表、科目汇总表、项目明细表等。它是审计师取自被审计单位内部的一种数量最多且最为重要的审计证据,其可靠性关键取决于被审计单位内部控制的完善程度。审计师在取得这类证据时往往要相互联系、按其勾稽关系相互印证地寻找和评价,必要时应视被审项目的重要程度和审计环境状况,按其会计业务处理过程顺查或逆查所有的详细资料,甚至要进一步审查业务发生时的各种批准手续文件作为审计证据。被审计单位管理层声明书是审计师从被审计单位管理层处获取的书面声明。管理层声明书的内容主要为被审计单位管理层就其所承担的按照适当会计准则编制报表以及按照法律法规规定的经营责任所做出的声明。除此之外,管理层声明书也包括管理层就审计过程中回答审计师问题的书面记录以及管理层未来经营意图。管理层声明书是证明力较弱的内部证据,不能替代审计师实施其他必要的审计程序。最后,其他书面文件指被审计单位提供的有助于审计师形成审计意见的书面文件,如被审计单位股东大会或董事会的会议纪要,合同章程,计划和预算等。

 【案例】 谭某诈骗案

20××年,审计组在审查 S 银行分行下属支行资产质量时,在 10 万多个贷款户、90 亿余元不良贷款中,敏锐地发现,MN 实业发展总公司 6 家分公司的数笔人民币贷款,虽然金额不大,但情况很不正常:这些贷款单位的董事长或合伙人总是那么几个人,而且各公司间都是相互担保,贷款日期比较集中,他们就在同一层楼内办公,甚至一间办公室居然有 3 家公司。

于是,审计组决定延伸调查这几笔贷款。

当审计人员拿到该公司最近两年的账簿时,惊奇地发现该公司除了数笔人民币贷款,在财务账外,竟然还有 997 万美元的银行借款。如此巨额的借款为什么置于账外?公司财务人员对此支支吾吾;公司老总却振振有词:"这些借款系前两任老总所为,我凭什么要背这个包袱,何况当时的财务账我也没见过,现在更不知在何方。"审计人员几经周折,终于找到了当年的会计账簿。

4

银行贷款资料反映,这笔 997 万美元的第一贷款人并非 MN 实业发展总公司,而是 5 年前银行在落实债权债务时,MN 实业公司所在 L 镇政府要求他们把这些债务承担下来。因为这些贷款,都是原 L 镇副镇长谭某从香港回乡,与镇属企业所办合资合作公司的贷款。从借款合同上看,这些合同都是出自同一人。谭某以各种理由向 S 分行的一家支行贷款 18 867 万美元,再以种种手段,将这些贷款转移到香港他自己办的公司账上,银行贷款从此一去不返。

审计人员到 L 镇镇政府详查,得知谭某从镇政府离职后前往香港,在香港注册多家公司,5 年前回家乡办了不少合资、合作公司,后续这些公司陆续倒闭,名存实亡。审计人员要求给予书面证明,对方却说这些情况只是听说而已。

审计人员马不停蹄地走访了谭某所办合资、合作公司所在地的工商局、税务局、工业局、外贸局等政府部门。由此,掌握了这些公司注册资金、生产厂址、电话号码及生产经营状况等资料,紧接着,展开了大量的外调工作。令人大跌眼镜的是,这些公司所注册登记的生产厂址,有的是一片荒地,有的已四易其主;在当地,已根本找不到谭某所办公司的踪影。这时,审计人员将目光聚焦在谭某身上!

审计人员不仅要敢于审计,更重要的是善于审计。取不到这些公司的直接证据,就采取“外围取证法”,从相关的银行到相关的公司,从市工商、税务局到镇工商、税务所,从市工业局、外事部门到镇政府有关职能单位,进行调查取证,终于掌握了谭某诈骗 S 分行贷款的确凿证据。谭某被依法移送省公安机关查处。

我国自 1982 年宪法确立国家审计制度以来,从最初学习借鉴西方,到不断探索完善,走过了一段不平凡的历程,审计工作在维护国家财政经济秩序、提高财政资金使用效益、促进廉政建设、保障经济社会健康发展等方面发挥了重要作用。未来,审计在推动国家治理体系和治理能力现代化中将发挥越来越重要的作用!审计人员也要依法定论、以理服人,凭借真凭实据确保审计结论经得起历史检验。

第二节　审计证据的特征

审计证据具有充分性和适当性两个特征,充分性是对审计证据的数量要求,适当性是对审计证据的质量要求。

一、充分性

充分性主要与审计师确定的样本量有关。审计证据的数量必须足以支持审计人员的审计意见,是审计人员形成审计意见所需审计证据的最低数量要求。需要考虑的因素有:重大错报风险;具体审计项目的重要程度;审计经验;审计过程中是否发现错误和舞弊;审计证据的类型和获取途径。

(一)重大错报风险

通常,人们在考虑审计证据的充分适当特性的时候,一般不考虑检查风险而考虑固有风险和控制风险对其的影响。这是因为,检查风险的大小是由其他风险水平确定之后计算分析而得的,是其他风险水平变化后的结果。众所周知,当固有风险水平较高时,审计师对实质性测试的范围应扩大,即所收集的审计证据数量应越多,反之亦然;当控制风险水平较高时,审计师同样需要收集数量较多的审计证据。因此可以看出,固有风险和控制风险水平与所需审计证据的数量是同向变动关系。这两个风险要素受到以下因素的影响。

(1)审计项目的性质。对于那些重要的审计项目,一旦发表错误意见,审计师就要承担很大的风险和责任。因此,为谨慎起见,审计师必须多渠道地广泛收集证据,以降低审计风险,确保审计质量。同样,对于那些具有冒险性质的被审计项目和初次接受委托的审计项目,均要求审计师认真做好调查工作,增加收集审计证据的数量。

(2)内部控制性质和强弱。内部控制的健全性和有效性是审计师评估控制风险的主要依据。如果审计师经调查评价认为被审计单位内部控制设计完善且执行有效,则可将控制风险水平评估得低些,此时针对内部控制的控制测试则应扩大取证范围和增加取证数量,而针对交易记录和金额的实质性测试范围可缩小并相应减少取证数量。反之亦然。

(3)业务经营性质。被审计单位业务经营活动越复杂,审计师可能承担的风险就越高。即使有的时候审计师能搜集到很多的高质量审计证据也难以证实经济业务的性质,那么审计师就需要冒很大的审计风险。因此,审计师考虑接受委托时,应对此表示充分的关注,给予充分的估计,做到防患于未然,并且在审计过程中针对这种情况尽量收集更充分的审计证据。

(4)管理当局的可信赖程度。管理当局是否诚实、正直和可靠,直接关系到被审计单位能否建立良好的企业文化和内控环境,进而影响到被审计单位出现舞弊和重大错报的风险。对于这种情况,审计师应高度警惕并提出相应的审计处理措施。

(5)财务状况。无论出于何种目的,管理当局试图掩盖事实,粉饰财务状况,以期"锦上添花"的做法并不鲜见。尤其是当财务状况不佳,经营者通过延期摊销费用、延期注销损失或故意漏列负债来编制会计报表,审计师更应清楚地认识并防范经营风险转嫁成为审计风险的可能性,增加审计证据的数量,以支持审计意见。

(6)被审计单位时常更换会计师事务所。存在这一现象的原因大体都是被审计单位对审计报告表示不满,或者是无法使审计师就范于其某种目的。显然这无疑会增加审计风险,接任审计的审计师应提高审计证据质量,或增加审计证据的数量。

(二)具体被审项目的重要程度

若被审项目很重要,审计师对它的判断发生失误时往往引发对会计报表整体判断失误,因而要求对那些重要的项目扩大取证范围,增加取证数量,以减少审计失误,降低审计风险。相反,对那些个别判断失误且不至于引发整体判断失误的不重要项目,可以减少审计证据的数量,以节约审计成本。

(三)审计师的审计经验

相对而言,有着丰富审计经验的审计师及其助理人员善于捕捉蛛丝马迹,顺藤摸瓜,查明问题的真相;也善于以比较少的审计证据较为准确地判断出被审事项的真实状况。然而,也不乏不思总结、不善评价和专业判断能力较差的审计师,对于他们而言,增加必要的审计证据数量是保持谨慎的最根本途径。

4

（四）审计过程中是否发现错误和舞弊

无论是初次审计还是连续审计，一旦发现存在错误和舞弊的现象，审计师应考虑它对整体会计报表会带来增加存在问题的可能性及影响，因此，在审计过程中应考虑增加审计证据的数量，以形成恰当的审计意见。

（五）审计证据的类型与获取途径

采用不同途径可以获得不同类型的审计证据，不同类型的审计证据其证明力也不尽相同。对于那些由审计师亲自计算加工而得的亲历证据和从独立的第三者那里获得的外部证据，其质量是较为可靠的，因而取证数量可以相对减少。而对那些容易被伪造的内部证据，在取证数量上应增加。

二、适当性

审计证据的适当性是指审计证据的相关性和可靠性，即审计证据应当与审计目标相关联，并能如实反映客观事实。审计证据的适当性实质上是指审计证据的质量因素，它和审计证据的充分性互为补充，共同体现其证明力的作用。这表现在：从支持审计意见的归宿点来看，如果审计证据的质量（适当性）较高，所需审计证据的数量（充分性）就可以减少；如果审计证据的质量（适当性）较低，所需审计证据的数量（充分性）就应增加。

（一）相关性

相关性是指审计证据应该与审计目标相关，如审计现金的时候，如果要验证现金的存在性，审计师一般就会通过盘点现金（检查现金）获取有关现金存在性的证据，但是这并不能证明这些现金是企业所拥有的，也就是不能验证现金的所有权。如果审计师要验证现金的所有权，需要收集其他证据。又例如，为了证实实物资产的所有权，审计师应取得相关的书面证据和口头证据，而不应去收集那些与所有权目标无关的实物证据或环境证据。

（二）可靠性

审计证据的可靠性是指审计证据能够反映和证实客观经济活动特征的程度。可靠性一般受到证据来源的影响，来源越独立，审计证据越可靠。通常审计师可以按照下列原则来评价审计证据的可靠性：①从外部独立来源获取的证据比从其他来源获取的证据更可靠，也就是单纯的外部证据说服力更强；②内部控制有效时内部生成的证据比内部控制薄弱时生成的证据可靠；③直接获取的审计证据比间接获取或推论得出的审计证据可靠；④以文件、记录形式存在的书面审计证据比口头形式的审计证据可靠；⑤从原件获取的审计证据比从传真件或复印件获取的审计证据可靠。

【课堂练习】

请判断以下哪种证据更可靠：

（1）审计师对被审计单位有关内部控制执行情况的观察记录与对相关内部控制执行情况的询问记录。

（2）审计师直接从被审计单位处获得的银行对账单与直接从被审计单位开户银行获取的对账单。

解析：第一种情况中，审计师对被审计单位有关内部控制执行情况的观察记录更可靠，因为它是审计人员的亲历证据，属于直接证据，对相关内部控制执行情况的询问记录是属于间接证据。直接获取的审计证据比间接获取或推论得出的审计证据可靠。第二种情况中,审计师直接从被审计单位开户银行获取的对账单更可靠,因为该证据是单纯的外部证据,审计师直接从被审计单位处获得的银行对账单是外部证据的内部流转。单纯的外部证据可靠性强于外部证据的内部流转。

充分性和适当性是审计证据的两个重要特征,两者缺一不可,但是审计师应更加趋向于适当性,也就是说如果审计证据的质量存在缺陷,审计师仅靠获取更多审计证据也无法弥补质量上的缺陷,如果获取的证据不适当,证据数量再多也不能起到证明作用。

 重 点 回 顾

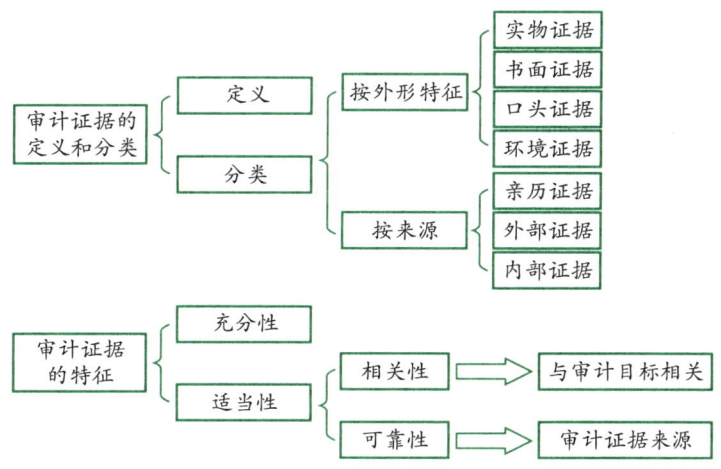

 专业词汇中英文对照

实物证据	physical evidence	外部证据	external evidence
书面证据	documentary evidence(written evidence)		
口头证据	oral evidence	内部证据	internal evidence
外部证据的内部流转	external-internal evidence		
内部证据的外部流转	internal-external evidence		
审计证据特征	characteristics of audit evidence		
环境证据	environmental evidence	充分性	sufficiency

4

适当性　appropriateness　　　　　　　　可靠性　reliability
相关性　relevance

 ## 练 习 题

一、单选题

1. 注册会计师观察被审计单位存货盘点的主要目的是为了（　　　）。

A. 查明被审计单位是否漏记某些重要的存货项目

B. 鉴定存货的质量

C. 了解存货的种类

D. 获得存货期末是否实际存在以及存在状况的证据

2. 以下属于内部证据的是（　　　）。

A. 公司内部控制　　　B. 银行对账单　　　　C. 供应商对账单　　　D. 采购发票

3. 以下证据中可靠性最强的是（　　　）。

A. 管理层会议纪要

B. 销售发票

C. 购货发票

D. 审计师从银行获取的关于银行存款余额的回函

4. 注册会计师需要获取的审计证据的数量受重大错报风险的影响。下列表述正确的是（　　　）。

A. 评估的重大错报风险越高，则可接受的检查风险越低，需要的审计证据可能越多

B. 评估的重大错报风险越高，则可接受的检查风险越高，需要的审计证据可能越少

C. 评估的重大错报风险越低，则可接受的检查风险越低，需要的审计证据可能越少

D. 评估的重大错报风险越低，则可接受的检查风险越高，需要的审计证据可能越多

5. 注册会计师获取的下列审计证据中，可靠性最弱的是（　　　）。

A. 应收账款的函证回函　　　　　　　　B. 销售发票

C. 购货发票　　　　　　　　　　　　　D. 入库单

二、多选题

1. 以下属于审计证据特征的有（　　　）。

A. 充分性　　　　B. 可靠性　　　　C. 完整性　　　　C. 重要性

2. 证据按照外形特征，可以划分为（　　　）。

A. 实物证据　　　B. 书面证据　　　C. 口头证据　　　　D. 环境证据

3. 注册会计师通常认为从外部独立来源获取的证据比从其他来源获取的证据更可靠。除此之外，还常常按照（　　　）原则考虑证据的可靠性。

A. 直接获取的证据比间接获取的证据更可靠

B. 内部控制有效时内部生成的证据比内部控制薄弱时内部生成的证据更可靠

C. 从原件获取的证据比从传真或复印件获取的证据更可靠

D. 以文件记录形式存在的证据比口头形式的证据更可靠

4. 以下关于审计证据数量的说法中,不正确的有(　　　　)。

A. 重大错报风险越大,需要的审计证据可能越多

B. 审计证据质量越高,需要的审计证据可能越少

C. 审计师经验越丰富,所需的证据越多

D. 获取的原件证据可能比获取的传真件证据少

5. 注册会计师在对被审单位短期借款实施相关审计程序后,需对所取得的审计证据进行评价。以下有关短期借款审计证据可靠性的论述中,不正确的有(　　　　)。

A. 从第三方获取的有关短期借款的证据比直接从被审单位获得相关证据更可靠

B. 短期借款的控制风险为低水平时产生的会计数据比控制风险为高水平时产生的会计数据更为可靠

C. 短期借款的控制风险为高水平时产生的会计数据比控制风险为低水平时产生的会计数据更为可靠

D. 被审计单位提供的短期借款合同有借贷双方的签章,注册会计师没有取得其他证据,直接认为该合同就是可靠的

三、判断题

1. 盘点存货应该采用突击式。　　　　　　　　　　　　　　　　　　　(　　)

2. 审计师对被审计单位有关内部控制执行情况的观察记录没有审计师对相关内部控制执行情况的询问记录可靠。　　　　　　　　　　　　　　　　　(　　)

3. 充分性和适当性是审计证据的两个重要特征,二者缺一不可。　　　　(　　)

4. 环境证据是指对被审计单位产生影响的各种环境事实。　　　　　　　(　　)

5. 实物证据是指通过盘点等方式对于有形资产存在性形成的证据。　　　(　　)

四、简答题

1. 什么是审计证据的充分性?

2. 什么是审计证据的相关性?

3. 什么是审计证据的可靠性?

五、案例分析题

注册会计师在对 T 公司进行审计时,发现该公司内部控制制度存在严重缺陷,请对下列获取的审计证据中的可靠性进行说明,并根据其可靠性进行排序。

(1) 销货发票副本

(2) 从银行获得的函证回函

(3) 管理当局声明书

4

第二部分

审计职业的特点

　　本部分包括第五章和第六章内容,主要介绍审计职业道德与相关法规,以及审计人员不遵守职业道德法规需要承担的法律责任。

第五章

审计职业道德与相关法规

学习目标

1. 了解审计职业道德的基本原则
2. 理解威胁审计职业道德的几种情况
3. 了解降低威胁的措施

第一节　审计职业道德的基本原则

　　道德属于一种社会意识形态,是调整人与人之间、个人与社会之间关系的行为规范总和。职业道德是人们从事职业活动所要求遵循的行为标准,它既是从业人员在职业活动中的行为标准和要求,又是该职业对社会所负的道德责任与义务。审计职业道德是指审计师在职业活动中应当遵循的行为标准,是公众对审计师行为的期望,通过道德准则让公众增强对专业服务的信心。职业道德的实质是行为责任,包括对同事的责任和对客户与公众的责任。我国国家审计准则对审计机关审计人员执行审计业务,提出了:恪守严格依法、正直坦诚、客观公开、勤勉尽责、保守秘密的基本职业道德要求。相关内部审计准则也要求内部审计人员必须遵循诚信正直、客观、专业胜任能力和保密的职业道德要求。注册会计师职业道德守则指出,注册会计师职业道德的基本原则包括:诚信、客观公正、独立性、专业胜任能力和勤勉尽责、保密、良好的职业行为。

一、诚信

　　诚信是指诚实、守信。也就是说一个人言行与内心思想一致,不虚假;能够履行与别人的约定而取得对方的信任。诚信要求注册会计师在审计过程中保持正直和诚实,秉公处事、实事求是,如注册会计师能够遵守履行审计业务约定书里面的责任与义务。

　　注册会计师如果认为业务报告、申报资料或其他信息存在下列问题,则不得与这些有问题的信息发生牵连:

　　(1)含有严重虚假或误导性的陈述;

　　(2)含有缺乏充分依据的陈述或信息;

（3）存在遗漏或含糊其词的信息。

二、客观公正

客观，是指按照事物的本来面目去考察、不添加个人的偏见。要求注册会计师应当力求公平，不因成见或偏见、利益冲突和他人影响而损害其专业性。注册会计师在许多领域提供专业服务，在不同情况下均应表现出客观状态。在确定哪些情况和业务时，尤其需要遵循客观性规范时应当充分考虑以下因素：

（1）注册会计师可能被施加压力，这些压力可能损害其客观性；

（2）列举和描述在制定准则以识别实质上或形式上可能影响注册会计师客观性的关系时，应体现合理性；

（3）应避免那些导致偏见或受到他人影响，从而损害客观性的关系；

（4）注册会计师有义务确保参与专业服务的人员遵守客观性原则；

（5）注册会计师既不能接受也不得提供可被合理认为对其职业判断或对其业务交往对象产生重大不当影响的礼品或款待，尽量避免使自己专业声誉受损的情况。

公正，是指公平、正直，不偏袒。比如，审计师发现被注册会计单位存在重大问题，就应该指出来，不能由于被审计单位给了好处，或者收到被审计单位解聘威胁，而为被审计单位隐瞒缺陷或差错。公平还包括公平交易的含义。注册会计师不得收取明显低于或高于其服务价值的收费。客观和公正原则要求注册会计师应当公正处事、实事求是，不得由于偏见、利益冲突或他人的不当影响而损害自己的职业判断。

三、独立性

独立性是审计人员的灵魂和最珍贵的美德。美国注册会计师协会在《审计暂行标准》中指出："独立性的含义相当于完全诚信、公正无私、无偏见、客观认识事实、不偏袒。"在执行鉴证业务时，审计人员必须保持独立性。在市场经济条件下，投资者主要依赖财务报表判断投资风险，在投资机会中作出选择。如果审计人员不能与客户保持独立性，而是存在经济利益、关联关系，或屈从于外界压力，就很难取信于社会公众。审计人员执行审计和审阅业务以及其他鉴证业务时，应当从实质上和形式上保持独立性，不得因任何利害关系影响其客观性。独立性已经在第一章进行了详细阐述，这里就不再赘述。需要注意的是，内部审计的独立性，除了强调审计人员形式上和实质上的独立性外，还强调内部审计机构的独立性，内部审计机构在组织中的地位越高，其独立性越强。

 **【案例】 内部审计独立性——9 000 份章程带来"核裂变"**

中国广东核电集团（2014 年更名为"中国广核集团"）内部审计部门很特别，它直接对董事会负责，总经理无权干预，审计的内容不仅仅包括财务往来，而且包括工程预算、合同采购、机构设置、人力资源利用甚至制度是否合理等，覆盖了企业生产经营的方方面面。

大亚湾核电站所在的中国广核集团，有 9 000 多份具体的规章、程序，对集团公司管理所有工作流程和细节都做了详尽规定。这些章程犹如另一种"核裂变"力量，为这家举世闻名的核电企业提供了无穷动力。

9 000 份章程形成按规矩办事的独特风格。集团总经理钱智民对记者说，循规蹈矩、严格管理是我们的最大特色。这里最普遍存在的权威不是总经理，而是程序和规章制度，没有什么比严格按程序办事更重要。凡事有章可循、凡事有据可查、凡事有人负责、凡事有人监督。

独特风格产生与众不同的安全管理理念。一次有个员工误进模样相同的另一台机组,操作时突然发生失误,这位员工当即举手示意,说明原因并表示接受处罚。集团副总经理贺禹说,这里的每个员工熟记整套的安全管理方法和规定,并对安全隐患"及时发现、准确定性、快速处理、及时反馈",绝对不会在出了问题后,还要等待调查原因,然后再看事故大小进行责任追究。

按章办事的风格影响到企业生产以外的所有领域,包括财务系统、内部监控系统等。集团党组成员、纪检组长袁鹏雁,讲述了一件发生在自己身上的事情。他在当一部门负责人时,曾向北京打了一个长途电话,违反公司用公款打长途电话一次不得超过30分钟的规定。几天后审计部门发来一份函件,要求他说明超时理由。他说,这样的斤斤计较在一般人看来不可思议,但中国广东核电集团就是这么苛刻,即使有贪念的人在这里也无处下手,难怪集团在长期运作几百亿元资金中,没有发生一起重大经济案件。

9 000份章程升华为广核集团的品牌文化,十几年来这种先进文化有力推动企业步步"核裂变"。中国广核集团自成立以来,以"安全第一,质量第一,追求卓越"为基本原则,坚持"一次把事情做好"的核心价值观,在成功建设大亚湾核电站的基础上,形成了"以核养核、滚动发展"的良性循环机制,建立了与国际接轨的、专业化的核电生产、工程建设、科技研发、核燃料供应保障体系。截至2019年1月月底,中国广核集团拥有在运核电机组22台,装机容量2 430万千瓦;在建核电机组6台,装机743万千瓦;拥有风电在运控股装机达1 239万千瓦,太阳能光伏发电项目在运控股装机容量422万千瓦,海外新能源在运在建控股装机1 338万千瓦。此外,在分布式能源、核技术应用、节能技术服务等领域也取得了良好发展。

四、专业胜任能力和勤勉尽责

专业胜任能力和勤勉尽责原则要求注册会计师应当获取并保持应有的专业知识和技能,确保为客户提供具有专业水准的服务,并在为客户服务的过程中做到勤勉尽责。注册会计师应当持续了解并掌握当前法律、技术和实务的发展变化,将专业知识和技能始终保持在应有的水平,确保为客户提供具有专业水准的服务。

专业胜任能力要求注册会计师具有专业知识、技能或经验,能够胜任承接的业务。为了获取和保持专业胜任能力,注册会计师应当接受充分的教育和培训,并在执业实践中总结和积累经验。注册会计师也应当持续了解并掌握当前法律、技术和实务的发展变化,将专业知识和技能始终保持在应有的水平。在为客户服务过程中,注册会计师应当合理运用专业知识和技能做出恰当职业判断。注册会计师如果不能保持和提高专业胜任能力,就难以完成客户委托的业务。一个合格的注册会计师,不仅要充分认识自己的能力,对自己充满信心,更重要的是,必须清醒地认识到自己在专业胜任能力方面存在的不足。由于审计人员有可能在某些特定部分缺乏技能,此时可以聘用外部专家,并对外部专家的工作进行监督,对外部专家的工作结果负责。如A事务所审计X企业,X企业的存货主要为扇贝,A事务所的注册会计师在盘点扇贝的时候可以请相关的海洋生物专家协助。

5

　　勤勉尽责要求注册会计师在审计过程中,应当遵守执业准则的要求并保持应有的职业怀疑,认真、全面、及时地完成工作任务。职业怀疑是注册会计师执行审计业务的一种态度,包括采取质疑的思维方式,对可能表明由于错误或舞弊导致错报的情况保持警觉,以及对审计证据进行审慎评价。为了做到勤勉尽责,注册会计师应当以审慎态度对待审计证据,对待高风险情况,特别是证据不一致的情况,应当采用多种审计程序,多方取证以求将风险降低至可接受的低水平。注册会计师也应当采取适当措施,确保在其授权下从事专业服务的人员得到应有的培训和督导。在适当时间,注册会计师应当使客户或专业服务的其他使用者了解专业服务的固有局限以明确自身责任。比如,注册会计师在审计应收账款的时候,不能光信赖被审计单位提供的关于应收账款的账目记录,还应该向被审计单位的债务人(外部第三方)发函进行询问,从而确定应收账款的真实性。

五、保密

　　保密是指注册会计师应当对执业活动中获知的涉密信息保密。保密所涉及的信息范围包括会计师事务所内部的涉密信息、注册会计师执业活动中获知的涉及国家安全的信息、拟承接的客户向注册会计师披露的涉密信息以及注册会计师在执业过程中获知的被审计单位涉密信息。保密责任时段不但包括注册会计师执行业务期间,也包括业务完成之后。在有些情况下,注册会计师甚至需要终身为涉密信息保密。注册会计师与客户的沟通,必须建立在为客户信息保密的基础上。一旦涉密信息被泄露或被利用,往往会给客户造成损失。

　　保密原则要求注册会计师应当对在执业活动中获知的涉密信息予以保密,不得有下列行为:

　　(1)未经客户授权或法律法规允许,向会计师事务所以外的第三方披露其所获知的涉密信息。

　　(2)利用所获知的涉密信息为自己或第三方谋取利益。

　　如果注册会计师遵循保密原则,信息提供者通常可以放心地向其提供相关信息,而不必担心该信息被其他方获知,这更有利于注册会计师维护相关利益者的权益。但是在下列情况下注册会计师可以披露涉密信息:

　　(1)取得被审计单位的授权同意;如X公司以前一直都是A事务所审计,今年换成B事务所审计,那么A事务所可以在征得X公司同意的情况下,提供给B事务所有关被审计单位的信息。

　　(2)如果被审计单位处于法律诉讼中,会计师事务所可以向相关监管机构提供被审计单位的信息。

　　(3)会计师事务所在接受注册会计师协会或监管机构的执业质量检查时,可以透露客户的信息。

　　注册会计师一般需要签订保密协议,一旦把被审计对象的信息泄露出去,需要承担相应的法律责任。

　　**【案例】　毕马威高级合伙人涉出卖客户内部消息**

　　2013年国际知名的审计公司毕马威解雇了洛杉矶审计事务主管,因为公司知悉这位主管对外提供了内部消息,而得到消息的人利用这些消息进行了股票交易。毕马威公司因

此失去了为两家公司提供审计服务的资格。这位审计主管曾经是制鞋商 Skechers 和营养保健品公司康宝莱的主审计师。这位审计事务主管名叫斯科特·伦敦，其在毕马威已经履职 29 年，负责该公司南加州的审计事务。他为了金钱出卖了内部信息，Skechers 的首席运营官得知这一消息后，就着手寻找新的审计公司。康宝莱是一家有着 33 年历史的美国营养保健品直销公司。毕马威将撤回关于该公司 2010—2012 年的审计报告。

斯科特·伦敦被指控一项通过内幕交易串谋实施证券欺诈的刑事罪，他将面临 5 年刑期和 25 万美元罚款。起诉书认为，他所泄露的信息导致他的朋友布赖恩·萧（Bryan Shaw）在相关股票交易中获利超过 100 万美元。起诉书也指出，斯科特·伦敦至少向布赖恩·萧提供了 5 个毕马威客户的内幕消息，作为回报，他得到了约 1 万美元现金酬劳，音乐会门票和一只劳力士手表。根据美国证券交易委员会的民事起诉书，斯科特·伦敦是包括康宝莱和斯凯奇在内多起毕马威审计工作的责任合伙人，他还是毕马威在德克斯户外公司会计事务的管理人。指控称，斯科特·伦敦利用这些职务便利在这些公司公布盈利数字或者发布财务报告之前就获得了重大非公开信息。布赖恩·萧同时被指控至少 12 次利用从斯科特·伦敦处获得的这些内幕信息指导交易，利用康宝莱，斯凯奇和德克斯公司的机密信息进行股票买卖，获得超过 71.4 万美元的利益。证券交易委员会还指控斯科特·伦敦向布赖恩·萧提供了两个毕马威前客户 RSC 控股和太平洋资本银行相关的合并交易信息，后者利用这一信息在 2011 年 12 月 15 日合并交易公布之前买入 RSC 控股公司的股票获得了接近 19.2 万美元利益，他还通过在 2012 年 3 月 9 日合并交易确认之前投资太平洋资本银行的股票非法获利 36.5 万美元。相关的刑事指控指出，布赖恩·萧与调查人员密切合作，他本人在发送给华尔街日报的邮件声明中也表示，愿意"完全彻底地承担自己所作所为的全部责任。"斯科特·伦敦也在之前承认透露客户信息的指控，并称"后悔向第三方泄露非公开信息的行为"，他也强调，泄露信息的行为"是从几年前开始"，毕马威在他的个人行为中"没有任何责任"。

六、良好的职业行为

习近平总书记曾寄语审计人员"以审计精神立身、以创新规范立业、以自身建设立信"。无论是国家审计、内部审计还是注册会计师审计，本质上都是执审为民。审计人员应当在依法审计、文明审计的基础上，严守审计职业道德，做到打铁必须自身硬，以高于监督别人的标准、严于监督别人的要求来约束自己，始终做遵纪守法、廉洁自律的表率。

良好职业行为原则是指审计师应当爱岗敬业，遵守相关法律法规，避免发生任何可能损害职业声誉的行为。良好职业行为原则要求审计师不得在明知的情况下，从事任何可能损害诚信原则、客观公正原则或良好职业声誉，从而可能违反职业道德基本原则的业务、职务或活动。如不得对自己的能力进行广告宣传，不得贬低或者无根据地与其他会计师事务所进行比较。如会计师事务所打广告称其与金融机构有特殊关系，与政府某部门有特殊关系等，这都属于对能力的宣传。

注册会计师应当诚实、实事求是，不得有下列行为：

（1）夸大宣传提供的服务、拥有的资质或获得的经验；

（2）贬低或无根据地比较其他注册会计师的工作。

第二节　对职业道德基本原则产生不利影响的情形

注册会计师对职业道德基本原则的遵循可能受到多种因素的不利影响。不利影响的性质和严重程度因注册会计师提供服务类型的不同而不同。可能对职业道德基本原则产生不利影响的因素包括自身利益、自我评价、过度推介、密切关系和外在压力。

一、自身利益威胁

自身利益威胁是指由于某项经济利益或其他利益可能不当影响注册会计师的判断或行为，从而对职业道德基本原则产生的不利影响，也即注册会计师会趋向于追求自身利益。自身利益包括鉴证小组成员情感上、财务上及其他方面的个人利益。这种威胁具体表现在以下情况：

（1）注册会计师在客户中拥有直接经济利益。经济利益，是指注册会计师因持有某一实体的股权、债券和其他证券以及其他债务性的工具而拥有的利益，包括为取得这种利益享有的权利和承担的义务。经济利益包括直接经济利益和重大的间接经济利益。直接经济利益是指①个体或实体直接拥有并控制的经济利益；②个人或实体通过投资工具拥有的经济利益，且有能力控制这些投资工具，或影响其投资决策，如注册会计师持有被审计单位的股票、债券、认购权或期权等。这些就是直接经济利益。间接经济利益则是指个人或实体通过投资工具拥有的经济利益，而没有能力控制这些投资工具或者影响其投资决策。如注册会计师投资了一家共同基金，而这家共同基金购买了注册会计师其中一个被审计单位的股票。若此注册会计师无法通过共同基金控制被审计单位投资决策，那么注册会计师和被审计单位之间就只存在间接经济利益。衡量一项间接经济利益是否重大，是对注册会计师而言的，如注册会计师持有共同基金1%股份，而共同基金又持有被审计单位价值100元人民币的股票1 000股，对注册会计师而言，这项间接经济利益则为1 000元人民币（1%×100×1 000）。若注册会计师个人资产只有5 000元人民币，此项间接经济利益可以被认为是重大的。若注册会计师个人资产100万元人民币，此项间接经济利益就可能被认为是不重大的。注册会计师需要从一个独立第三方的角度考虑间接利益对其本身是否重大。直接经济利益和间接经济利益的关系如图5-1所示。

（2）会计师事务所的收入过分依赖某一客户。如果会计师事务所从某一客户收取的全部费用占其收费总额的比重很大，则对该客户的依赖及对可能失去该客户的担心将因自身利益或外在压力产生不利影响。如在安然事件中，审计安然的事务所为安达信会计师事务所，该所一半以上的收入都来自安然，造成了安达信会计师事务所对安然公司的依赖。

（3）注册会计师与客户之间存在密切的商业关系。如A注册会计师与B公司或B公司的高管合伙做生意。具体表现为：

① 会计师事务所或鉴证小组成员与鉴证客户或其管理层之间存在密切的经营关系，会带来商业的或共同的经济利益，并产生经济利益威胁和外界压力威胁。

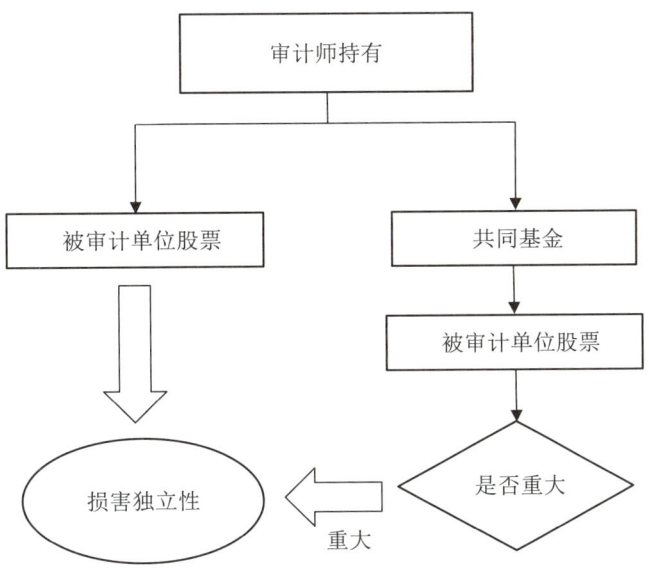

图 5-1　直接经济利益与间接经济利益

② 将会计师事务所的一种或多种服务与鉴证客户的一种或多种服务或产品相结合,并将双方的这些服务或产品进行一揽子交易。

③ 会计师事务所作为鉴证客户产品或服务的分销商或交易商,或鉴证客户作为会计师事务所服务的分销商或交易商。

（4）项目组成员正在与被审计单位协商受雇于该客户;如审计小组成员 A,目前正在应聘被审计单位的一个职位。

（5）会计师事务所以较低的报价获得新业务,而该报价过低,可能导致注册会计师难以按照适用的职业准则要求执行业务。

鉴证收费应是为客户提供的专业服务的价值的公允反映,它通常以适当的小时费用率或日费用率为基础,按照实施专业服务的每个人员所耗用的时间来计算。鉴证收费的确定应考虑:①各类专业服务所需的技能与知识;②实施专业服务所需人员的培训水平和经验;③实施专业服务所承担的责任的程度。

（6）注册会计师能够接触到涉密信息,而该涉密信息可能被用于谋取个人私利。

（7）注册会计师在评价所在会计师事务所以往提供的专业服务时,发现了重大错误。

二、自我评价威胁

自我评价,主要指注册会计师在执行当前业务的过程中,其判断需要依赖其本人或所在会计师事务所以往执行业务时做出的判断或得出的结论,而该注册会计师可能不恰当地评价这些以往的判断或结论,从而对职业道德基本原则产生不利影响的情况。也即审计人员自己审计自己的工作。这种威胁产生于鉴证小组成员审查自己或同一会计师事务所其他鉴证小组成员的工作。审查自己或同一会计师事务所其他鉴证小组成员的工作很难保持客观的态度,这时自我评价威胁就产生了。如审计人员曾经是被审计单位的对财务报表能够产生重大影响的员工,如董事、经理等,现在他又去审计被审计单位的报表。还有就是事务所给被审计单位提供会计代编业务,然后又去审计财务报表。这些都属于自己检查自己的工作。

这种威胁具体表现在以下情况：

（1）注册会计师在对客户提供财务系统的设计或实施服务后，又对该系统的运行有效性出具鉴证报告；

（2）注册会计师为客户编制用于生成有关记录的原始数据，而这些记录是鉴证业务的对象。

三、密切关系威胁

密切关系主要指审计师由于与客户存在长期或密切的关系，导致过于偏向客户的利益或过于认可客户的工作，从而对职业道德基本原则产生不利影响的情况。这种威胁源于鉴证小组成员与鉴证客户之间存在的密切关系。当鉴证小组成员对鉴证客户非常熟悉或信任，鉴证小组成员可能会对客户的认定未能保持足够的怀疑，而轻易接受其观点，此时密切关系威胁就会产生。

鉴证小组及会计师事务所应当考虑可能威胁职业道德的密切关系：

（1）审计师的近亲属（如配偶、父母、子女、同胞兄弟姊妹等）是被审计单位能够对财务报表产生直接重大影响的员工，如董事、经理等。如果审计师的近亲属是被审计单位的厨师，则不存在密切关系威胁，因为厨师不能对财务报表产生重大影响。因此，大家要注意只有当审计师的近亲属担任的职务能够对财务报表产生直接重大影响时，才会产生威胁。

（2）被审计单位能够对财务报表产生直接重大影响的员工，如董事、经理等，最近曾是事务所的项目合伙人。最近主要指最近几年，如果时间间隔太久，事务所人员流动性大，即使其曾是合伙人，也可能与事务所里面的人员不熟悉了。

（3）事务所的高级管理人员与被审计单位长期交往。在一项鉴证业务中长期委派同一名高级职员，可能产生关联关系威胁。

 **【案例】　安永因合伙人与客户恋爱被罚930万美元**

2016年9月，金融时报报道，美国监管机构对专业服务公司安永（Ernst & Young）罚款930万美元，原因包括该公司的一位审计员与客户发展恋爱关系，这是监管机构首次针对大公司员工和外部审计员之间的私人关系采取执法行动。

美国证交会（SEC）的调查发现，安永一位高级合伙人与其负责审计的纽约一家上市公司的首席财务官发展了不适当的亲密友谊关系。另一位高级合伙人与其负责审计的另一家上市公司的首席会计官卷入恋爱关系。美国证交会表示，安永对这两段关系都未能采取适当举措。

美国证交会执法部主任安德鲁表示："安永没有采取足够举措来察觉或者阻止这些合伙人与客户建立过于亲密的关系，违背了他们作为独立审计人员的角色。"有关审计人员独立性的检查机制一般评估雇员是否与审计客户存在亲戚、雇佣或财务关系，这些关系可能影响他们彻底且独立地审查公司账簿。

美国证交会发现，安永在芝加哥的前合伙人格雷戈里贝德纳拿出逾10万美元款待一家审计客户的首席财务官及其儿子。安永和贝德纳没有承认或否认这些指控。安永支付

497.5 万美元罚款,贝德纳支付 4.5 万美元罚款,并被暂停执业 3 年。

在另一起案件中,美国证交会发现,安永合伙人帕梅拉哈特福德在审计 Ventas 期间与该公司财务高管罗伯特布雷勒保持恋爱关系,这违反了审计员独立原则。哈特福德的上司——安永合伙人迈克尔卡缅斯基知晓两人关系,但未能展开合理调查,或在内部提出关切。

安永、哈特福德、卡缅斯基和布雷勒没有承认也没有否认上述调查结果。安永支付 436.6 万美元罚款,哈特福德和布雷勒各自支付 2.5 万美元罚款。哈特福德和卡缅斯基都被暂停执业 3 年,布雷勒被暂停执业一年。

类似地,2019 年爆火的情感剧《都挺好》频频刷屏,在剧中身为审计工作负责人的朱丽,是明玉"嫡亲二哥的太太",而明玉在众城集团任职总经理。朱丽在未进行谨慎调查的情况下,没有采取任何防范措施,这便是审计工作的严重疏漏和低级错误。在第 19 集中,明玉在审计见面会中公开自己和朱丽的关系,并出于审计回避的考虑,要求朱丽单位重新选任审计师,导致朱丽失业,而爱妻心切的苏明成看到妻子受委屈竟对明玉拳脚相加。

专业注册会计师/审计师是非常重视审计回避原则的,在收到审计项目后,第一件要做的事情就是全面了解被审单位的背景资料,包括组织架构和主要管理层。如果朱丽仔细阅读了这些材料,她应该早就发现苏明玉在众诚担任重要领导职位,并及时和领导做出汇报,退出项目组。如果朱丽为了业绩和尽快晋升,知情不报,就违反了基本的职业操守,日后一旦被发现,情节会更加严重,不单是失业和所做的审计报告失效,而是可能永久被剥夺执业资格。

根据相关规定:知情不报导致审计独立性和权威性受损,给事务所带来的影响也是巨大的,情节严重者,将被监管会勒令停业整顿或永久停业。所以,基于这些基本常识,审计师和审计委员会成员们行事都是极其严谨的。剧中,朱丽与其说是委屈难过,不如说是对自己工作严重疏漏和所犯低级错误感到懊恼和愧疚。

四、过度推介威胁

过度推介威胁,是指注册会计师倾向客户的立场,导致该注册会计师的客观公正原则受到损害而产生不利影响的情况。比如事务所推介审计客户的股份,在审计客户与第三方发生诉讼或纠纷时,注册会计师担任该客户的辩护人。

这种威胁具体表现在以下情况:

(1)注册会计师推介客户的产品、股份或其他利益;

(2)当客户与第三方发生诉讼或纠纷时,注册会计师为该客户辩护;

(3)注册会计师站在客户的立场上影响某项法律法规的制定。

五、外在压力威胁

外在压力威胁,是指审计师迫于实际存在的或可感知到的压力,导致无法客观行事而对职业道德基本原则产生不利影响的情况。

如果注册会计师受到实际的压力或感受到压力而无法客观行事,将产生外在压力导致的不利影响。这种威胁具体表现在以下情况:

5

（1）注册会计师因对专业事项持有不同意见而受到客户解除业务关系或被会计师事务所解雇的威胁；

（2）由于客户对所沟通的事项更具有专长，注册会计师面临服从该客户判断的压力；

（3）注册会计师被告知，除非其同意审计客户某项不恰当的会计处理，否则计划中的晋升将受到影响；

（4）注册会计师接受了客户赠予的重要礼品，并被威胁将公开其收受礼品的事实。

如果识别出对职业道德基本原则的威胁，注册会计师应当评价该威胁的严重程度是否处于可接受的水平。评价威胁的严重程度时，需要考虑的因素包括：公司治理方面的要求；注册会计师职业所必需的教育、培训和经验要求；有效的投诉举报系统，使注册会计师和社会公众能够注意到违反职业道德的行为；关于注册会计师有义务报告违反职业道德行为的明确规定；行业或监管机构的监控和惩戒程序。

【课堂练习】

甲乙两位攻读审计学的学生进行学术讨论。甲宣称：审计人员是领取了注册会计师证书的专家，并独立地对会计报表的合法性、公允性发表专家意见，为保持执行一切审计工作时的客观公正立场，会计师和委托单位的主管人员之间不宜交往过密。会计师要有礼貌，处处保持慎重和尊严，业余时间若会计师与委托人忙于社交应酬，一旦发现不健全的内部制度、重大错报漏报和诈欺证据时，就很难坚持独立的立场和客观态度。乙则不以为然，他认为甲兄的观点已落伍50年，会计师和委托人同为有情感之人，前者需要后者的合作方能完成任务，同吃几顿饭，跳几次舞，不会使会计师失去独立性，而且可消除一些误解，并加速工作的完成，甚至还可介绍一些新的客户给事务所。乙认为甲方的观点，实质上是告诉人们怎样断绝朋友和丢掉客户。而甲方认为现在女性会计师颇多，妇女担任企业主管的也大有人在，如果会计师和委托人之间关系过于亲密随便，或许会发生很微妙且复杂的事情，以至损害审计的独立性。

思考题：

试评述甲乙二位关于独立性相互对立的见解。

第三节　防范审计职业道德受到不利影响的措施

如果注册会计师确定识别出的威胁超过可接受的水平，应当通过消除该威胁或将其降低至可接受的水平。注册会计师应当通过采取下列措施应对威胁：

（1）消除产生的威胁，包括利益或关系；

（2）采取可行并有能力采取的防范措施将威胁降低至可接受的水平；

（3）拒绝或终止特定的职业活动。

根据具体事实和情况，某些威胁可能能够通过消除产生该威胁的情形予以应对。然而，在某些情况下，产生威胁的情形无法被消除，并且注册会计师也无法通过采取防范措施将威胁影响降低至可接受的水平，此时，威胁仅能够通过拒绝或终止特定的职业活动予以应对。

防范措施是指注册会计师为了将对职业道德基本原则的不利影响有效降低至可接受的水平而采取的行动，该行动可能是单项行动，也可能是一系列行动。防范措施随事实和情况的不同而有所不同。举例来说，在特定情况下能够应对不利影响的防范措施包括：

（1）向已承接的项目分配更多时间和有胜任能力的人员，可能能够应对因自身利益产生的威胁；

（2）由项目组以外的适当复核人员复核已执行的工作或在必要时提供建议，可能能够应对因自我评价产生的威胁；

（3）向鉴证客户提供非鉴证服务时，指派鉴证业务项目团队以外的其他合伙人和项目组，并确保鉴证业务项目组和非鉴证服务项目组分别向各自的业务主管报告工作，可能能够应对因自我评价、过度推介或密切关系产生的威胁；

（4）由其他会计师事务所执行或重新执行业务的某些部分，可能能够应对因自身利益、自我评价、过度推介、密切关系或外在压力产生的威胁；

（5）由不同项目组分别应对具有保密性质的事项，可能能够应对因自身利益产生的威胁。

总的来说，在具体工作中，应对不利影响的防范措施主要包括两个方面，一个是会计师事务所层面，事务所应该强调职业道德的重要性，加强内部控制的建设，宣传独立性的政策和程序；另一个是具体执业层面。

一、会计师事务所层面的防范措施

（1）领导层强调遵循职业道德基本原则的重要性；

（2）领导层强调鉴证业务项目组成员应当维护公众利益；

（3）制定有关政策和程序，实施项目质量控制，监督业务质量；

（4）制定有关政策和程序，识别对职业道德基本原则的不利影响，评价不利影响的严重程度，采取防范措施消除不利影响或将其降低至可接受的水平；

（5）制定有关政策和程序，保证遵循职业道德基本原则；

（6）制定有关政策和程序，识别会计师事务所或项目组成员与客户之间的利益或关系；

（7）制定有关政策和程序，监控对某一客户收费的依赖程度；

（8）向鉴证客户提供非鉴证业务时，指派鉴证业务项目组以外的其他合伙人和项目组，并确保鉴证业务项目组和非鉴证业务项目组分别向各自的业务主管报告工作；

（9）制定有关政策和程序，防止项目组以外的人员对业务结果施加不当影响；

（10）及时向所有合伙人和专业人员传达会计师事务所的政策和程序及其变化情况，并就这些政策和程序进行适当的培训；

（11）指定高级管理人员负责监督质量控制系统是否有效运行；

（12）向合伙人和专业人员提供鉴证客户及其关联实体的名单，并要求合伙人和专业人员与之保持独立；

（13）制定有关政策和程序，鼓励员工就遵循职业道德基本原则方面的问题与领导层

5

沟通；

（14）建立惩罚机制，保障相关政策和程序得到遵守。

二、具体执业层面的防范措施

在具体执业中，如果发现威胁，可以采用以下方法把威胁降低：

（1）安排审计小组以外的审计师对审计工作进行复核；

（2）定期轮换项目负责人及签字注册会计师；

（3）与被审计单位的审计委员会或监事会讨论独立性问题；

（4）制定确保审计人员不替代客户行使管理决策或承担相应责任的政策和程序；

（5）将独立性受到威胁的小组成员调离。

如果采取以上措施仍然不能把威胁降低，那么事务所只有拒绝承接业务或者解除业务约定。

【课堂练习】

甲公司计划发行 A 股并上市，聘请 ABC 会计师事务所审计其 2021 年度、2022 年度及 2023 年度财务报表。A 注册会计师担任甲公司审计项目组长。在审计过程中，ABC 会计师事务所遇到下列与职业道德相关的事项：

（1）A 注册会计师和甲公司的董事是同学，两人共同投资开设一家餐厅，各占 50％ 股份，该投资对双方均不重大。

（2）ABC 会计师事务所与甲公司商定，在审计计划阶段支付 50％ 的审计费用，另外 50％ 根据最后的审计结果来确定支付比例。

（3）审计开始之前，应甲公司的要求，ABC 会计师事务所指派一名审计项目组的员工，帮助甲公司编制 2023 年度的账表数据。

（4）2023 年年初，ABC 事务所职员从甲公司集体购买了人寿险。甲公司破例向 ABC 事务所返还了 20％ 的保费。

（5）审计项目组成员 B 的妻子因在甲公司担任公关部经理而获得甲公司股票期权。

要求：

针对上述第（1）至（5）项，逐项指出 ABC 会计师事务所甲公司审计项目组成员是否违反审计职业道德，说明理由，如果存在违反情况，说明应如何规避。

解析

第一种情况是违反审计职业道德的，A 审计师与甲公司董事共同投资开设公司，即与被审计客户存在密切的经营关系，而且是直接经济利益关系，存在自身利益威胁。由于 A 是审计小组组长，为了降低威胁，应将 A 调离该审计小组。

第二种情况是违反审计职业道德的。该案例中，事务所采用或有收费的方式，存在自身利益的威胁。为了降低威胁，事务所应该改变或有收费方式，审计费用应该按照审计业务本身的难易程度，涉及人力，以及持续的时间长短等来衡量。

第三种情况违反了审计职业道德。该事务所帮被审计单位编制有关的财务数据，又将其作为鉴证对象,存在自我评价的威胁。为了降低威胁,事务所可以指派没有参与该审计的项目组成员编制财务数据。

第四种情况违反了审计职业道德。该案例中被审计单位破例返还保费明显超过了一般社交礼仪的范围,存在密切关系的威胁。为了降低威胁,该事务所不应当接受超过常规优惠的部分。事务所应该退还超额保费,如果对方不接受,事务所应拒绝承接业务或者解除业务约定。

第五种情况违反了审计职业道德。项目组成员主要近亲属在甲公司拥有直接经济利益,存在自身利益的威胁。为了降低威胁,可以把审计项目组成员B调离审计组。

重 点 回 顾

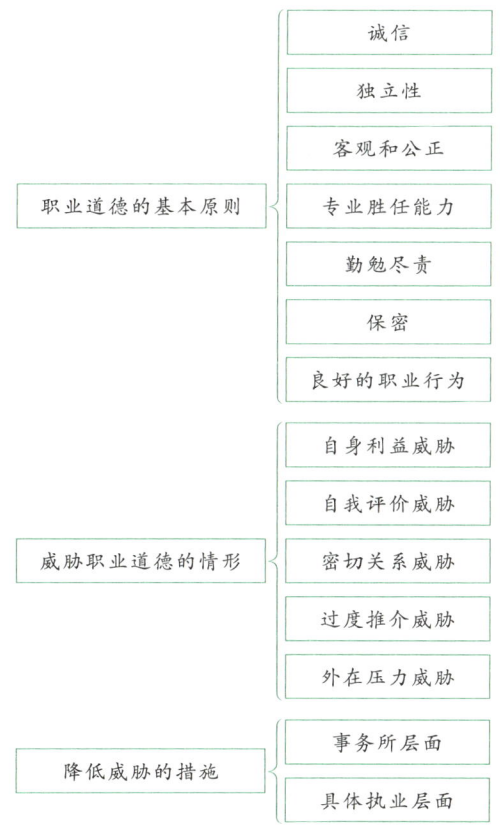

职业道德的基本原则
- 诚信
- 独立性
- 客观和公正
- 专业胜任能力
- 勤勉尽责
- 保密
- 良好的职业行为

威胁职业道德的情形
- 自身利益威胁
- 自我评价威胁
- 密切关系威胁
- 过度推介威胁
- 外在压力威胁

降低威胁的措施
- 事务所层面
- 具体执业层面

5

专业词汇中英文对照

职业道德　professional ethics　　　　　直接经济利益　direct financial interest

诚信　integrity　　　　　　　　　　　　客观　objectivity

重大间接经济利益　material indirect financial interest

公正　free from bias　　　　　　　　　重大影响　significant influence

应有的关注　due care(or due diligence)　自我评价威胁　self-review threat

保密　confidentiality　　　　　　　　　密切关系威胁　familiarity threat

自我利益威胁　self-interest threat　　　过度推荐威胁　advocacy threat

或有收费　contingent fee　　　　　　　外在压力威胁　undue influence threat

关键岗位　key position

练 习 题

一、单选题

1. 下列属于违反会计师事务所对业务工作底稿所包含的信息予以保密责任的是（　　）。

A. 根据有关规定,会计师事务所为法律诉讼准备文件

B. 接受注册会计师协会依法进行的质量检查

C. 利用所获知的涉密信息为子女谋利益

D. 根据规定,会计师事务所向监管机构报告发现的违反法律行为

2. 注册会计师在确定审计收费时,下列违反了职业道德守则的是（　　）。

A. 审计收费应根据从事该业务耗用时间的长短因素来考虑

B. 审计收费应根据该业务所需承担的责任大小因素来考虑

C. 审计收费应根据客户依据审计报告能否获得银行贷款的批准来确定

D. 审计收费应根据承办该业务参加人员层次的高低因素来考虑

3. 以下不属于自身利益导致的不利影响的情形是（　　）。

A. 审计项目组成员在客户中拥有直接经济利益

B. 会计师事务所的收入过分依赖某一客户

C. 会计师事务所与客户就鉴证业务达成或有收费的协议

D. 在鉴证客户与第三方发生诉讼或纠纷时,注册会计师担任该客户的辩护人

4. 以下各项情况中,对注册会计师执行审计业务的独立性影响最大的是(　　　)。

A. 注册会计师的母亲退休前是被审计单位的文艺干事

B. 注册会计师的配偶目前是被审计单位开户银行的业务骨干

C. 注册会计师的一位同学拥有被审计单位股票

D. 注册会计师的妹妹目前是被审计单位的出纳

5. 下列各项中,属于注册会计师违反职业道德规范行为的是(　　　)。

A. 按照业务约定和专业准则的要求完成委托业务

B. 对执行业务过程中知悉的商业秘密保密,不利用其为自己或他人谋取利益

C. 会计师事务所不以或有收费形式为客户提供各种鉴证服务

D. 对其能力进行广告宣传,但在宣传中注意丝毫不诋毁同行

二、多选题

1. 以下情形中,属于密切关系威胁的有(　　　　　)。

A. 审计师的近亲属(如配偶、父母、子女、同胞兄弟姊妹等)是被审计单位能够对财务报表产生直接重大影响的员工

B. 被审计单位能够对财务报表产生直接重大影响的员工,如董事、经理等,最近曾是事务所的项目合伙人

C. 项目组成员正在与被审计单位协商受雇于该客户

D. 收费主要来源于某一客户或者过分担心失去某项业务

2. 对职业道德基本原则产生不利影响的情形包括(　　　　　)。

A. 自身利益威胁　　　　　　　　　B. 密切关系威胁

C. 自我评价威胁　　　　　　　　　D. 过度推介威胁

3. 为遵循客观和公正原则,注册会计师应当评价不利影响的严重程度,并在必要时采取主要防范措施,以消除不利影响或将其降低至可接受水平,这些措施包括(　　　　　)。

A. 拒绝接受业务委托或终止业务　　　B. 要求实施督导程序

C. 与客户治理层讨论　　　　　　　　D. 与事务所高级管理人员讨论

4. 根据相关的职业道德规范,会计师事务所无须调查相关人员的具体工作内容就可以直接认定下列情况中的(　　　　　)因密切关系导致对遵循职业道德基本原则产生不利影响。

A. 项目合作人的孙女是客户的车间生产工人

B. 项目组成员的父亲是客户的副董事长

C. 事务所的前合伙人是客户的一名技术员

D. 客户的总经理秘书是项目组成员的女朋友

5. 在下列项目中,符合注册会计师职业道德规范规定的有(　　　　　)。

A. 会计师事务所没有以降低收费方式招揽业务

B. 会计师事务所可以雇用正在其他事务所执业的会计师

C. 会计师事务所没有进行任何广告宣传

D. 会计师事务所以本所名义承揽业务

5

三、判断题

1. ABC 会计师事务所准备审计乙公司，A 注册会计师购买了乙公司股票 5 000 股，每股 10 元，ABC 会计师事务所委派 A 注册会计师担任乙公司审计项目组成员。这种情况威胁了独立性。（　　）

2. ABC 会计师事务所准备审计乙公司财务报表，其派出的审计项目组成员 D 曾在乙公司人力资源部负责员工培训工作，目前已经离开乙公司加入 ABC 会计师事务所。这种情况会影响审计独立性。（　　）

3. ABC 会计师事务所派遣同一审计小组，同时为 C 公司提供内部控制设计和财务报表审计业务。这种行为是不正确的，存在密切关系的威胁。（　　）

4. 事务所推介审计客户的股份，在审计客户与第三方发生诉讼或纠纷时，注册会计师担任该客户的辩护人，这属于过度推介威胁。（　　）

5. 或有收费是指根据审计结果作为收费依据的收费方式。（　　）

四、简答题

1. 经济利益对注册会计师职业道德基本原则产生的威胁包括哪些？

2. 密切关系对注册会计师职业道德基本原则产生的威胁包括哪些？

3. 过度推介对注册会计师职业道德基本原则产生的威胁包括哪些？

五、案例分析题

1. ABC 会计师事务所承接以下客户 2023 年度财务报表审计工作。现存在以下情形：

（1）A 公司以招标的方式选聘 2023 年度财务报表审计的注册会计师。在应邀投标时，ABC 会计师事务所在其投标书中说明，如果中标，即可与 A 公司签订审计业务约定书，无须另行通知。

（2）B 公司为参与企业购并委托审计，在业务约定书中约定按审计后资产的 5‰ 收取审计费用。

（3）C 公司委托 ABC 会计师事务所审计其 2023 年财务报表，现因急需为取得银行贷款，要求 ABC 会计师事务所加快进度并加班完成，承诺一旦如期完成，将安排项目合伙人去欧洲旅游。

（4）在承接 D 公司 2023 年度的财务报表审计工作时，了解到拟安排本次审计项目经理的妻子在 D 公司担任人事部经理，事务所安排了同一部门的注册会计师担任本审计项目的经理。

要求：针对上述（1）至（4）项，逐项指出是否存在违反注册会计师职业道德的情况，并简要说明理由。

2. ABC 会计师事务所委派 A 注册会计师担任上市公司甲公司 2023 年度财务报表审计项目合伙人，2024 年 3 月 12 日，ABC 会计师事务所出具了甲公司 2023 年度审计报告。审计项目组在审计中遇到下列事项：

（1）由于订单减少，甲公司大部分生产设备处于闲置状态，存在重大减值迹象。2023 年 12 月 1 日，ABC 会计师事务所接受甲公司委托，对甲公司的固定资产进行评估，作为甲公司管理层计提固定资产减值准备的依据。

（2）B注册会计师曾担任甲公司2022年度财务报表审计的项目质量控制复核人，但未参与甲公司2023年度财务报表审计工作。B注册会计师于2023年12月31日离职，并于2024年1月1日加入甲公司担任财务总监。

（3）A注册会计师在得知甲公司拟收购丙公司的计划后，成功推荐ABC会计师事务所为该收购项目提供尽职调查服务。A注册会计师因此在年度绩效考核中获得了加分和奖金。

（4）在一次聚会上，C注册会计师与其好友讨论了甲公司拟收购丙公司计划的可行性。1个月后，甲公司公告了该收购计划。

（5）审计项目组成员D的妻子购买了2 000元的开放式基金。该基金的发行方不是ABC会计师事务所的审计客户。根据该基金公司2023年6月30日的公告，甲公司是该基金投资的十大上市公司之一。

要求：针对上述第（1）至（5）项，逐项指出是否存在违反中国注册会计师职业道德守则有关职业道德和独立性规定的情况，并简要说明理由。

5

第六章
审计法律责任

学习目标

1. 区分管理责任与审计责任
2. 明确引起注册会计师法律责任的直接原因和间接原因
3. 了解如何规避审计法律诉讼的措施

第一节　管理责任与审计责任

一、管理责任

在治理层的监督下,管理层作为会计工作的行为人,对编制财务报表负有直接责任。在被审计单位治理层的监督下,按照适用的会计准则和相关会计制度的规定编制财务报表是被审计单位管理层的责任。就财务报表审计而言,管理层的责任就是要对财务报表反映的内容负责,具体包括以下几个方面。

(一) 选择适合的会计准则和相关会计制度

管理层应当根据会计主体的性质和财务报表的编制目的,选择适合的会计准则和相关会计制度。如被审计单位是事业单位,就不能使用企业会计准则,而需要使用政府会计制度与准则。按照编制目的,财务报表可以分为通用目的和特殊目的两种报表。前者是为了满足范围广泛的使用者的共同信息需要,如为公布目的而编制的财务报表;后者是为了满足特定信息使用者的信息需要。相应地,编制和列报财务报表适用的会计准则和相关会计制度也有所不同。

(二) 选择和运用恰当的会计政策

会计政策,是指企业在会计确认、计量和报告上所采用的原则、基础和会计处理方法。管理层应当根据企业的具体情况,选择和运用恰当的会计政策。如在对存货进行计价的时候,只能选择先进先出法、加权平均法或移动平均法,不能选择其他方法如后进先出法。

(三) 根据企业的具体情况,做出合理的会计估计

会计估计,是指企业对其结果不确定性的交易或事项以最近可利用的信息为基础所做

的判断。管理层有责任根据企业的实际情况,做出合理的会计估计,如对固定资产的使用年限的估计等。

为了履行编制财务报表的职责,管理层通常设计、实施和维护与财务报表编制相关的内部控制,以保证财务报表不存在由于舞弊或错误而导致的重大错报。也就是说,管理层应该对财务报表的合法性和公允性负责。合法性是指财务报表的编制是否遵循相关的会计财务制度,公允性是指财务报表反映的内容是否真实、可靠,是否充分反映了被审计单位的经济情况。被审计单位治理层和管理层对防止或发现舞弊负有主要责任。管理层在治理层的监督下,高度重视对舞弊的防范和遏制是非常重要的。对舞弊进行防范可以减少舞弊发生的机会;对舞弊进行遏制,即发现和惩罚舞弊行为,能够警示被审计单位人员不要实施舞弊。对舞弊的防范和遏制需要管理层营造诚实守信和合乎道德的文化,并且这一文化能够在治理层的有效监督下得到强化。治理层的监督包括考虑管理层凌驾于控制之上或对财务报告过程施加其他不当影响的可能性,例如,管理层为了影响分析师对被审计单位业绩和盈利能力的看法而操纵利润。

二、审计责任

审计责任,是指注册会计师应该对财务报表的合法性和公允性发表正确的意见。也就是注册会计师只对审计意见负责,不对财务报表的合法性和公允性负责。为了履行这一职责,注册会计师应当遵循职业道德规范,按照业务准则的规定,获取充分、适当的审计证据。注册会计师通过签署审计报告确认其责任。

财务报表审计不能减轻被审计单位的管理责任。法律法规要求管理层和治理层对编制财务报表承担责任,有利于从源头上保证财务信息质量。同时,在某些方面,注册会计师与管理层和治理层之间可能存在信息不对称。管理层和治理层作为内部人员,对企业的情况更为了解,更能做出适合企业特点的会计处理决策和判断,因此管理层和治理层理应对编制财务报表承担完全责任。

一般来说,注册会计师只对被审计单位的财务报表是否存在重大错漏报提供合理保证,而不是绝对保证。由于注册会计师审计的时间是有限的,同时由于存在一些固有局限性因素,如选择的测试方法的局限性,收集到的证据的说服力和证明力的局限性等,导致注册会计师只能对被审计单位的重大错漏报进行合理保证。

党的二十大报告明确提出:"加强和完善现代金融监管,强化金融稳定保障体系,依法将各类金融活动全部纳入监管,守住不发生系统性风险底线。"资本市场在金融运行中具有牵一发而动全身的重要作用,被称为国民经济的"晴雨表"。资本市场稳定健康发展,事关经济金融安全、国家政治安全。党的十八大以来,以习近平同志为核心的党中央把资本市场发展放在重要位置,采取一系列务实举措,稳步推进资本市场改革,持续加强资本市场治理,推动我国资本市场实现了更好更快发展。如新《证券法》的施行、最高人民法院发布《关于审理证券市场虚假陈述侵权民事赔偿案件的若干规定》。这些法律法规都强调压实审计等中介机构"看门人"的责任、从严监管。在此背景下,审计人员必须充分认识和理解审计责任,做到勤勉尽责。

如果注册会计师不能履行其审计责任,则需要承担相应的法律责任。法律责任是指注册会计师在履行审计责任时,未按照法律法规,执业准则和道德规范执业,社会强制其承担的法律后果。注册会计师承担的法律责任包括行政责任、民事责任和刑事责任。行政责任

6

主要是由中注协、财政部以及证监会等监管机构做出的处罚,包括通报批评、警告、没收非法所得、罚款、暂停执业和吊销执照等。民事责任主要指注册会计师赔偿受害人的经济损失。刑事责任主要是指按照有关法律判处一定徒刑。注册会计师的审计责任是法律责任的前提和基础,注册会计师承担法律责任取决于他们审计责任是否正确履行。若注册会计师在履约过程中存在违约、过失以及欺诈的行为,他们就需要承担相应的法律责任。注册会计师未履行审计责任和所承担法律责任的对应关系如表 6-1 所示。

表 6-1　　　　　　　　　　　　　　　　法律责任的种类

类　　型	原　　因	处　　罚
行政责任	违约、过失引起	对注册会计师个人,包括警告、暂停执业、吊销执业证书;对会计师事务所来说,包括警告、没收非法所得、罚款、暂停执业、撤销等
民事责任	违约、过失、欺诈引起	赔偿受害人的损失
刑事责任	欺诈引起	按有关法律程序判处一定的徒刑

第二节　形成注册会计师法律责任的原因

一、形成注册会计师法律责任的直接原因

形成注册会计师法律责任的直接原因,主要来自注册会计师自身的问题,包括过失、欺诈和违约。

(一) 过失

过失是指在一定条件下,注册会计师缺乏应具备的合理的职业谨慎。判断注册会计师是否具有过失,是以在相同条件下其他合格的注册会计师可做到的谨慎为标准。如 A 注册会计师在审计应收账款时,只核对应收账款的相关凭证和单据,不向独立第三方的债务人实施函证,而其他注册会计师在这种情况下,一般会实施函证,那么 A 注册会计师就存在过失。过失可以分为普通过失和重大过失。

1. 普通过失

普通过失也称一般过失,是指注册会计师在执业过程中没有完全遵守审计专业准则的要求。对于注册会计师审计来讲,是指注册会计师在执业过程中没有完全遵守审计专业准则的要求。

2. 重大过失

重大过失是指执业人员连最起码的职业谨慎都未保持,对业务或事务不加考虑,满不在乎。就注册会计师来讲,是指连最低的职业谨慎都未保持,根本没有遵守审计专业准则或者没有按专业准则的基本要求执行审计。

注册会计师如何区分普通过失和重大过失呢? 一般通过"重要性"和"内部控制"这两个概念来区分。就重要性而言,如果财务报表中个别项目存在重大错报事项,注册会计师运用常规

审计程序应该能够发现,但因其工作疏忽大意而未能将重大错报查出来,就为重大过失;如果财务报表有多处错报事项,但每处都不重大,综合起来对财务报表影响较大,注册会计师没有发现,则为普通过失。举一个更为形象的例子,如一个人有很多白发,你却说他头发乌黑发亮,这就属于重大过失,如果一个人白头发不是很多,离远了看不清,只有在很近的距离里面才能发现,如果注册会计师没有发现,这就属于普通过失。就内部控制而言,如果企业内部控制不健全或者无效,但是注册会计师做出了被审计企业内部控制有效的错误评价,从而减少实质性程序,导致没有查出被审计企业财务报表中的重大错报。这种行为就属于重大过失。若企业内部控制健全,但是由于内部员工串通舞弊导致有效的内部控制变成无效,进而导致注册会计师没有查出被审计企业财务报表重大错报。注册会计师一般只承担普通过失责任。

(二)欺诈

欺诈,即注册会计师舞弊,是以欺骗或者坑害他人为目的的一种故意行为,即注册会计师明明知道被审计单位的财务报表存在重大错报,仍出具不恰当的审计结论。它与过失的区别在于,过失不具有不良动机,可见图 6-1。

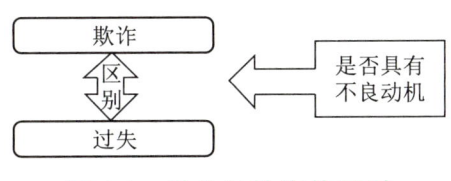

图 6-1 过失与欺诈的区别

(三)违约

违约,是指注册会计师违反合同约定的要求。事务所在决定承接审计业务后,一般就会与被审计单位签订业务约定书,业务约定书就是一个合同,其对审计者与被审计对象的权利义务进行界定。如果注册会计师或者会计师事务所没有按照审计业务约定书的要求,按质按时完成委托的审计业务,给委托人造成损失时,应承担违约责任。如未能按时完成委托的审计业务、未能为被审计单位保守商业秘密等,注册会计师和会计师事务所应按有关规定赔偿违约损失。

二、形成注册会计师法律责任的间接原因

形成注册会计师法律责任的间接原因是来自被审计单位,主要包括错误、舞弊和违反法规行为,也包括被审计单位的经营失败。若注册会计师未能揭示被审计单位财务报表中的重大错报,可能形成注册会计师的过失责任。

(一)错误、舞弊与违反法规行为

1. 错误

错误是指导致财务报表错报的非故意的行为。错误的情形包括:①为编制财务报表而收集和处理数据时发生失误;比如把 198 万元,写成 189 万元。②由于疏忽和误解有关事实而做出不恰当的会计估计,如对应收账款的坏账准备的估计出现错误。③运用会计政策时发生失误。总之,错误一定是无意识的行为。

2. 舞弊

舞弊是指被审计单位使用欺骗的手段获取不当或非法利益的故意行为。舞弊与错误的

6

区别在于,舞弊是故意性的,错误是无意性的。与财务报表审计有关的舞弊主要包括两个:一是对财务信息做出虚假报告;二是侵占资产。

(1) 对财务信息做出虚假报告。被审计单位对财务信息做出虚假报告的目的,主要想误导财务报表使用者对被审计单位业绩或盈利能力的判断。如 A 公司目前需要向银行贷款,银行在考虑是否提供贷款的时候,会考虑它的盈利能力和还款能力。A 公司为了达到银行对于盈利能力和还款能力的合格指标值,会使出虚增收入、降低负债等手段。一般被审计单位对财务信息做出虚假报告的行为,往往受到被审计单位管理层的授意和掌控,也就是说被审计单位存在管理层凌驾于制度之上的风险。其舞弊手段主要包括:①编制虚假的会计分录,特别是在临近会计期末时。如银广夏事件中,银广夏宣称其产品主要出口到德国,该出口收入是其收入的主要来源之一。可事实上,德国这个公司是虚构出来的,所有的出口单据都是黑市上买的。又如一些企业在年末的时候,突然发生几笔大金额的销售,然后在次年年初又发生退货。②滥用或随意变更会计政策。③不恰当地调整会计估计所依据的假设及改变原先做出的判断。④故意漏记、提前确认或推迟确认报告期内发生的交易或事项。⑤隐瞒可能影响财务报表金额的事实。⑥构造复杂的交易以歪曲财务状况或经营成果;如安然事件中,安然公司通过建立 SPE(special purpose entity)把公司的交易复杂化,让专业人员也很难辨识。⑦篡改与重大或异常交易相关的会计记录和交易条款。

(2) 侵占资产。侵占资产是指被审计单位的管理层或员工非法占用被审计单位的资产。其手段包括:①贪污收入款项,如侵占收回的货款、将汇入已注销账户的收款转移至个人银行账户;②盗取货币资金、实物资产或无形资产,如盗取存货自用或售卖,向公司竞争者泄露技术秘密以获取回报;③使被审计单位对虚构的商品采购交易或劳务提供付款,如向虚构的供应商支付款项、收受供应商提供的回扣并提高采购价格、虚构员工名单并支取工资;④将被审计单位资产挪为私用,如将公司资产作为个人贷款或关联方贷款的抵押。实务中,侵占资产通常伴随着虚假或误导性的文件记录,其目的是隐瞒资产缺失或未经适当授权使用资产的事实。

防止或发现舞弊是被审计单位治理层和管理层的责任。在防止或发现舞弊的责任方中,治理层发挥的是一种监督职责,即监督管理层建立和维护内部控制。在行使治理职能时,治理层有责任考虑管理层凌驾于控制之上或对财务报告过程产生不当影响的可能性。管理层有责任在治理层的监督下建立良好的控制环境,维护有关政策和程序,以保证有序和有效地开展业务活动。注册会计师针对舞弊的目标表现在:识别和评估由于舞弊导致的财务报表重大错报风险;通过设计和实施恰当的应对措施,针对评估的由于舞弊导致的重大错报风险,获取充分、适当的审计证据;恰当应对审计过程中识别出的舞弊或舞弊嫌疑。注册会计师的责任主要体现在按照准则的规定执行审计工作,对财务报表是否不存在由于舞弊或错误导致的重大错报提供合理保证。注册会计师在审计舞弊过程中要保持职业怀疑,对获取的信息和审计证据是否表明可能存在由于舞弊导致的重大错报风险始终保持警惕,包括考虑拟用作审计证据的信息的可靠性,并考虑与信息的生成和维护相关的控制等。如果识别出舞弊或获取的信息表明可能存在舞弊,注册会计师应当及时与适当层级的管理层沟通此类事项,以便管理层告知对防止和发现舞弊事项负有主要责任的人员。

当已获取的证据表明存在或可能存在舞弊时,除非法律禁止,注册会计师应当及时提请适当层级管理层关注这一事项,适当层级的管理层至少要比涉嫌舞弊的人员高出一个级别。

如果确定或怀疑舞弊涉及管理层、在内部控制中承担重要职责的员工以及其舞弊行为可能导致财务报表出现重大错报的其他人员,注册会计师应该及时就此类事项与治理层沟通。如果识别出舞弊或怀疑存在舞弊,注册会计师应当确定是否有责任向被审计单位以外的机构报告。

3. 违反法规行为

违反法规行为是指被审计单位、治理层、管理层,或者为被审计单位工作或受其指使的其他人,有意或无意违背除适用的财务报告编制基础以外的现行法律法规的行为。违反法律法规不包括与被审计单位经营活动无关的个人不当行为。也就是说,违反法规行为是指被审计单位有意或无意地违反会计准则和相关会计制度之外的法律法规行为。如违反了环境保护法、税法等。对财务报表审计而言,适用的会计准则和相关会计制度是注册会计师评价财务报表的合法性和公允性时直接使用的判断依据。不同的法律法规对财务报表的影响差异很大。被审计单位需要遵守的所有法律法规,构成注册会计师在财务报表审计中需要考虑的法律法规框架。某些法律法规的规定对财务报表有直接影响,决定财务报表中的金额和披露。而有些法律法规需要管理层遵守,或规定了允许被审计单位开展经营活动的条件,但不会对财务报表产生直接影响。某些被审计单位属于高度管制的行业,如银行或化工企业等。而有些被审计单位仅受到通常与经营活动相关的法律法规的制约,如安全生产和公平就业等。违反法律法规可能涉及故意隐瞒的行为,如串通、伪造、故意漏记交易、管理层凌驾于控制之上或故意向注册会计师提供虚假陈述。违反法律法规可能导致被审计单位面临罚款、诉讼或其他对财务报表产生重大影响的后果。违反法规行为具体涉及三个方面:①被审计单位从事的违反法规行为;②以被审计单位名义从事的违反法规行为,如控股股东以被审计单位名义从事的违反法规行为;③管理层或员工以被审计单位名义从事的违反法规行为,但不包括管理层和员工个人从事的、与被审计单位经营活动无关的不当行为。注册会计师没有责任防止被审计单位违反法律法规行为,也不能被期望发现所有的违反法律法规行为。注册会计师的审计目标是,针对通常对决定财务报表中的重大金额和披露有直接影响的法律法规的规定,获取被审计单位遵守这些规定的充分、适当的审计证据;针对其他法律法规,实施特定的审计程序,以有助于识别可能对财务报表产生重大影响的违反这些法律法规的行为;恰当应对在审计过程中识别出的或怀疑存在的违反法律法规行为。

表 6-2 错误与舞弊、违反法规行为的区别

不同点	错 误	舞 弊	违 法
原因不同	无意	故意	同舞弊
手段不同	未实施掩盖手段	实施掩盖手段	同舞弊
形式不同	原理性、技术性的差错明显	隐藏难以查证	同舞弊
目的不同	不以实现结果为目的	以实现结果为目的	同舞弊
结果不同	可能影响他人、自己的收益	肯定影响他人、自己的收益	同舞弊
性质不同	过失	不法行为	同舞弊

(二) 经营风险

经营风险,是指可能对被审计单位实现目标和实施战略的能力产生不利影响的重要状

6

况、事项、情况、作为(或不作为)而导致的风险,或由于制定不恰当的目标和战略而导致的风险。经营风险的极端表现是经营失败,即企业由于无法按时还款或者资不抵债而破产。

还有一个词叫审计失败,是指注册会计师由于没有遵守执业准则而形成或出具了错误的审计意见。企业出现经营风险,可能存在审计失败,也可能不存在,它们没有因果关系,主要看注册会计师是否遵守了审计相关准则。如果注册会计师遵守了审计相关准则,仍然可能发表错误审计意见,这种情况称为审计风险。但经营失败与审计失败之间并不存在因果关系。

 **【案例】　中证中小投资者服务中心显身手**

2014 年,中国证监会建立投资者保护公益组织——中证中小投资者服务中心(后文简称投服中心)。投服中心通过持有上市公司一手的股票,立足股东身份和坚持市场角度对中小投资者进行保护,其目的在于弥补行政监管、交易所一线监管及行业自律监管等外部监管手段的不足,从内部督促公司规范运作,是对现行监管体系的有益补充。

根据中国证监会行政处罚决定书(〔2020〕24 号),2016—2018 年,康美药业股份有限公司(后文简称康美药业)实施财务造假,通过伪造和变造增值税发票、银行回款凭证、定期存单等,累计虚增货币资金 887 亿元,虚增收入 275 亿元,虚增利润 39 亿元。康美药业虚假陈述案涉案金额巨大,社会影响恶劣,严重损害了投资者合法权益,严重破坏资本市场健康生态。2020 年末,广州市中级人民法院受理 11 名自然人请求发起康美药业虚假陈述民事赔偿普通代表人诉讼。2021 年 3 月 26 日,投服中心公开征集康美药业案投资者授权委托。2021 年 4 月 16 日,投服中心成功将康美药业案由普通代表人诉讼转换为特别代表人诉讼,至此,康美药业案成为中国首例特别代表人诉讼案,也是中国首例特色证券集体诉讼案。2021 年 11 月 12 日,广州中院作出一审判决,投服中心代表的 5 万余名投资者共获赔约 27.39 亿元,康美药业直接责任人、会计师事务所和注册会计师承担全部连带赔偿责任。

另外一个典型案例是关于泽达易盛(天津)科技股份有限公司(后文简称泽达易盛),2016—2021 年,泽达易盛存在签订虚假合同、开展虚假业务等方式虚增营业收入和营业利润,编造重大虚假内容等违法违规行为。2020—2021 年,泽达易盛累计虚增营业收入 2.23 亿元,虚增营业利润 1.09 亿元,并存在隐瞒关联交易、虚增在建工程等行为。2023 年 4 月 28 日,12 名投资者向上海金融法院起诉泽达易盛公司及其责任人和天健会计师事务所等中介机构及其责任人存在证券虚假陈述行为被受理立案,诉讼代表人请求代表本案其他受损投资者并提起普通代表人诉讼。2023 年 7 月 19 日,上海金融法院决定适用普通代表人诉讼程序审理泽达易盛案。同日,投服中心公开征集投资者授权委托,申请参加泽达易盛案并转换为特别代表人诉讼。2023 年 12 月 26 日,投资者诉科创板上市公司泽达易盛及其责任人和中介机构及其责任人证券虚假陈述案以调解方式审结。投服中心代表的 7195 名投资者获 2.8 亿余元赔偿。2024 年 1 月,上海金融法院通过证券登记结算机构向泽达易盛特别代表人诉讼案投资者发放赔偿款共计 2.8 亿余元。泽达易盛案是中国首例科创板上市公司特别代表人诉讼案,是中国第一单欺诈发行投资者集体诉讼案,也是中国证券集体诉讼和解第一案。

第三节　规避审计法律诉讼的措施

　　注册会计师对社会公众提供专业服务，其职业性质决定了其是一个容易遭受法律诉讼的职业。特别是近些年，随着注册会计师法律责任的扩展和被控诉案件的急剧增加，整个注册会计师职业界都在积极研究如何避免法律诉讼的问题。

　　注册会计师要有效应对法律诉讼，关键是采取切实可行的措施，减少过失行为，防止欺诈行为的发生。规避审计法律诉讼的措施包括缩小期望差距、谨慎受托、严格标准执业、诉讼准备等。

一、缩小期望差距

　　审计委托者、利益相关方以及社会大众等总是期望注册会计师能够查出被审计单位财务报表中所包含的所有错报，而由于审计时间、成本等固有限制的存在，注册会计师只能期望对被审计单位财务报表是否包含重大错报提供合理保证。因而双方对审计效果的期望之间存在差距，这种差距就是审计期望差距。审计期望差距是构成注册会计师法律责任的根本原因。注册会计师可以从报表使用者和自身两个方面缩小这种期望差距。首先，注册会计师需要让广大报表使用者明确注册会计师的责任，使得他们不要对注册会计师抱有不切实际的期望。由于企业经营管理过程的复杂性以及受到众多的客户、时间和成本的约束，注册会计师难以在结果上向信息需求者提供会计信息准确无误的保证，而只能期望做到过程上的公正和谨慎的保证。

　　其次，从注册会计师自身的角度，在增加满足能力的同时，应更为详细地说明已经完成的审计工作，关注重大错报的财务报表。主要包括：①健全业务准则，以使注册会计师能更好地了解揭示可能存在重大错报的财务报表的审计责任；②改进注册会计师的标准审计报告，使其能更好地表达注册会计师完成的审计工作；③保护注册会计师，如要求管理当局提供声明书，增加同业复核等。

二、谨慎受托

　　谨慎受托是指注册会计师在接受委托时，应该对被审计单位的风险进行评估，选择适合的被审计单位，并与被审计单位签订审计业务约定书，规范双方的责任与义务。

（一）审慎选择客户

　　注册会计师意欲避免卷入法律诉讼，必须对被审计单位进行必要的了解，审慎选择客户。特别应当注意陷入财务和法律困境的委托单位、频繁变更委托的单位以及管理当局品质不正的单位。资金周转不灵、面临破产公司的股东和债权人总是想为他们的损失寻找替罪羊。偏好舞弊的被审计单位管理当局总是设计好圈套让注册会计师往里钻。

（二）加强对被审计单位的了解

　　会计是经济活动的载体，财务报表审计并不是仅对会计资料进行审计，还要对被审计单位会计资料反映的经济业务活动进行审计。因此，注册会计师在接受业务委托之前，应充分了解被审计单位的情况以及所在行业经济业务活动的特征。在实际工作中，许多的诉讼就

6

是因为注册会计师不了解被审计单位所在行业的情况以及被审计单位的业务,而导致重要错报未能发现。因此,在接受业务委托之前,应充分关注被审计单位及其所在行业的经济环境,关注风险的高低。

（三）强化业务约定书

业务约定书是明确注册会计师与委托单位责任的重要法律文书,具有经济合同的性质。注册会计师在接受任何业务的委托之前,都应按要求与委托人签订业务约定书,明确规定双方的权利和义务。业务约定书规定得越具体和明确,越有利于在发生法律诉讼时,减少纠纷,保护注册会计师和会计师事务所。

三、严格标准执业

严格标准执业是指注册会计师在执行业务过程中要严格遵守相关的规范和准则。注册会计师只有遵守专业规范,在执业时保持应有的职业谨慎,才可能减少或者避免过错的发生,规避法律诉讼。注册会计师应当严格遵守业务准则、道德准则的各项规定,理解和掌握专业技术标准和行为道德标准的要求,会计师事务所应严格制定和执行质量控制政策和程序,建立健全质量控制制度,并将制度落实到每一个人、每一个部门、每一项业务,使注册会计师严格按照专业标准执业,保证整个会计师事务所的工作质量。

一起失败的审计和验资案例——一位注册会计师的手记

四、诉讼准备

诉讼准备是指事务所应提取风险基金和购买责任保险,并聘请熟悉注册会计师法律责任的律师。由于财务报表使用者对注册会计师职业的错误理解以及经济补偿利益的驱动,注册会计师及会计师事务所难免不涉及法律诉讼。因此,应做好以下工作:

（一）提取风险基金和购买责任保险

建立职业风险基金和购买职业保险是对会计师事务所极为必要的保护措施,它尽管不能直接免除可能受到的法律诉讼,但能够防止或减少诉讼失败时会计师事务所所发生的灾难性损失。我国《注册会计师法》也对职业风险基金、职业保险等作出了要求。

（二）聘请熟悉注册会计师法律责任的律师

会计师事务所应尽可能聘请熟悉有关法律和注册会计师法律责任的律师。在执业过程中,如遇重大法律问题,应同本所或者外聘律师详细讨论所有潜在的风险情况,并仔细考虑律师的建议。一旦发生法律诉讼,也应聘请经验丰富的律师参与法律诉讼。

 重 点 回 顾

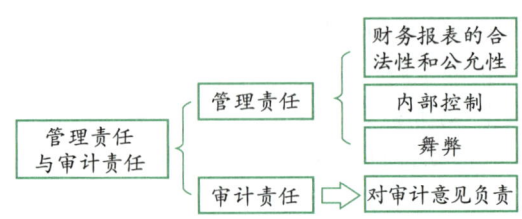

```
                          ┌─────────┐
                   ┌──────│  过失    │
           ┌───────┤      ├─────────┤
           │直接原因│      │  欺诈    │
           │        └──────├─────────┤
形成审计师法 │               │  违约    │
律责任的原因─┤               └─────────┘
           │        ┌─────────┐
           │        │  错误    │
           │        ├─────────┤
           │间接原因 │  舞弊    │
           └────────├─────────┤
                    │违反法规行为│
                    ├─────────┤  无因果    ┌─────────┐
                    │  经营失败 │◄────────►│ 审计失败  │
                    └─────────┘          └─────────┘

           ┌─────────────┐
           │  缩小期望差距  │
           ├─────────────┤
规避审计法律 │  谨慎受托     │
诉讼的措施 ──┤─────────────┤
           │  严格标准执业  │
           ├─────────────┤
           │  诉讼准备     │
           └─────────────┘
```

专业词汇中英文对照

法律责任　legal liabilities
管理责任　management responsibilities
审计责任　auditor's responsibilities
普通过失　ordinary negligence
重大过失　gross negligence
欺诈(舞弊)　fraud
违约　breach of contract

错误　error
过失　negligence
虚假财务报告　fraudulent financial statement
侵占资产　misappropriation of assets
经营风险　business risk
审计失败　audit failure

练 习 题

一、单选题

1. 下列做法中,属于被审计单位的错误而非舞弊的是(　　　)。

A. 由于疏忽和误解有关事实而做出不恰当的会计估计

B. 更改账簿记录,操纵利润

C. 截留收入

D. 更改原始凭证,使之与记账凭证一致

6

2. 以下可以用作区分一般过失与重大过失的因素是(　　　)。

A. 重要性　　　　　B. 审计风险　　　　　C. 检查风险　　　　　D. 是否是故意的

3. 注册会计师在对被审计单位的存货审计时提出监盘,但被审计单位表示年终前已作出盘点,并向注册会计师提供了盘点的全部记录。注册会计师审查了盘点记录后便认可了存货的真实性。然而,后来存货被证实存在大量虚构情况,那么注册会计师将被视为(　　　)。

A. 违约　　　　　B. 普通过失　　　　　C. 重大过失　　　　　D. 欺诈

4. 如果被审计单位内部控制健全有效,注册会计师依赖了内部控制,将重大错报风险评价为低水平,从而实施了相对较为简略的实质性程序,但由于被审计单位串通舞弊最终导致有一项影响财务报表的重大舞弊行为没有查出,于是注册会计师通常被认为负有(　　　)的责任。

A. 普通过失　　　　　B. 重大过失　　　　　C. 推定欺诈　　　　　D. 欺诈

5. 审计人员对被审计单位的应收账款进行了大量的函证,仅发现一封回函与被审单位记录不同:该企业表示,其仅向被审计单位发出过订货单,但随即就收回了订货要求。对此封回函,注册会计师因为接一个电话而没有看完,接完电话后误以为这是一封已看完的回函,便认可了该笔应收账款的存在性。但后来查清,该笔金额重大的应收账款是被审计单位虚构的。审计人员的这种做法属于(　　　)。

A. 普通过失　　　　　B. 重大过失　　　　　C. 推定欺诈　　　　　D. 欺诈

二、多选题

1. 审计人员法律责任包括(　　　)。

A. 行政责任　　　　　B. 民事责任　　　　　C. 刑事责任　　　　　D. 损失责任

2. 引起审计人员法律责任的直接原因包括(　　　)。

A. 过失　　　　　B. 欺诈　　　　　C. 违约　　　　　D. 经营失败

3. 注册会计师对客户的责任包括(　　　)。

A. 按时、按质完成约定业务

B. 帮助被审计单位建立、健全各项内部控制

C. 保守商业秘密

D. 不得采用或有收费的方式收取审计费用

4. 会计上的舞弊包括(　　　)。

A. 蓄意使用不当的会计政策　　　　　B. 记录虚假的交易或事项

C. 伪造、变造记录或凭证　　　　　D. 隐瞒或删除交易或事项

5. 注册会计师 L 审计 H 公司 2023 年度财务报表,并出具了无保留意见的审计报告,之后 H 公司发现小额银行存款被贪污,因而控告 L 工作有过失。对此,L 提出了下列申诉,有效的申诉包括(　　　)。

A. 按照审计准则进行财务报表审计,并不能保证发现所有的舞弊,L 并无过失

B. L 所提供的服务是财务报表审计,不是对错误与舞弊的专门审计

C. L 未能发现舞弊是因为审计工作底稿是其助理人员编制的,L 并无过失

D. 防止发生和及时发现错误与舞弊是 H 公司管理层的责任

三、判断题

1. 财务报表审计不能减轻被审计单位的管理责任。　　　　　　　　　（　　）

2. 注册会计师只对被审计单位的财务报表是否存在重大错漏报提供合理保证,而不是绝对保证。　　　　　　　　　　　　　　　　　　　　　　　　　　（　　）

3. 舞弊是指被审计单位使用欺骗的手段获取不当或非法利益的非故意行为。（　　）

4. 经营失败会导致审计失败。　　　　　　　　　　　　　　　　　　　（　　）

5. 舞弊导致的重大错报未被发现的风险,小于错误导致的重大错报未被发现的风险。
　　　　　　　　　　　　　　　　　　　　　　　　　　　　　　　　（　　）

四、简答题

1. 引起注册会计师法律责任的直接原因有哪些?

2. 引起注册会计师法律责任的间接原因有哪些?

3. 管理层的责任与注册会计师的责任各是什么?

五、案例分析题

1. ABC 会计师事务所承办了 T 公司 2023 年度会计报表审计业务。2024 年 8 月,T公司的股东 U 公司以 T 公司 2023 年度会计报表审计工作存在重大过失、导致其发生重大投资损失为由,向法院提起诉讼,要求 ABC 会计师事务所承担民事赔偿责任。

要求:ABC 会计师事务所拟运用审计重要性和内部控制应诉,其聘任的律师在准备应诉材料时提出以下的问题,请代为回答:

(1) 内部控制与审计有何关系?

(2) 内部控制概念在区别普通过失和重大过失中有何重要作用?

(3) 重要性概念在区分普通过失和重大过失中有何重要作用?

2. ABC 会计师事务所于 2024 年 3 月对 W 股份有限公司 2023 年的报表审计后,发表了无保留意见的审计报告。2024 年 4 月 1 日 W 股份有限公司公布了已审报表及审计报告,其后不久,媒体披露 W 股份有限公司在 2023 年度虚构主营业务收入 5 000 万元之多。经有关部门审查,W 股份有限公司采用编制假合同、假发票及假发运文件等手段,将虚构的主营业务收入全部计入应收账款,而注册会计师在执行审计时,未实施函证,也未说明理由,只抽取了少部分应收账款审查了合同、发票及发运文件等凭证,确认了应收账款。

要求:分析注册会计师对上述问题是否应承担法律责任,并说明理由。

第三部分

审 计 流 程

　　本部分包括第七章到第九章内容,主要介绍审计的流程,包括审计计划、审计实施和审计报告阶段需要做哪些事情,便于对审计流程加以了解。

第七章

审计计划阶段

学习目标

1. 了解审计业务约定书的作用和内容
2. 理解会计师事务所受托需要考虑的因素
3. 理解重要性水平的初步确定
4. 了解审计计划的类别

第一节　承接业务

审计计划阶段的主要工作是确定是否受托。如果受托,则签订业务约定书,然后初步评估被审计单位的风险,初步评价重要性水平,然后规划审计计划。之所以称初步评估被审计单位风险和初步评估重要性水平,是由于风险评估和重要性随着审计的深入是会发生变化的,在审计实施阶段和报告阶段也会评估风险和修订重要性。在审计计划阶段,注册会计师最先开始的工作是接受业务委托。

一、考虑因素

接受业务约定,与被审计单位签订业务约定书,会计师事务所在决定是否接受业务的时候,应该从以下三个方面进行考虑:①被审计单位;②会计师事务所自身;③双方对即将执行的业务是否达成共识。首先,会计师事务所需要考虑被审计单位的诚信或其他可能影响事务所承接业务的问题,如被审计单位为什么会请会计师事务所进行审计,为什么会更换会计师事务所。此外,会计师事务所还需要评估被审计单位的重大错报风险程度,特别关注是否存在管理层凌驾于制度之上的风险,如果存在这种风险,会计师事务所也应当谨慎考虑是否承接业务。当管理层凌驾于内控之上,意味着管理层可以随意调整报表,并采用隐蔽手段隐瞒舞弊行为,将注册会计师置入巨大风险之中。

会计师事务所可以通过和被审计单位管理层、治理层、银行、供应商以及前任注册会计师等沟通以评估被审计单位是否存在影响业务承接的问题。其中,与被审计单位前任注册会计师的沟通是获取此类信息的最重要渠道。《中国注册会计师审计准则第1153号——前

任注册会计师和后任注册会计师的沟通》中提到在接受委托之前,前后任注册会计师主要交流的内容如下:

（1）是否发现被审计单位管理层存在正直和诚信方面的问题。例如,向前任注册会计师了解被审计单位的商业信誉如何,是否发现管理层存在缺乏诚信的行为,被审计单位是否过分考虑将会计师事务所的审计收费维持在尽可能低的水平,审计范围是否受到不适当限制等。

（2）前任注册会计师与管理层在重大会计、审计等问题上存在的意见分歧。例如,在会计政策和会计估计的运用、财务报表的披露方面存在重大的意见分歧,管理层不接受注册会计师的调整建议等。

（3）前任注册会计师向被审计单位治理层通报的关于管理层舞弊、违反法律法规行为以及值得关注的内部控制缺陷。例如,向前任注册会计师询问其是否从被审计单位监事会或审计委员会了解到管理层的任何舞弊事实、舞弊嫌疑,或针对管理层的舞弊指控,以及违反法律法规行为,特别是被审计单位是否存在涉嫌洗钱或其他刑事犯罪的行为或迹象等。了解这些信息有助于对管理层的诚信状况作出判断。

（4）前任注册会计师认为导致被审计单位变更会计师事务所的原因。如果变更会计师事务所可能是由于前任注册会计师在会计、审计等问题上与被审计单位管理层存在意见分歧,管理层对前任注册会计师的审计意见不满意,经多次沟通仍难以达成一致意见,则后任注册会计师需要慎重考虑是否接受委托。

另外,会计师事务所还需要从自身的角度考虑,自身是否有能力去承接这个业务,以及承接这个业务是否会导致自身违反职业道德准则。如 A 注册会计师接到好朋友 B 的电话,说自己开办的 XYZ 公司,2023 年度的会计报表拟委托 A 注册会计师所在的会计师事务所审计。B 希望 A 能够承接该业务。XYZ 公司属于私营公司,主营计算机软件开发,兼营计算机硬件、配件等,自开业 5 年来业务发展很好,但从没有接受过注册会计师审计。A 注册会计师所在的事务所业务专长是对工业企业,尤其是国有工业企业进行会计报表审计。根据前面的所讲内容,A 所在的会计师事务所在决策前应该从两个方面来分析,首先分析被审计单位 XYZ 公司,该公司的风险大,一方面是从事计算机软件行业,更新换代快,竞争大,另一方面公司从成立以来一直没有经过审计;其次,分析会计师事务所自身,A 所在会计师事务所的专长是工业企业的审计,其对于计算机软件行业没有相关的专业胜任能力,加上由于 A 注册会计师与被审计单位的老板 B 是多年好友,可能会影响审计独立性,会造成对审计职业道德的威胁。因此,基于上述分析,A 所在会计师事务所不能承接该项业务。最后,会计师事务所和被审计单位应就业务执行各种条款达成一致,避免双方对业务的理解产生分歧。

二、审计业务约定书

在事务所承接了被审计单位的业务后,将与被审计单位签订审计业务约定书。

（一）审计业务约定书的作用

审计业务约定书,是指注册会计师与被审计单位签订的,用以记录和确认审计业务的委托与受托关系、审计工作的目标和范围、双方的责任以及出具审计报告的格式等事项的书面协议。通俗地说,审计业务约定书就是合同,其目的是明确审计方与被审计方的责任与义

务,保护双方的利益。审计业务约定书的含义可以从以下几方面来理解:

(1)签约主体通常是会计师事务所和被审计单位;

(2)约定内容主要涉及审计业务的委托与受托关系、审计目标和范围、双方责任以及报告的格式;

(3)文件性质属于书面协议,具有委托合同的性质,一经有关签约主体签字或盖章,在各签约主体之间即具有法律约束力。

审计业务约定书的主要作用有:①增进双方的了解,减少误会;②鉴定审计业务的完成情况和检查审计义务的履行情况;③鉴定双方的责任范围。

(二) 审计业务约定书的内容

审计业务约定书的内容和格式,因审计业务和被审计单位的不同而有所差异。审计业务约定书内容分为两个层次:一是注册会计师应当在审计业务约定书中列明的内容;二是根据情况需要,注册会计师应当考虑在审计业务约定书中列明的其他内容。

根据《中国注册会计师审计准则第 1111 号——就审计业务约定条款达成一致意见》的要求,应当在审计业务约定书中列明的内容有:

(1)财务报表审计的目标与范围。

(2)注册会计师的责任。

(3)被审计单位管理层的责任。

(4)用于编制财务报表所适用的财务报告编制基础。

(5)提及注册会计师拟出具的审计报告的预期形式和内容,以及对在特定情况下出具的审计报告可能不同于预期形式和内容的说明。

如果情况需要,审计业务约定书也可列明下列内容:

(1)在某些方面对利用其他注册会计师和专家工作的安排。

(2)对审计涉及的内部审计人员和被审计单位其他员工工作的安排。

(3)在首次审计的情况下,与前任注册会计师(如存在)沟通的安排。

(4)提及或描述在法律法规或相关职业道德要求下注册会计师向被审计单位之外的适当机构报告识别出的或怀疑存在的违反法律法规行为的责任。

(5)说明对注册会计师责任可能存在的限制。

(6)注册会计师与被审计单位之间需要达成进一步协议的事项。

(7)向其他机构或人员提供审计工作底稿的义务。

(8)关于注册会计师按照《中国注册会计师审计准则第 1504 号——在审计报告中沟通关键审计事项》的规定,在审计报告中沟通关键审计事项的要求。

(9)说明由于审计和内部控制的固有限制,即使审计工作按照审计准则的规定得到恰当的计划和执行,仍不可避免地存在某些重大错报未被发现的风险。

(10)收费的计算基础和收费安排。

(11)计划和执行审计工作的安排,包括审计项目组的构成。

需要在审计业务约定书中特殊考虑的内容一般有特定需要、集团审计、连续审计、变更审计等。

审计业务约定书签订好后应归入审计档案。会计师事务所或委托人如需修改、补充审计业务约定书,应当以适当方式获得对方的认可。

中国注册会计师审计准则第 1111 号——就审计业务约定条款达成一致意见

7

【案例】　审计业务约定书

甲方：_____

乙方：_____

兹由甲方委托乙方进行_____审计,经双方协商,达成如下约定:

一、业务范围与审计目标

1. 乙方接受甲方委托,对甲方按照企业会计准则及《企业会计制度》(以下通称"企业会计准则")编制的_____年____月____日的资产负债表,____年度的利润表和现金流量表以及财务报表附注(以下统称财务报表)进行审计。

2. 乙方通过执行审计工作,对财务报表的下列方面发表审计意见:(1)财务报表是否按照企业会计准则的规定编制;(2)财务报表是否在所有重大方面公允反映甲方的财务状况、经营成果和现金流量。

3. 乙方对甲方的_____年度经营情况进行审计。

二、甲方的责任与义务

(一)甲方的责任

1. 根据《中华人民共和国会计法》及《企业财务会计报告条例》,甲方及甲方负责人有责任保证会计资料的真实性和完整性。因此,甲方管理层有责任妥善保存和提供会计记录(包括但不限于会计凭证、会计账簿及其他会计资料),这些记录必须真实、完整地反映甲方的财务状况、经营成果和现金流量。

2. 按照企业会计准则的规定编制财务报表是甲方管理层的责任,这种责任包括:(1)设计、实施和维护与财务报表编制相关的内部控制,以使财务报表不存在由于舞弊或错误而导致的重大错报;(2)选择和运用恰当的会计政策;(3)作出合理的会计估计。

(二)甲方的义务

1. 及时为乙方提供其所要求的全部会计资料和其他有关资料(在____年____月____日之前提供审计所需的全部资料),并保证所提供资料的真实性和完整性。

2. 确保乙方不受限制地接触任何与审计有关的记录、文件和所需的其他信息。

3. 甲方管理层对其作出的与审计有关的声明予以书面确认。

4. 为乙方派出的有关工作人员提供必要的工作条件和协助,主要事项将由乙方于外勤工作开始前提供清单。

5. 按本约定书的约定及时、足额支付审计费用以及乙方人员在审计期间的交通、食宿、询证等其他相关费用。

三、乙方的责任和义务

(一)乙方的责任

1. 乙方的责任是在实施审计工作的基础上对甲方发表审计意见。乙方按照中国注册会计师审计准则(以下简称审计准则)的规定进行审计。审计准则要求注册会计师遵守职业道德规范,计划和实施审计工作,对财务报表是否不存在重大错报获取合理保证。

2. 审计工作涉及实施审计程序,获取有关财务金额和披露的审计证据。选择的审计程序取决于乙方的判断,包括对由于舞弊或错误导致的财务重大错报风险的评估。在进行风险评估时,乙方考虑与财务报表编制相关的内部控制,以设计恰当的审计程序,但目的并非对内部控制的有效性发表意见。审计工作还包括评价管理层选用会计政策的恰当性和作出会计估计的合理性,以及评价财务报表的总体列报。

3. 乙方需要合理计划和实施审计工作,以使乙方能够获取充分、适当的审计证据,为甲方财务报表是否不存在重大错报获取合理保证。

4. 乙方有责任在审计报告中指明,所发现的甲方在某重大方面没有遵循企业会计准则编制财务报表且未按乙方的建议进行调整的事项。

5. 由于测试的性质和审计的其他固有限制,以及内部控制的固有局限性,不可避免地存在着某些重大错报在审计后可能仍然未被乙方发现的风险。

6. 在审计过程中,乙方若发现甲方内部控制存在乙方认为的重要缺陷,应向甲方提交管理建议书。但乙方在管理建议书中提出的各种事项,并不代表已全面说明所有可能存在的缺陷或已提出所有可行的改善建议。甲方在实施乙方提出的改善建议前应全面评估其影响。未经乙方书面许可,甲方不得向任何第三方提供乙方出具的管理建议书。

7. 乙方的审计不能减轻甲方及甲方管理层的责任。

(二) 乙方的义务

1. 按照约定时间完成审计工作,出具审计报告。乙方应于____年____月____日前出具审计报告。

2. 除下列情况外,乙方应当对执行业务过程中知悉的甲方信息予以保密:(1)取得甲方的授权;(2)根据法律法规的规定,为法律诉讼准备文件或提供证据,以及向监管机构报告发现的违反法规行为;(3)接受行业协会和监管机构依法进行的质量检查;(4)监管机构对乙方进行行政处罚(包括监管机构处罚前的调查、听证)以及乙方对此提起行政复议。

四、商定的沟通对象

双方商定,乙方在根据审计准则的规定与治理层沟通时,主要与甲方董事会或执行董事进行沟通。同时,乙方保留针对特定事项或在特定情形下与甲方董事会沟通的权利。

五、审计收费

1. 乙方预计本次审计服务的费用为_____。

2. 甲方应于本约定书签署之日起____日内预支付____%的审计费用,其余款项于提交审计报告时结清。

3. 由于无法预见的原因,致使乙方从事本约定书所涉及的审计服务实际时间较本约定书签订时预计的时间有明显的增加或减少时,甲、乙双方应通过协商。

4. 如果由于无法预见的原因,致使本约定书所涉及的审计服务不再进行,如上述情况发生于乙方人员完成现场审计工作,并离开甲方的工作现场之后,甲方应向乙方支付人民币壹万元的补偿费,该补偿费应于甲方收到乙方的收款通知之日起五日内支付。

5. 与本次审计有关的其他费用(包括交通费、食宿费、询证费等)由甲方承担。

7

六、审计报告的出具及使用限制

1. 乙方按《中国注册会计师审计准则第 1501 号——审计报告》和《中国注册会计师审计准则第 1502 号——非标准审计报告》规定的格式和类型出具报告。

2. 乙方向甲方致送审计报告一式＿＿＿＿份。

3. 甲方在提交或对外公布审计报告时，不得修改乙方出具的审计报告及其后附的已审计财务报表。当甲方认为有必要修改会计数据、报表附注和所作的说明时，应当事先通知乙方，乙方将考虑有关的修改对审计报告的影响，必要时，将重新出具审计报告。

七、本约定书的有效期间

本约定书自签署之日起生效，并在双方履行完毕本约定书约定的所有义务后终止。

八、约定事项的变更

如果出现不可预见的情况，影响审计工作如期完成，或需要提前出具审计报告，甲、乙双方均可要求变更约定事项，但应及时通知对方，并由双方协商解决。

九、终止条款

1. 如果根据乙方的职业道德及其他有关专业职责、适用的法律法规或其他任何法定的要求，乙方认为已不适宜继续为甲方提供本约定书约定的审计服务时，乙方可以采取向甲方提出合理通知的方式终止履行本约定书。

2. 在终止业务约定的情况下，乙方有权就其于本约定书终止之日前对约定的审计服务项目所做的工作收取合理的审计费用。

十、违约责任

甲、乙双方按照《中华人民共和国合同法》的规定承担违约责任。

十一、适用法律和争议解决

本约定书的所有方面均应适用中华人民共和国法律进行解释并受其约束。本约定书履行地为乙方出具审计报告所在地，因本约定书所引起的或与本约定书有关的任何纠纷或争议（包括关于本约定书条款的存在、效力或终止，或无效之后果），双方选择以下第＿＿＿＿种解决方式：

1. 向有管辖权的人民法院提起诉讼；

2. 提交＿＿＿＿＿＿＿＿＿仲裁委员会仲裁。

十二、双方对其他有关事项的约定

本约定书一式两份，甲、乙方各执一份，具有同等法律效力。

甲方：	乙方：
法定代表人	法定代表人
（或其授权代表）：	（或其授权代表）：
签约日期：　年　月　日	签约日期：　年　月　日

第二节　重大错报风险的评估

审计计划阶段的第二个工作是初步评估被审计单位的风险。通过对被审计单位宏观、微观环境的了解，初步评估重大错报风险、审计风险等。注册会计师应当从下列方面了解被审计单位及其环境。

一、相关行业状况、法律环境和监管环境及其他外部因素

了解行业状况有助于注册会计师识别与被审计单位所处行业有关的重大错报风险。注册会计师应当了解被审计单位的行业状况，主要包括：①所处行业的市场与竞争，包括市场需求、生产能力和价格竞争；②生产经营的季节性和周期性；③与被审计单位产品相关的生产技术；④能源供应与成本；⑤行业的关键指标和统计数据。

了解法律环境与监管环境的主要原因在于：①某些法律法规或监管要求可能对被审计单位经营活动有重大影响，如不遵守将导致停业等严重后果；②某些法律法规或监管要求规定了被审计单位某些方面的责任和义务；③某些法律法规或监管要求决定了被审计单位需要遵循的行业惯例和核算要求。

注册会计师应当了解被审计单位所处的法律环境与监管环境，主要包括：①会计原则和行业特定惯例；②受管制行业的法规框架；③对被审计单位经营活动产生重大影响的法律法规，包括直接的监管活动；④税收政策；⑤目前对被审计单位开展经营活动产生影响的政府政策；⑥影响行业和被审计单位经营活动的环保要求。

同时，注册会计师也应当了解影响被审计单位经营的其他外部因素，主要包括总体经济情况、利率、融资的可获得性、通货膨胀水平或币值变动等。

二、被审计单位的性质

（一）所有权结构

对被审计单位所有权结构的了解有助于注册会计师识别关联方关系并了解被审计单位的决策过程。注册会计师应该了解所有权结构以及所有权与其他人员或实体之间的关系，获取被审计单位提供的所有关联方信息，并考虑关联方关系是否已经得到识别，关联方交易是否得到恰当记录和充分披露。

同时，注册会计师可能需要对其控股母公司的情况做进一步了解，包括控制母公司的所有权性质、管理风格及其对被审计单位经营活动及财务报表可能产生的影响；控股母公司与被审计单位在资产、业务、人员、机构、财务等方面是否分开，是否存在占用资金等情况。

（二）治理结构

良好的治理结构可以对被审计单位的经营和财务运作实施有效的监督，从而降低财务报表发生重大错报的风险。注册会计师应当了解被审计单位的治理结构。例如董事会的构成情况、董事会内部是否有独立董事；治理结构中是否设有审计委员会或监事会及其运行情况等。

（三）组织结构

复杂的组织结构可能导致某些特定的重大错报风险。注册会计师应当了解被审计单位

7

的组织结构,考虑复杂组织结构可能导致的重大错报风险,包括财务报表合并、商誉减值以及长期股权投资核算等问题。

（四）经营活动

了解被审计单位经营活动有助于注册会计师识别预期在财务报表中反映的主要交易类别、重要账户余额和列报。注册会计师应当了解被审计单位的经营活动。主要包括:①主营业务的性质;②与生产产品或提供劳务相关的市场信息;③业务的开展情况;④联盟、合营与外包情况;⑤从事电子商务的情况;⑥地区分布与行业细分;⑦生产设备、仓库和办公室的地理位置,存货存放地点和数量;⑧关键客户;⑨货物和服务的重要供应商;⑩劳动用工安排等。

（五）投资活动

注册会计师应当了解被审计单位的投资活动,以便关注被审计单位在经营策略和方向上的重大变化。主要包括:①近期拟实施或已实施的并购活动与资产处置情况,包括业务重组或某些业务的终止;②证券投资、委托贷款的发生与处置;③资本性投资活动,包括固定资产和无形资产投资,近期或计划发生的变动以及重大的资本承诺等;④不纳入合并范围的投资。

（六）筹资活动

了解被审计单位筹资活动有助于注册会计师评估被审计单位在融资方面的压力,并进一步考虑被审计单位在可预见未来的持续经营能力。注册会计师应当了解被审计单位的筹资活动,主要包括:①债务结构和相关条款;②主要子公司和联营企业;③实际收益方及关联方;④衍生金融工具的使用等。

（七）财务报表

了解财务报表情况,有助于注册会计师判断财务报表的合法性和公允性,主要包括:①会计政策和行业特定惯例,包括特定行业的重要活动;②收入确认惯例;③公允价值会计核算;④外币资产、负债与交易;⑤异常或复杂交易的会计处理。

三、被审计单位对会计政策的选择和运用

（一）重大和异常交易的会计处理方法

了解本期执行的会计政策及发生的重大和异常交易行为。

（二）在缺乏权威性标准或共识、有争议的或新兴领域采用重要政策产生的影响

在缺乏权威性标准或共识的领域,注册会计师应当关注被审计单位选用了哪些会计政策、为什么选用这些会计政策以及选用这些会计政策产生的影响。

（三）会计政策的变更

如果被审计单位变更了重要的会计政策,注册会计师应当考虑变更的原因及其适当性。①会计政策变更是不是法律、行政法规或者适用的会计准则和相关会计制度要求的变更;②会计政策变更是否能够提供更可靠、更相关的会计信息。

四、被审计单位的目标、战略以及可能导致重大错报风险的相关经营风险

经营风险是指可能对被审计单位实现目标和实施战略的能力产生不利影响的重要状况、事项、情况、作为(或不作为)而导致的风险,或由于制定不恰当的目标和战略而导致的风险。不同的企业可能面临不同的经营风险,这取决于企业经营的性质、所处行业、外部监管环境、企业的规模和复杂程度。管理层有责任识别和应对这些风险。

注册会计师应当了解被审计单位是否存在下列方面有关的目标和战略,并考虑相应的

经营风险。①行业发展;②开发新产品或提供新服务;③业务扩张;④新的会计要求;⑤监管要求;⑥本期及未来的融资条件;⑦信息技术的运用;⑧实施战略的影响。

五、对被审计单位财务业绩的衡量和评价

被审计单位管理层经常会衡量和评价关键业绩指标(包括财务和非财务的)、预算及差异分析、分部信息和分支机构、部门或其他层次的业绩报告以及与竞争对手的业绩比较。此外,外部机构也会衡量和评价被审计单位的财务业绩,如分析师的报告和信用评级机构的报告。

在了解被审计单位财务业绩衡量和评价情况时,注册会计师应当关注下列信息:①关键业绩目标、关键比率、趋势和经营统计数据;②同期财务业绩比较分析;③预算、预测、差异分析,分部信息与分部、部门或其他不同层次的业绩报告;④员工业绩考核与激励性报酬政策;⑤被审计单位与竞争对手的业绩比较。

六、被审计单位的内部控制

内部控制是被审计单位为了合理保证财务报表的可靠性、经营的效率和效果以及对法律法规的遵守,由治理层、管理层和其他人员设计与执行的政策及程序。正如前面章节提到的,内部控制包括五大要素:

(一)控制环境

控制环境包括治理职能和管理职能,以及治理层和管理层对内部控制及其重要性的态度、认识和措施。控制环境设定了被审计单位的内部控制基调,影响员工对内部控制的认识和态度。良好的控制环境是实施有效内部控制的基础。

注册会计师为了解与财务报表编制相关的控制环境,应当实施以下风险评估程序:

(1)了解涉及下列方面的控制、流程和组织结构。①管理层如何履行其管理职责,例如,被审计单位的组织文化,管理层是否重视诚信、道德和价值观;②在治理层与管理层分离的体制下,治理层的独立性以及治理层监督内部控制体系的情况;③被审计单位内部权限和职责的分配情况;④被审计单位如何吸引、培养和留住具有胜任能力的人员;⑤被审计单位如何使其人员致力于实现内部控制体系的目标。

(2)评价下列方面的情况:①在治理层的监督下,管理层是否营造并保持了诚实守信和合乎道德的文化;②根据被审计单位的性质和复杂程度,内部环境是否为内部控制体系的其他要素奠定了适当的基础;③识别出的内部环境方面的控制缺陷是否会削弱被审计单位内部控制体系的其他要素。

(二)风险评估

被审计单位的经营活动中面临各种各样的风险,风险对其生存和竞争能力产生影响。很多风险并不为经济组织所控制,但管理层应当确定可以承受的风险水平,识别这些风险并采取一定的应对措施。

注册会计师为了解被审计单位与财务报表编制相关的风险评估工作,应当实施以下风险评估程序。

(1)了解被审计单位的下列工作:①识别与财务报告目标相关的经营风险;②评估上述风险的重要程度和发生的可能性;③应对上述风险。

(2)根据被审计单位的性质和复杂程度,评价其风险评估工作是否适合其具体情况。

7

（三）信息系统与沟通

信息系统与沟通是收集与交换被审计单位执行、管理和控制业务活动所需信息的过程，包括搜集和提供信息给适当人员，使之能够履行职责。

注册会计师为了解被审计单位与财务报表编制相关的信息与沟通，应当实施以下风险评估程序：

（1）了解被审计单位的信息处理活动（包括数据和信息），在这些活动中使用的资源，针对相关交易类别、账户余额和披露的信息处理活动的政策。具体包括：①信息在被审计单位信息系统中的传递情况，包括交易如何生成，与交易相关的信息如何进行记录、处理、更正、结转至总账、在财务报表中报告，以及其他方面的相关信息如何获取、处理、在财务报表中披露；②与信息传递相关的会计记录、财务报表特定项目以及其他支持性记录；③被审计单位的财务报告过程；④与上述第1点至第3点相关的被审计单位资源，包括信息技术环境。

（2）了解被审计单位如何沟通与财务报表编制相关的重大事项，以及信息系统和内部控制体系其他要素中的相关报告责任。具体包括：①被审计单位内部人员之间的沟通，包括就与财务报告相关的岗位职责和相关人员的角色进行的沟通；②管理层与治理层之间的沟通；③被审计单位与监管机构等外部各方的沟通。

（3）评价被审计单位的信息与沟通是否能够为被审计单位按照适用的财务报告编制基础编制财务报表提供适当的支持。

（四）控制活动

控制活动是指有助于确保管理层的指令得以执行的政策和程序，包括与授权、业绩评价、信息处理、实物控制和职责分离等相关的活动。

注册会计师为了解控制活动，应当实施以下风险评估程序：

（1）识别用于应对认定层次重大错报风险的控制，包括：①应对特别风险的控制；②与会计分录相关的控制，这些会计分录包括用以记录非经常性的、异常的交易，以及用于调整的非标准会计分录；③拟测试运行有效性的控制，包括用于应对仅实施实质性程序不能提供充分、适当审计证据的风险的控制；识别哪些信息技术应用程序及信息技术环境的其他方面，可能面临运用信息技术导致的风险。针对上述识别的信息技术应用程序及信息技术环境的其他方面，进一步识别：运用信息技术导致的相关风险；被审计单位用于应对这些风险的信息技术一般控制。

（2）询问被审计单位内部人员，并实施其他风险评估程序，以确定控制是否得到执行。

（五）监控

管理层的重要职责之一就是建立和维护控制并保证其持续有效运行，对控制的监督可以实现这一目标。对控制的监督是指被审计单位评价内部控制在一段时间内运行有效性的过程，该过程包括及时评价控制的设计和运行，以及根据情况的变化采取必要的纠正措施。

为了解被审计单位对与财务报表编制相关的内部控制体系的监督工作，应当实施以下风险评估程序：

（1）了解被审计单位实施的持续性评价和单独评价，以及识别出控制缺陷的情况和整改的情况；

（2）了解被审计单位的内部审计，包括内部审计的性质、职责和活动；

（3）了解被审计单位在监督内部控制体系的过程中所使用信息的来源，以及管理层认为这些信息足以信赖的依据；

（4）根据被审计单位的性质和复杂程度，评价被审计单位对内部控制体系的监督是否适合其具体情况。

注册会计师应当根据对被审计单位内部控制体系各要素的评价，确定是否识别出控制缺陷。

七、分析程序

注册会计师需要使用分析程序评估被审计单位风险、了解被审计单位及其环境，目的是识别和评估财务报表的重大错报风险，从而确定可接受检查风险、控制终极审计风险。

审计风险是指财务报表存在重大错报或漏报，而审计人员审计后发表不恰当审计意见的可能性。审计人员的审计风险主要受制于客户财务报表的重大错报风险和自身的检查风险，审计风险的计算公式为：

$$审计风险＝重大错报风险×检查风险$$

重大错报风险是指财务报表在审计前存在重大错报的可能性，含固有风险和控制风险。审计人员在设计审计程序以确定财务报表整体是否存在重大错报时，审计人员应当从财务报表层次和各类交易、账户余额、列报与披露认定层次考虑重大错报风险。

检查风险是指某一认定存在错报，该错报单独或连同其他错报是重大的，但审计人员没有发现这种错报的可能性。检查风险取决于审计程序设计的合理性和执行的有效性。审计人员应当合理设计审计程序的性质、时间和范围并有效执行，以控制检查风险。

注册会计师在计划阶段实施风险评估的时候，一般都会采用分析程序。分析程序是指注册会计师通过研究不同财务数据之间以及财务数据与非财务数据之间的内在关系，对财务信息作出评价。分析程序是注册会计师在了解被审计单位及其环境时运用的重要程序之一。分析程序的使用一般要经过以下步骤：①识别需要运用分析程序的账户余额或交易；②确定期望值；③确定可接受的差异额；④识别需要进一步调查的差异；⑤调查异常数据关系；⑥评估分析程序的结果。针对分析程序使用的方法，分析程序主要是通过不同时间数据的比较（也叫趋势分析），计算比率并与标准比率进行比较（也叫比率分析），以及分析事物间的合理关系有没有出现不合理等方法（也叫合理性分析）去寻找显著异常，我们通过例 7-1 说明其使用方法。

【课堂练习】

表 7-1　　　　　　　　　　　某企业利润表

项　　目	2023 年 1—6 月审定数	2023 年 7—12 月未审数	2023 年全年合计数	2022 年审定数
一、营业总收入				
其中：营业收入	120 000 000	216 000 000	336 000 000	240 000 000
二、营业总成本				

续　表

项　目	2023 年 1—6 月审定数	2023 年 7—12 月未审数	2023 年全年合计数	2022 年审定数
其中:营业成本	100 000 000	162 000 000	262 000 000	204 000 000
税金及附加	720 000	1 000 000	1 720 000	1 200 000
销售费用	820 000	800 000	1 620 000	1 600 000
管理费用	4 550 000	6 000 000	10 550 000	9 000 000
财务费用	1 450 000	1 750 000	3 200 000	2 800 000
加:其他收益	—	5 000 000	5 000 000	—
三、营业利润	12 460 000	39 450 000	51 910 000	21 400 000

表 7-1 是某企业利润表,第一栏为利润表中的事项;第二栏为 2023 年 1—6 月的审定数,审定数是指经过审计确定下来的数字;第三栏为 2023 年 7—12 月的未审数,未审数是指注册会计师需要审核的数字;第四栏为 2023 年全年的数字,第五栏为 2022 年经过审计后确定的审定数。

要求:请你用分析程序找出哪些事项存在异常。

解析:

我们通过趋势分析,发现:

(1) 营业收入的增长在 2023 年 7—12 月出现了异常,因为 2023 年报表未审数比 2022 年审定数增加了 96 000 000 元(336 000 000－240 000 000),增长率为 40%(96 000 000/240 000 000×100%),而 2023 年上半年营业收入审定数 120 000 000 元与 2022 年平均水平(240 000 000/2)持平,2023 年 7—12 月营业收入为 2022 年平均水平的 1.8 倍(216 000 000/120 000 000),占到 2022 年全年收入的 90%(216 000 000/240 000 000),明显偏高。

(2) 其他收益可能有问题。该项目并非经常性项目,公司 2022 年度及 2023 年 1—6 月均无此项收入,但 2023 年下半年报表数却为 5 000 000 元。其次,通过比率分析法,我们发现营业成本可能不合理。一般情况下,企业应具有比较稳定的销售毛利率,公司 2022 年度销售毛利率仅为 15%〔(240 000 000－204 000 000)×100%/240 000 000〕,而 2023 年度销售毛利率则高达 22.02%〔(336 000 000－262 000 000)×100%/336 000 000〕,上半年销售毛利率与上年几乎一致,而 2023 年 7—12 月销售毛利率高达 25%〔(216 000 000－162 000 000)×100%/216 000 000〕,这个比率明显高于标准比率 15%。

通过分析事物间的合理关系,我们发现销售费用可能不合理。大家都知道营业收入增加,其销售费用也应该增加,但在这个案例中,2023 年度报表中销售费用与 2022 年度审定数基本相等,仅比上年增长 1.25%〔(1 620 000－1 600 000)×100%/1 600 000〕,而营业收入比上年增长 40%,也就是说营业收入与销售费用的关系出现了异常。

分析程序可以在审计的计划阶段、审计的实施阶段和审计的报告阶段都进行使用,在审计计划阶段主要是帮助注册会计师找出可能存在潜在重大错漏报的领域,以明确审计的范围、性质和时间；比如，根据上面那个案例，我们通过实施分析程序，明确了存在异常的事项，也就是我们需要审计的事项，主要包括营业收入、营业成本、销售费用、其他收益。分析程序在审计的实施阶段是作为实质性测试的一种方法，用于收集审计证据。分析程序在审计的报告阶段被用来对财务报表的整体合理性作出最后评价。

第三节 审 计 计 划

审计计划是指注册会计师为了完成项目审计业务，达到预期的审计目标，在具体执行审计程序之前编制的工作计划。充分细致的审计计划有助于注册会计师关注重点审计领域、及时发现和解决潜在问题、并恰当地组织和管理审计工作，以使审计工作效果更加有效。在对被审计单位的情况有了初步了解的基础上，注册会计师需要制定两个层次的审计计划——总体审计策略和具体审计计划。

一、总体审计策略

总体审计策略是对审计的预期范围和实施方式所做的规划，是注册会计师从接受审计任务到出具审计报告整个过程基本工作内容的综合计划。包括审计业务的目的、范围、审计工作的时间安排、费用预算、重点审计领域、审计小组组成及人员分工、审计重要性的确定及风险评估、对专家、内部审计人员及其他注册会计师工作的利用、需要被审计单位提供的帮助及其他有关内容。一般在进点会上，审计小组组长需要跟被审计单位就总体审计策略进行介绍和沟通。

蟹堡王审计历程——总体审计策略

《中国注册会计师审计准则第1201号——计划审计工作》中明确指出，总体审计策略用以确定审计范围、时间和方向，并指导制定具体审计计划。总体审计策略的制定应当包括：

（1）确定审计业务的特征，包括采用的会计准则和相关会计制度、特定行业的报告要求以及被审计单位组成部分的分布等，以界定审计范围。

（2）明确审计业务的报告目标，以计划审计的时间安排和所需沟通的性质，包括提交审计报告的时间要求，预期与管理层和治理层沟通的重要日期等。

（3）考虑影响审计业务的重要因素，以确定项目组工作方向，包括确定适当的重要性水平，初步识别可能存在较高的重大错报风险的领域，初步识别重要的组成部分和账户余额，评价是否需要针对内部控制的有效性获取审计证据，识别被审计单位、所处行业、财务报告要求及其他相关方面最近发生的重大变化等。

（4）考虑初步业务活动的结果，并考虑项目合伙人对被审计单位执行其他业务时获得的经验是否与审计业务相关。

（5）确定执行业务所需资源的性质，时间安排和范围。

在制定总体审计策略时，注册会计师还应考虑初步业务活动的结果，以及为被审计单位提供其他服务时所获得的经验。总体审计策略的详略程度应当随被审计单位的规模及该项审计业务的复杂程度的不同而变化。在小型被审计单位审计中，全部审计工作可能由一个很小的审计项目组执行，项目组成员间容易沟通和协调，总体审计策略可以相对简单。

7

　　总体审计策略一经制定,注册会计师应当针对总体审计策略中所识别的不同事项,制定具体审计计划,并考虑通过有效利用审计资源以实现审计目标。

【案例】　总体审计策略的范例

总体审计策略记录模式范例

客户名称　××股份有限公司　　财务报表期间　2022 年度　　　工作底稿索引号 BE

　　编制人及复核人员签字:

编制人:郭××	日期:2022 年 12 月 31 日
复核人:李×	日期:2022 年 12 月 31 日
项目质量控制复核人(如适用):齐×	日期:2022 年 12 月 31 日

目　录

1. 审计工作范围
2. 重要性
3. 报告目标、时间安排及所需沟通
4. 人员安排
5. 对专家或有关人士工作的利用(如适用)

1. 审计工作范围

报告要求	
适用的财务报告准则	《企业会计准则》
适用的审计准则	《中国注册会计师审计准则》
与财务报告相关的行业特别规定	《上市公司信息披露管理办法》
需审计的集团内组成部分的数量及所在地点	
需要阅读的含有已审计财务报表的文件中的其他信息	上市公司年报
制定审计策略需考虑的其他事项	1. Y 会计师事务所王×注册会计师在监盘××公司存货时,其范围是 A 类原材料和 B 种产成品。 2. ××会计师事务所有专门对相关能源有所了解的注册会计师参与该审计项目。 3. 内部审计工作具有较高的可信赖性。 4. 使用用友有限公司开发的有关审计软件,精通财务会计实务中有关财务会计软件。 5. ××公司计划于 2022 年 12 月 31 日进行存货盘点,会计师事务所计划同时进行存货监盘

2. 重要性

重要性	确定性
按照《中国注册会计师审计准则第 1221 号——重要性》确定	财务报表: 　净利润的 5%,或总收入的 0.5%,或总资产的 0.2%。 各类交易、账户余额、列报: 　货币资金:500 元 　存货:5 000 元 　应收账款:2 000 元 　固定资产:4 000 元 　长期股权投资:1 000 元 　应付职工薪酬:600 元 　应付股利:1 000 元 　所有者权益:1 200 元

3. 报告目标、时间安排及所需沟通

计划的报告报送及审计工作时间安排如下:

对外报告	时　　间
提交财务报告	2023 年 3 月 23 日
期中审计,包括:	
——制定总体审计策略及具体审计计划	审计约定书签署日即开始,直至审计工作结束
——与治理层和管理层沟通	在审计过程中,计划就审计工作的性质、范围与时间等情况与治理层和管理层举行 2 次专门会议,具体时间和内容待制定具体审计计划时确定
——出具与治理层等沟通函	出具时间为 2023 年 3 月 2 日
——项目组预备会议	于 2023 年 1 月 12 日召开
——与专家或有关人士的和其他注册会计师沟通	在审计过程中,根据工作需要,项目组中××会计师事务所成员随时与 Y 会计师事务所注册会计师王×和中标咨询公司工程师赵沟通有关工作和事项
——与前任注册会计师进行沟通	计划于 2023 年 1 月 15 日和 3 月 12 日
期末审计,包括:	
——监盘	2022 年 12 月 31 日
——提交审计报告	提交时间为 2023 年 3 月 20 日
——审计总结会议	2023 年 3 月 22 日召开

所需沟通	时　　间
与管理层及治理层的会议	2 次,具体计划时确定
项目组会议(包括预备会和总结会)	预备会:2023 年 1 月 12 日 总结会:2023 年 3 月 22 日
与专家或有关人士的沟通	根据工作需要,项目组中××会计师事务所成员随时与中标咨询公司工程师赵××沟通有关工作和事项。
与其他注册会计师沟通	根据工作需要,项目组中××会计师事务所成员随时与 Y 会计师事务所注册会计师王×沟通有关工作和事项。
与前任注册会计师沟通	2023 年 1 月 15 日和 3 月 12 日

7

4. 人员安排

4.1　项目组主要成员的责任

项目组主要成员的职位、姓名及其主要职责如下：（在分配职责时可以根据被审计单位的不同情况按会计科目划分，或按交易类别划分）

职　　位	姓　　名	主要责任
项目负责人	李×	负责项目的全面工作
项目经理负责	郭××	负责项目的日常管理和内部协调
注册会计师	杨××，王×	负责审计的具体实施工作
审计助理人员	孙××，赵××，杨×，岳×	协助注册会计师完成审计取证工作

4.2　与项目质量控制复核人员的沟通（如适用）

项目质量复核人员复核的范围、沟通内容及相关时间如下：

复核的范围：计划审计工作情况，审计证据的充分性与适当性，审计结论的恰当性，审计档案的建立情况等。＿＿＿＿＿＿＿＿

沟通内容	负责沟通的项目组成员	计划沟通时间
风险评估、对审计计划的讨论 对财务报表的复核 ……		

5. 对专家或有关人士工作的利用（如适用）

如项目组计划利用专家或有关人士的工作，需记录其工作的范围和涉及的主要会计科目等。另外，项目组还应按照相关审计准则的要求对专家或有关人士的能力、客观性及工作等进行考虑及评估。

5.1　对内部审计工作的利用

主要会计科目	拟利用的内部审计工作	工作底稿索引号
存　　货	内部审计部门对各仓库的存货每半年至少盘点一次。在中期审计时，项目组已经对内部审计部门盘点步骤进行观察，其结果满意，因此项目组将审阅其年底的盘点结果，并缩小存货监盘的范围	
	内部审计部门所进行的内部控制测试与评价程序合理，记录完整，结论恰当，注册会计师在进行控制测试时可以利用	
生产成本 制造费用	内部审计部门对公司财务报表进行的年度审计，其中成本与费用审计部分的审计程序与方法较为科学、合理与合规，所作的审计工作底稿较完整与健全，结论有一定的可信度，注册会计师可以利用	

5.2　对其他注册会计师工作的利用

其他注册会计师名称	利用其工作范围及程度	工作底稿索引号
××会计师事务所王××注册会计师	监盘××公司新能源时，综合测试与评价的基础上利用他对××公司存放于专有仓库和车间的 GQI 新型能源材料监盘	

5.3　对专家工作的利用

主要会计科目	专家名称	主要职责及工作范围	利用专家工作的原因	工作底稿索引号
在建工程	中标咨询公司技术专家赵××工程师	测定在建工程的发生额	由于所涉及工程进度标准的技术限制，需由专门技术人员测定其发生额	

5.4　对被审计单位使用服务机构的考虑

主要会计科目	服务机构名称	服务机构提供的相关服务及其注册会计师出具的审计报告意见及日期	工作底稿索引号
应付职工薪酬	××投资公司	注册会计师使用的××投资公司注册会计师的报告为内部控制设计、执行和运行有效性的报告。报告的意见是：对内部控制的描述准确；为实现既定目标，内部控制的设计合理，内部控制已得到执行；根据控制测试结果，内部控制的运行有效。报告日期为 2023 年 1 月 10 日	

二、具体审计计划

具体审计计划是依据总体审计策略编制，包括风险评估程序、计划实施的进一步审计程序和其他审计程序，其涉及具体针对每个事项，如何进行审计取证。具体审计计划是不能告知被审计单位的，如果告知被审计单位，他们就会提前采取应对措施，到时候审计就可能不能发现重大错漏报。

具体审计计划比总体审计策略更加详细，其内容包括为获取充分、适当的审计证据以将审计风险降至可接受的低水平，项目组成员拟实施的审计程序的性质、时间和范围。

（1）为了足够识别和评估财务报表重大错报风险，注册会计师计划实施的风险评估程序的性质、时间和范围；

（2）针对评估的认定层次的重大错报风险，注册会计师计划实施的进一步审计程序的性质、时间和范围；

（3）注册会计师针对审计业务需要实施的其他审计程序。

计划审计工作并非审计业务的一个孤立阶段，而是一个持续的、不断修正的过程，贯穿于整个审计业务的始终。由于未预期事项、条件的变化或在实施审计程序中获取的审计证据等原因，注册会计师应当在审计过程中对总体审计策略和具体审计计划做出必要的更新和修改。因此，审计计划不是一开始制订了，就永远不变了。其实审计计划是最后出具审计报告、整理工作底稿的时候才定稿，因为审计计划是审计人员凭最初对被审计单位的了解而

7

制定的,随着审计的深入,以及对被审计单位了解的加深,审计人员会对审计策略进行修改,因此需要修改原来的审计计划。

 【案例 7-3】　具体审计计划范例

客　　户	西部电厂				索引号	S02-1
项　　目	应收账款	编制 签名 A	日期 23.1.14		页　次	1
会计期间	2022	复核 X	23.1.14			

审计目标和审计程序	适用 与否	工作底稿 索　引
一、审计目标		
1. 确定应收账款是否存在	✓	
2. 确定应收账款是否归被审计单位所有	✓	
3. 确定应收账款增减变动的记录是否完整	✓	
4. 确定应收账款是否可收回,坏账准备的计提是否恰当	✓	
5. 确定应收账款期末余额是否正确	✓	
6. 确定应收账款的披露是否恰当	✓	
二、审计程序		
1. 取得或编制资产负债表日应收账款明细表	✓	S02-2
1.1　复核加计正确、与报表数、总账数和明细账合计数核对相符	✓	
1.2　检查应收账款账龄分析是否正确	✓	无外币
1.3　检查外币折算汇率是否正确	×	无贷方余额
1.4　分析有贷方余额的项目,查明原因,必要时,作重分类调整	×	
1.5　结合其他应收款及预收账款明细余额,查明有否双方同时挂账的项目,或有无不属于应收销货款的其他应收款,如有,应做出记录,必要时,作重分类调整	✓	
1.6　标明应收关联方(包括持股 5% 以上股东)的款项,并注明合并报表时应予抵销的数字。 ＊全部为应收市供电局电费	×	
2. 分析应收账款账龄及余额构成,根据审计策略选定下列项目进行函证,并编制"应收账款函询结果汇总表",函询测试样本选择要求	×	
＊因每月 15 日与市供电局结算售电收入,拟检查期后收款情况,而不发函询证		
3. 对回函金额不符的,应查明原因,作出记录,必要时作适当调整	×	
4. 请被审计单位协助,在应收账款明细表上标出至审计时已收回的应收账款金额,对已收回金额较大的款项进行常规检查,即核对收款凭证、银行对账单、销货发票等,并注意凭证发生日期的合理性	×	

重点回顾

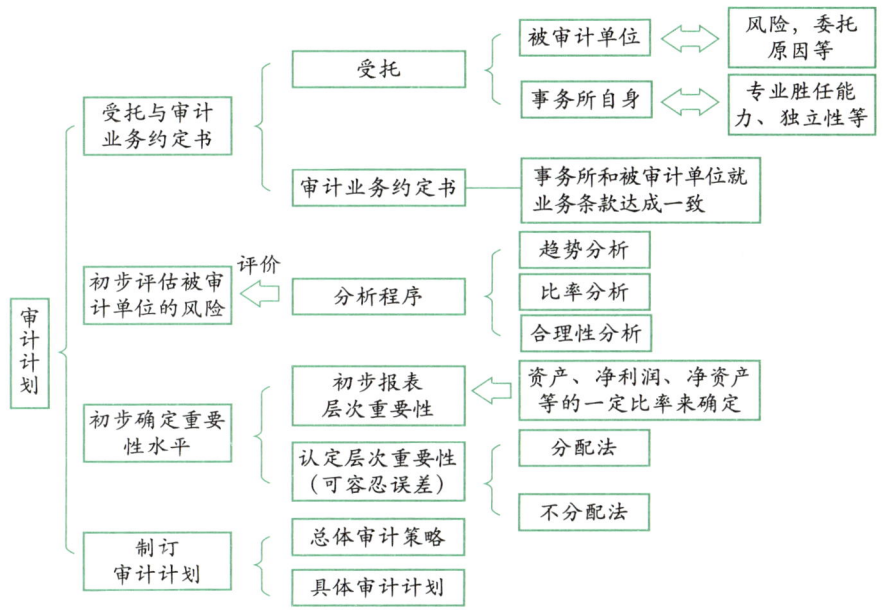

专业词汇中英文对照

业务约定书　engagement letter

趋势分析　trend analysis

比率分析　ratio analysis

合理性分析　rationality analysis

可容忍错报　tolerable misstatement(tolerable error)

了解被审计单位环境　understanding the environment of client

审计计划　audit plan

总体审计策略　overall audit strategy

具体审计计划　detailed audit plan

被审计单位　client

审计业务　audit engagement

审计计划阶段　audit planning stage

前任的会计师事务所　predecessor CPA firm

后任的会计师事务所　successor CPA firm

承接业务　acceptance of engagement

进点会　entrance conference

审计实施阶段　audit implementation stage

审计报告阶段　audit reporting stage

资产　assets

净资产　net assets

主营业务收入　sales revenue

净利润　net income

7

练 习 题

一、单选题

1. 在确定重要性时，对于报表使用者特别关注的会计报表项目，注册会计师应当（   ）。

    A. 确定较高的重要性水平　　　　　B. 确定较低的重要性水平

    C. 不考虑项目的流动性　　　　　　D. 以上各项均不对

2. 以下不属于业务约定书作用的是（   ）。

    A. 增进双方的了解，减少误会

    B. 确定或有审计收费的范围区间

    C. 确定双方的责任范围

    D. 鉴定审计业务的完成情况和检查审计义务的履行情况

3. 注册会计师 W、L 在与 XYZ 公司的董事长进行沟通的过程中了解到，XYZ 公司是一家专门从事鞭炮生产的企业，生产和销售规模在当地排行第一，但前不久发生过一次重大爆炸事故，致使公司可能发生巨额赔偿和行政处罚，从而影响其持续经营能力，并影响当地财政收入。此次委托注册会计师审计的目的是希望低估公司的资产和降低收益水平，以便在法律诉讼过程中有助于减少实际赔偿金额。注册会计师 W、L（   ）。

    A. 应当接受该项委托，但要保持其独立、客观的立场进行审计

    B. 应当拒绝接受委托，理由是 XYZ 公司的董事会在陈述委托目的时已经表明其舞弊的可能性，并可能拒绝配合注册会计师客观审计

    C. 是否接受委托，主要看注册会计师的胜任能力，其余不重要

    D. 是否接受委托，还应根据审计费用的多少而定

4. 审计证据、审计风险及其组成要素、重要性水平三者之间存在着重要的互动关系。下列论断中，正确的是（   ）。

    A. 可接受的检查风险越低，所需审计证据的数量就越少

    B. 评估的重大错报风险越低，所需审计证据的数量就越少

    C. 重要性水平越高，需要的审计证据的数量就越多

    D. 对于关联方交易与非关联方交易需要收集的审计证据一样多

5. 在接受审计业务委托之前，后任注册会计师应向前任注册会计师主要了解（   ）。

    A. 重要性水平　　　　　　　　　　B. 函证回函情况

    C. 存货盘点计划　　　　　　　　　D. 企业管理层的品行

6. 在确定是否接受审计业务时，注册会计师不需要考虑（   ）。

    A. 客户的经营情况和风险　　　　　B. 注册会计师的胜任能力

    C. 管理层的品行　　　　　　　　　D. 出具无保留意见的审计报告

7. 下列因素中,最可能导致注册会计师在上市公司审计业务中拒绝新的业务的是(　　)。

A. 未来客户已经完成了存货盘点

B. 注册会计师对未来客户的经营和行业情况缺乏了解

C. 注册会计师不能复核前任注册会计师的工作底稿

D. 未来客户不愿意将所有的财务记录提供给注册会计师

8. 如果是连续审计业务,在下列情况下,需要注册会计师提醒公司管理层关注或修改现有业务的约定条款的是(　　)。

A. 注册会计师对上期财务报表出具了非标准审计报告

B. 注册会计师更换两名审计助理人员

C. 甲公司对上期财务报表作出重述

D. 甲公司高级管理人员近期发生变动

9. 下列关于总体审计策略和具体审计计划的说法中,不正确的是(　　)。

A. 注册会计师应当在总体审计策略中清楚地说明审计资源的规划和调配,包括确定执行审计业务所必需的审计资源的性质、时间安排和范围

B. 总体审计策略用以确定审计范围、时间安排和方向,并指导具体审计计划的制定

C. 具体审计计划应当包括风险评估程序、计划实施的进一步审计程序和计划的其他审计程序

D. 计划审计工作是审计业务的一个孤立阶段,一经确定不能更改

10. 下列关于审计业务约定书的说法中错误的是(　　)。

A. 审计业务约定书是会计师事务所与被审计单位签订的

B. 审计业务约定书的具体内容和格式不会因不同的被审计单位而不同

C. 审计业务约定书具有经济合同的性质,它的目的是明确约定各方的权利和义务。约定书一经约定各方签字认可,即成为法律上生效的契约,对各方均具有法定约束力

D. 会计师事务所承接任何审计业务,均应与被审计单位签订审计业务约定书

二、多选题

1. 分析程序一般使用的方法包括(　　　　　)。

A. 趋势分析　　　B. 比率分析　　　C. 合理性分析　　　D. 数据挖掘

2. 分析程序必须在审计的(　　　　　)阶段使用。

A. 计划　　　　　B. 实施　　　　　C. 报告　　　　　D. 收集证据

3. 签署审计业务约定书前,注册会计师应就(　　　　　)等约定事项进行商议。

A. 委托目的　　　B. 实现目标　　　C. 审计范围　　　D. 审计收费

4. 正达会计师事务所洽谈的以下审计业务中,必须在接受业务委托前与华东会计师事务所进行沟通的有(　　　　　)。

A. X 公司拟聘请正达会计师事务所审计其 2023 年度财务报表,此前曾有意委托华东会计师事务所审计,但华东会计师事务所在初步了解情况后未接受委托。华东会计师事务所审计了 X 公司 2022 年度财务报表,出具了保留意见的审计报告。

B. Y 公司拟聘请正达会计师事务所重新审计其 2023 年度财务报表。此前,华东会计师事务所审计了 Y 公司 2022 年度财务报表,出具了非标准意见的审计报告。

7

C. W 公司拟聘请正达会计师事务所审计其 2023 年度财务报表。华东会计师事务所审计了 W 公司 2022 年上半年度财务报表，出具了标准无保留意见的审计报告。

D. Z 公司拟聘请正达会计师事务所审计其 2023 年度财务报表，Z 公司于 2023 年年初设立，华东会计师事务所承办了其设立验资业务。

5. 下列情形中，注册会计师认为可能为管理层提供实施舞弊机会的有（　　　　　）。

A. 公司从事科技含量高、研发周期长的经营业务

B. 公司大量采用分销渠道销售产品

C. 公司高级管理人员变更频繁

D. 管理层拥有公司 10% 股份

6. 在下列情形中，可能表明管理层存在舞弊动机或压力的有（　　　　　）。

A. 竞争激烈或市场饱和，主营业务利润率不断下降

B. 需要大量举债才能满足研究开发支出的需求，以保持竞争力

C. 从事重大、异常或高度复杂的交易

D. 盈利能力或财务状况必须满足债务协议规定的条件

三、判断题

1. 审计业务约定书是指注册会计师与被审计单位签订的，用以记录和确认审计业务的委托与受托关系、审计工作的目标和范围、双方的责任以及出具审计报告的格式等事项的书面协议。（　　）

2. 分析程序在审计计划阶段主要是帮助注册会计师找出可能存在潜在重大错漏报的领域，以明确审计的范围、性质和时间。（　　）

3. 各类交易、账户余额、列报认定层次的重要性水平为"可容忍错报"。（　　）

4. 如果认为错报是由于舞弊或可能由于舞弊导致的，即使错报金额对财务报表的影响并不重大，注册会计师仍应考虑错报涉及的人员在被审计单位中的职位。（　　）

5. 如果错误和舞弊未能被内部控制防止、发现或纠正，注册会计师应当考虑重新评价相关内部控制的有效性。必要时，应当修改或追加相关实质性测试程序。（　　）

四、简答题

1. 简述审计业务约定书的作用。

2. 简述分析程序在审计计划阶段的作用。

3. 简述如何在审计计划阶段确定重要性水平。

4. 简述重要性在审计计划阶段的作用。

5. 简述总体审计策略与具体审计计划的内容。

五、案例分析题

1. ABC 会计师事务所 A 注册会计师作为关键审计合伙人负责审计甲公司 2023 年度财务报表。A 注册会计师了解到甲公司的以下情况：

（1）甲公司为上市公司，所在行业属于食品加工行业，行业整体处于不景气状态，而且商品价格互相降价，竞争非常激烈。

（2）甲公司 2021 年和 2022 年审计后的财务报表净利润分别是亏损 1 380 万元、亏损 2 930 万元。

（3）甲公司董事会在 2022 年年底对公司总经理有明确的绩效考核要求,如果 2023 年的经营继续出现亏损则要求自动辞职。

（4）甲公司 2023 年审计前的财务报表显示净利润为盈利 16.8 万元。

要求:请根据上述资料分析甲公司 2023 年度财务报表是否存在舞弊风险? 请简要说明理由。

2. X 会计师事务所承接了 M 公司 2023 年度财务报表审计业务,M 公司业务的性质和经营规模与其常年审计客户 N 公司相类似,X 会计师事务所在制定总计审计策略和具体审计计划时,作出下列判断:

（1）M 公司与常年审计客户 N 公司业务性质和规模相似,因此确定的重要性水平与N 公司相同。

（2）完成审计计划后,应按照计划执行审计程序,不能够改变计划。

（3）在制定具体审计计划时,应当确定财务报表整体的重要性水平。

（4）因对 M 公司内部控制存在疑虑,拟不执行控制测试,而直接执行实质性程序。

（5）注册会计师应当合理设计审计程序的性质、时间安排和范围,并有效执行审计程序,以降低重大错报风险。

要求:指出上述判断是否存在不恰当之处,并简要说明理由。

7

第八章

审计实施阶段

学习目标

1. 理解管理层认定
2. 掌握财务报表审计目标
3. 掌握收集审计证据的审计程序
4. 明确管理层认定、审计目标与审计程序的关系

第一节　管理层认定

　　审计实施阶段主要是运用控制测试和实质性测试收集审计证据,注册会计师在收集审计证据前需要明确审计目标,那么注册会计师如何明确审计目标呢?在第一章的定义里面我们讲到,注册会计师需要判断管理层认定与既定标准的符合程度,也就是说需要去验证管理层认定。

一、管理层认定的含义

　　管理层认定,是指被审计单位管理层对财务报表各组成要素的确认、计量、列报做出的明确或隐含的表达,即在报表上列示的内容和信息。保证财务报表公允反映被审计单位的财务状况和经营情况是管理层的责任。当管理层声明财务报表已按照适用的财务报表编制基础进行编制,在所有重大方面做出公允反映时,就意味着管理层对财务报表各组成要素的确认、计量、列报以及相关的披露做出了认定。管理层在财务报表上的认定反映了管理层在处理各项经济业务时,遵循会计准则及相关财务会计制度的范围、程度和结果。

　　管理层对财务报表的认定既有明确性的,又有隐含性的。例如,ABC公司的资产负债表列示:存货100万元。这意味着管理层做了如下两个明示性认定:①存货项目是存在的;②存货项目的正确金额为100万元。同时,管理层也做了如下隐含性认定:①所有应列报的存货都已经包括在该项目中;②存货项目的所有列报的存货都属于公司所有,存货的所有权不存在限制。

　　二十大报告提出了"健全资本市场功能,提高直接融资比重","依法规范和引导资本健

康发展"的要求。近年来,随着监管部门对市场的监管力度持续加大,呈现出"零容忍"的态度,上市公司的财务报告信息披露质量有了极大改善,即管理层认定的"含金量"显著提升。

二、管理层认定的层次和类型

我们知道会计处理过程中,首先要涉及具体的交易和事项,然后根据交易和事项进行记录,就会有期末账户余额,最后在填列报表时就需要把账户信息反映在报表上面,并进行恰当地列示和披露,因此这两个层次,正好全部覆盖了会计信息处理的过程。

(一)管理层认定的层次

管理层认定包括如下两个层次:

(1)关于所审期间各类交易、事项及相关披露的认定。具体包括:①发生:记录或披露的交易和事项已发生,且这些交易和事项与被审计单位有关。②完整性:所有应当记录的交易和事项均已记录,所有应当包括在财务报表中的相关披露均已包括。③准确性:与交易和事项有关的金额及其他数据已恰当记录,相关披露已得到恰当计量和描述。④截止:交易和事项已记录于正确的会计期间。⑤分类:交易和事项已记录于恰当的账户。⑥列报:交易和事项已被恰当地汇总或分解且表达清楚,相关披露在适用的财务报告编制基础下是相关的、可理解的。

(2)关于期末账户余额及相关披露的认定。具体包括:①存在:记录的资产、负债和所有者权益是存在的。②权利和义务:记录的资产由被审计单位拥有或控制,记录的负债是被审计单位应当履行的偿还义务。③完整性:所有应当记录的资产、负债和所有者权益均已被记录,所有应当包括在财务报表中的相关披露均已包括。④准确性、计价和分摊:资产、负债和所有者权益以恰当的金额包括在财务报表中,与之相关的计价或分摊调整已恰当记录,相关披露已得到恰当计量和描述。⑤分类:资产、负债和所有者权益已记录于恰当的账户。⑥列报:资产、负债和所有者权益已被恰当地汇总或分解且表达清楚,相关披露在适用的财务报告编制基础下是相关的、可理解的。

(二)管理层认定的类型

总的来说,管理层认定可以归纳为 6 类:

1. 存在或发生认定

存在或发生认定,是指资产负债表所列的各项资产、负债和所有者权益在资产负债表日是否确实存在,利润表所列各项收入、费用在规定的会计期间是否确实发生。"存在或发生"认定所要解决的问题是,管理层是否把那些不应包括的项目挤入本期,不关注金额是否正确,也就是说其关注相关的交易或事项,账户余额等有没有被高估。比如将未发生的销售登记入账,这个就会导致销售的高估,违反了存在或发生认定。

2. 完整性认定

完整性认定,是指在财务报表中应该列示的所有交易和项目是否都已列入,其要解决的主要问题是,管理层是否遗漏或者省略了应该包括的项目,不涉及所报告的金额是否正确,也就是说完整性认定关注相关的交易或事项,账户余额等是否被低估。比如已发生的销售业务未登记入账,这个就会导致销售的低估,违反了完整性认定。

3. 权利和义务认定

权利和义务认定,是指在某一特定日期,财务报表的各项资产是否属于公司的权利,各

国际审计准则对管理层认定的规定

8

项负债是否属于公司的义务。比如未将存货作为抵押物进行贷款的信息进行披露,这个就违反了权利和义务认定。因为如果未将存货作为抵押物的情况进行披露,那么报表使用者认为存货就是属于企业的,其所有权没有限制。

4. 截止认定

截止认定,是指交易和事项被记录于正确的会计期间,其要解决的问题是管理层是否把不应当记录于本会计期间的交易事项记录于本会计期间,或是把应当记录于本会计期间的交易事项记录于其他会计期间。比如管理层为了提高本年度利润,将下个年度发生的销售记录于本年度的财务报表,这就违反了截止认定。

5. 准确性、计价和分摊认定

准确性、计价和分摊认定,是指财务报表所列示的各项资产、负债、所有者权益、收入、费用等要素是否按适当的金额予以反映,其强调金额的正确性,主要包括三方面内容:总值的估计是否正确;净值的估计是否正确;数字上的计算是否准确等。比如固定资产折旧年限的估计不正确,直接会影响当年提取的折旧费用,也会对固定资产的净值,账面余额造成影响,因而就属于违反了准确性、计价和分摊认定。

6. 表达与披露认定

表达与披露认定,是指财务报表的组成要素是否被恰当地加以分类、说明和披露。比如,一年内到期的长期投资没有在流动资产中列示,就属于违反了该项认定。

有的时候可能企业的行为造成违背几种认定,如未将存货作为抵押物进行贷款的信息进行披露,主要违背了权利和义务认定,同时也违背了表达与披露认定。如果是单选题,就只选择权利和义务,因为这个例子更强调存货作为抵押物,如果是多选题,那么也选择表达与披露。还有前面讲的存在或发生,以及完整性也有这个问题,由于事项被高估或低估,肯定会影响金额,但是在实际运用时,就要关注其强调的是高估或低估,还是金额。上述 5 项过程总结如表 8-1 所示。

表 8-1　　　　　　　　　　管理层对财务报表的 5 项认定

认定种类	含义	特点
存在或发生	资产负债表所列的各项资产、负债、权益在特定日期均存在,所有已进行会计记录的交易在特定期间均已发生,没有虚构	与资产负债表、利润表有关;如有错误,主要与财务报表组成要素的高估(夸大错误)有关
完整性	在财务报表中所有应列示的交易和事项均已列入,没有遗漏	与资产负债表、利润表有关;如有错误,主要与财务报表组成要素的低估(缩小错误)有关
权利和义务	在特定日期,各项资产均属公司的权利,各项负债均是公司的义务	只与资产负债表有关;如有错误,会同时影响存在或发生认定或完整性认定
估价或分摊	各项资产、负债、权益、收入和费用等要素均已按适当的方法进行计价,列入财务报表的金额正确	与所有报表有关;如有错误,一定影响金额;包括总值估价、净值估价和计算精确性三方面内容
表达与披露	财务报表上的特定组成要素已被适当地加以分类、说明和披露	与所有报表有关;如有错误,属分类不当、披露不充分

【课堂练习】

假设 A 注册会计师在执行 ABC 公司财务报表审计时分别发现表 8-2 中的事项,请分别针对每一事项指明被审计单位违反了哪一项认定。

要求:先写出认定的大类,再写出认定的名称。

解析:

表 8-2　　　　　　　**财务报表审计时发现的事项和被审单位违反的认定**

财务报表审计时分别发现的事项	被审计单位违反的认定
本期交易推迟至下期记账,或者将下期应当记录的交易提前到本期记录	关于所审期间各类交易、事项及相关披露的认定:截止
期末少计提累计折旧错误	关于期末账户余额及相关披露的认定:准确性、计价和分摊
在销售明细账中记录了并没有发生的一笔销售业务	关于所审期间各类交易、事项及相关披露的认定:发生
不存在某顾客,在应收账款明细表中却列入了对该顾客的应收账款	关于期末账户余额及相关披露的认定:存在
财务报表附注没有分别对原材料、在产品和产成品等存货成本核算方法做恰当的说明	与余额相关的认定:准确性、计价和分摊
将不属于被审计单位的债务记入账内	余额相关的认定:权利和义务、存在
没有将一年内到期的长期负债列为一年内到期的非流动负债	与余额相关的认定:分类
发生了一项销售交易,但没有在销售明细账和总账中记录	与各类交易和事项相关的认定:完整性
在销售交易中有如下情况:①发出商品的数量与账单上的数量不符;②开具账单时运用了错误的销售价格;③账单中的乘积或加总有误;④在销售明细账中记录了错误的金额	与各类交易和事项相关的认定:准确性
存在对某客户的应收账款,在应收账款明细表中却没有列入对该客户的应收账款	余额相关的认定:完整性
关联交易类型、金额没有在财务报表附注中作恰当披露	与各类交易和事项相关的认定:列报
关联方和关联交易,没有在财务报表中充分披露	与各类交易和事项相关的认定:完整性、列报
将现销记录为赊销	与各类交易和事项相关的认定:分类

第二节　审 计 目 标

8

一、审计目标的含义

审计的目的是提高财务报表预期使用者对财务报表的信赖程度。这一目的可以通过注册会计师对财务报表是否在所有重大方面按照适用的财务报表编制基础编制发表审计意见得以实现。

　　根据《中国注册会计师审计准则第 1101 号——财务报表审计的目标和一般原则》的规定,在执行财务报表审计工作时,注册会计师的总体目标是:对财务报表整体是否不存在由于舞弊或错误导致的重大错报获取合理保证,使得注册会计师能够对财务报表是否在所有重大方面按照适用的财务报告编制基础编制发表审计意见;按照审计准则的规定,根据审计结果对财务报表出具审计报告,并与管理层和治理层沟通。

　　可见,财务报表审计的目标为被审计单位在所有重大方面是否合法和公允发表意见。合法性主要是指财务报表的编制是否按照适用的会计准则和相关会计制度的规定来编制;公允性是指财务报表上面反映的内容是否真实。

二、审计目标的层次和内容

　　由于审计人员需要对财务报表发表意见,因此,首先其需要辨析管理层通过财务报表想表达的管理层认定是什么,然后去一一验证这些认定是不是正确的,所以注册会计师的审计目标与管理层认定是一一对应的关系。审计目标也分为两个层次。

(一) 与所审计期间各类交易、事项及相关披露相关的审计目标

　　(1) 发生:记录或披露的交易和事项已发生,且这些交易和事项与被审计单位有关。

　　(2) 完整性:所有应当记录的交易和事项均已记录,所有应当包括在财务报表中的相关披露均已包括。

　　(3) 准确性:与交易和事项有关的金额及其他数据已恰当记录,相关披露已得到恰当计量和描述。

　　(4) 截止:交易和事项已记录于正确的会计期间。

　　(5) 分类:交易和事项已记录于恰当的账户。

　　(6) 列报:交易和事项已被恰当地汇总或分解且表达清楚,相关披露在适用的财务报告编制基础下是相关的、可理解的。

　　交易事项及相关披露的认定和审计目标之间的关系如表 8-3 所示。

表 8-3　　　　　　　　所审计期间各类交易和事项相关的认定与审计目标

认　定	审计目标	举　　例
发　生	确认已记录的交易是真实的	未发生销售交易,但在销售日记账和总账中记录了该笔交易
完整性	确认已发生的交易确实已经记录	发生了销售交易,但在销售日记账和总账中却没有记录该笔交易
准确性	确认已记录的交易是按正确金额反映的	若在销售交易中,发出商品的数量与账单上的数量不符;或乘积加总有误;或记录了错误金额
截　止	确认接近于资产负债表日的交易记录于恰当的会计期间	将本期的交易推到下期,或将下期的交易提前至本期
分　类	确认记录的交易均进行过适当分类	将现销记录为赊销;将固定资产的租金收入计入主营业务收入
列　报	确认交易和事项已被恰当地汇总或分解且表达清楚,相关披露在适用的财务报告编制基础下是相关的、可理解的	报表附注里面没有披露本期发生的关联方交易

（二）期末账户余额及相关披露的审计目标

（1）存在：记录的资产、负债和所有者权益是存在的。

（2）权利和义务：记录的资产由被审计单位拥有或控制，记录的负债是被审计单位应当履行的偿还义务。

（3）完整性：所有应当记录的资产、负债和所有者权益均已被记录，所有应当包括在财务报表中的相关披露均已包括。

（4）准确性、计价和分摊：资产、负债和所有者权益以恰当的金额包括在财务报表中，与之相关的计价或分摊调整已恰当记录，相关披露已得到恰当计量和描述。

（5）分类：资产、负债和所有者权益已记录于恰当的账户。

（6）列报：资产、负债和所有者权益已被恰当地汇总或分解且表达清楚，相关披露在适用的财务报告编制基础下是相关的、可理解的。

期末账户余额相关的认定与审计目标的关系如表 8-4 所示。

表 8-4　　　　　　　　**与期末账户余额相关的认定与审计目标**

认　定	审计目标	举　例
存　在	存　在	如果不存在某顾客的应收账款，在应收账款明细账中却列入了对该顾客的应收账款
完整性	完整性	如果存在某顾客的应收账款，在应收账款明细账中却未列入对该顾客的应收账款
权利和义务	权利和义务	若将代管商品列入本单位的存货中
准确性、计价和分摊	准确性、计价和分摊	如各类存货项目金额恰当，减值损失已合理列入
分　类	分　类	若长期负债即将到期，则重新分类为流动负债
列　报	列　报	若将存货计价方法由先进先出法改变为移动加权平均法，则在报表附注中进行说明

第三节　审计程序

审计程序，是指注册会计师为了获取审计证据而实施的步骤和方法。在设计审计程序时，注册会计师通常使用规范的措辞或术语，以使审计人员能够准确理解和执行。在审计过程中，注册会计师可以根据需要单独或综合运用以下审计程序，以获取充分、适当的审计证据。

管理层认定

8

一、检查

检查包括检查文件资料和检查有形资产。检查文件资料就是对被审计单位内部或外部生成的，以纸质、电子或其他介质形式存在的记录和文件进行审查。

审查的方法可以分为顺查法和逆查法。顺查法，是指按照会计业务处理前后顺序依次进行审查的方法，也就是指注册会计师从原始单据开始，审查是否有相关的记账凭证，是否记录到相关的账簿，是否反映到报表中。逆查法，是指按照会计处理顺序的相反顺序依次进行的审查,即先检查财务报表,然后检查账簿记录,最后检查是否存在相关的会计凭证和原始凭证,顺查法可以查出是否漏记相关交易、余额,用于检查是否满足完整性的审计目标。逆查法可以查出是否多记相关交易、余额,用于检查是否满足存在性的审计目标。

检查有形资产,一般只能给资产的存在性提供可靠证据,但不能为权利和义务认定提供可靠证据。比如盘点存货只能证明这个存货存在于企业中,但是不能证明存货的所有权,在盘点存货时,应该注意一定要检查存货的实物是否存在。例如,一次审计中,注册会计师去盘点存货,仓库管理人员事先把要进行盘点的存货贴上了标记,其中有一组箱子摆放得很高,盘点时,仓库管理人员就根据贴有的标记给注册会计师点了点数量,这个注册会计师多了个心眼,他爬上去,结果发现箱子是空的。因此,盘点存货一定要看到实物。

二、观察

观察,是指注册会计师查看相关人员正在从事的活动或实施的程序,其仅限于某个时点,具有一定的局限性。观察可以提供执行有关过程或程序的审计证据,但观察所提供的审计证据仅限于观察发生的时点,而且被观察人员的行为可能因被观察而受到影响,这会使得观察提供的审计证据受到限制。

三、询问

询问,是指注册会计师以书面或口头方式,向被审计单位内部或外部的知情人员获取财务信息和非财务信息,并对答复进行评价的过程。作为其他审计程序的补充,询问广泛应用于整个审计过程中。一般审计人员通过询问查找审计的突破口。询问获取的证据一般说服力较弱,注册会计师需要通过其他证据进行佐证,注册会计师在询问完最好请对方核实询问内容和答复并签字。

四、函证

阿布的实习
奇遇记——
函证

函证,是指注册会计师直接从第三方获取书面答复以作为审计证据的过程。函证可以分为积极式(或叫肯定式)函证和消极式(或叫否定式)函证。积极式函证是指无论什么情况下对方都会回函,注册会计师在发函证的时候可以直接发空白函,也可以填上数据请对方核对。消极式函证是指如果发函的内容与被询证者的内容相符,对方就可以不回函,如果内容不相符,对方才回函。函证一般都需要注册会计师对发出和收取函证进行控制,不能经过被审计单位的手。

当实施函证时,注册会计师应当对选择被询证者、设计询证函以及发出和收回询证函保持控制。在评价实施函证和替代审计程序获取的审计证据是否充分、适当时,注册会计师应当考虑:①函证和替代审计程序的可靠性;②不符事项的原因、频率、性质和金额;③实施其他审计程序获取的审计证据。在评价函证的可靠性时,注册会计师应当考虑:①对询证函的设计、发出及收回的控制情况;②被询证者的胜任能力、独立性、授权回函情况、对函证项目的了解及客观性;③被审计单位施加的限制或回函中的限制。

五、重新计算

重新计算,是指注册会计师对记录或文件中的数据计算的准确性进行核对。重新计算可以通过手工方式或电子方式进行。注册会计师在运用计算方法时,不仅要注意计算结果的正确性,还应关注其他可能的差错(如计算结果的过账和转账有误)。

六、重新执行

重新执行,是指注册会计师独立执行原本作为被审计单位内部控制组成部分的程序或控制。如需要验证支付环节是否存在的问题,注册会计师可以随意抽取几笔支付业务,按照支付的流程走一遍,看在这个过程中是否存在薄弱环节。

七、分析程序

正如前面章节提到的,分析程序是指注册会计师通过分析不同财务数据和非财务数据之间的内在关系,查找异常。可以通过不同时间的比较,计算比率与行业标准比率进行比较,以及查看事物之间合理关系等方法来查找异常。

猪猪侠
回家历险记

在实施分析程序时,注册会计师应当考虑将被审计单位的财务信息与下列各项信息进行比较:①以前期间的可比信息;②被审计单位的预期结果或者注册会计师的预期数据;③所处行业或同行业中规模相近的其他单位的可比信息。注册会计师实施分析程序的目的包括:①用作风险评估程序,以了解被审计单位及其环境;②当使用分析程序比细节测试更有效地将认定层次的检查风险降至可接受的水平时,分析程序可以用作实质性程序;③在审计结束或临近结束时对财务报表进行总体复核。

前面章节提到,风险评估、控制测试和实质性测试都是搜集证据的程序,它们与具体收集证据方法的对应关系是:风险评估运用的程序包括询问、分析程序、观察和检查;控制测试运用的程序包括询问、观察、检查、重新执行;实质性测试程序可以包括上面讲到的除重新执行以外的所有程序。

为实现财务报表的审计目标,围绕被审计单位管理层针对财务报表的两个层次分明的认定,注册会计师应设计和实施适当的审计程序,以便收集充分适当的审计证据,通过对所收集的审计证据的证明力的判断,得出适当的审计结论,最终实现财务报表的审计目标。因此,审计目标、管理层对财务报表的认定、审计程序与审计证据之间存在着一定的联系。一般来说,注册会计师先根据管理当局认定推出审计目标,再根据审计目标选择具体收集证据的程序,如表 8-5 所示。

表 8-5　　　　　　　　**管理当局认定、审计目标与审计程序**

交易或事项情境	认 定	审计目标	审计程序
未发生销售交易,但在销售日记账和总账中记录了该笔交易	发生	确认已记录的交易是真实的	检查文件资料(逆查法)
发生了销售交易,但在销售日记账和总账中却没有记录该笔交易	完整性	确认已发生的交易确实已经记录	检查相关销售交易的文件资料(顺查法)
若在销售交易中,发出商品的数量与账单上的数量不符;或乘积加总有误;或记录了错误金额	准确性	确认已记录的交易是按正确金额反映的	检查相关文件资料,重新计算
将本期的交易推到下期,或将下期的交易提前至本期	截止	确认接近于资产负债表日的交易记录于恰当的会计期间	检查相关文件资料,特别是资产负债表前后的交易,看其入账时间是否正确
将现销记录为赊销;将固定资产的租金收入计入主营业务收入	分类	确认记录的交易均进行过适当分类	检查相关文件资料

8

 **【案例】 上实集团——倾情"接地气"的审计创新**

近年来,上海实业(集团)有限公司(以下简称上实集团)审计部围绕集团发展过程中的新业务、新情况,积极开拓内审领域、创新内审形式,拓展内审深度和广度,及时发现业务发展中存在的风险和问题,推动建立健全相关管理制度,大幅提升内审质量和效率,逐步实现有重点、有步骤、有深度、有成效的内审全覆盖。

一、立足"融产结合"战略 创新集团审计理念

上实集团1981年在香港成立,由上海市国资委全资控股,是上海在境外规模最大、实力最强的综合性企业集团和香港最具地方代表性的中资企业之一。目前,上实集团的业务主要分布在医药、基建、房地产、消费品、金融投资5大领域,旗下境内外实体企业达600余家,其中上实控股、上海医药、上实城开、上实发展和上实环境5家核心企业分别在香港、上海和新加坡主板市场上市。

上实集团以"融产结合"为统领,坚持"再次国际化、深度资本化、聚焦大健康、拓展新边疆"四大战略协同并举,推动核心业务持续稳健发展。截至2016年年底,上实集团总资产达3 136亿港元,2016年实现营业收入1 650亿港元,利润总额134亿港元,3年复合增长率分别达9.4%、10.2%和13.3%,集团整体综合实力在上海市国资委系统企业中位居前列,为上海经济调结构、稳增长作出了突出贡献。

上实集团审计部以风险控制为导向,以完善内审体制机制为核心,以强化内审专业队伍建设为关键,以拓展内审工作领域和提升内审方式方法为抓手,不断优化内审工作机制、工作理念、工作内容和工作方法,持续发挥内部审计评价、监督与咨询服务职能,做到应审尽审、有审必严,为集团持续稳健发展提供有力保障,为集团改革创新发展、实现国资保值增值提供强力支撑。

二、有序开展内控测评 创新完善内控体系

为全面提高内控水平,自2012年开始,上实集团每年聘请德勤会计师事务所有计划地分批对集团系统内企业内部控制情况进行测试,集团审计部一方面联合相关职能部门全面检查被测试企业的内控问题落实整改情况;另一方面,定期组织对重点企业包括新收购和高风险业务企业相关流程的关键控制进行评估,并有针对性地对内控检查中发现的重要问题开展专项审计。在内控体系建设过程当中,集团审计部坚持"集团统一指导,提供业务支持"和"各直管下属单位以现有内控手册为基础,结合单位实际,纵向复制、横向推广"两大原则,通过实施"访谈、穿行测试、缺陷整改、手册编制、手册发布与确认"五项流程,有序促进各企业内控体系的完善。

同时,集团审计部推进重点下属企业的风险评估体系建设,逐步覆盖集团所有核心业务。例如,所属重点企业上海医药参照《中央企业全面风险管理指引》对开展风险管理工作的相关要求,完善了相关风险管理制度,建立了风险识别、风险评估、风险应对和风险报告四个步骤的风险管理工作程序。上海医药各职能部门和下属企业对企业面临的内部和外部风险有了相对全面的认识,并有针对性地梳理形成应对措施,有效防范固有风险,将剩余风险降低至可接受的水平。

三、跟踪集团业务发展 创新审计内容与方式

针对集团近年来基金业务迅猛发展的势头,2015 年,集团审计部联合集团资产管理部及下属各相关企业审计部,开展产业投资基金业务专项审计调查,对集团设立的 24 个基金,从设立目的及分类、募资情况、管控状况及收益情况进行全面的审计调查分析,并评价取得的成绩和存在的问题及困难,从"制定集团产业投资基金战略规划、构建完善的投资基金业务管控体系、对现有问题进行整改、妥善处理相关涉诉事项"四方面提出专业建议。在此基础上,集团审计部参与研究规划,推动集团在上海国资系统委管企业中率先形成了《上实集团投资基金业务管理办法》,明确集团基金业务发展的总体思路、战略导向、管控重点、信息披露等要求,要求基金信息即时动态披露,并通过年度审计对所投资基金进行穿透和减值测试,及时防范风险,确保集团及下属企业开展基金业务时有章可循、有规可依。

针对上实集团及下属企业并购力度不断加大、公司商誉持续增长的情况,2015 年,集团审计部积极研究并推动下属重点企业开展商誉减值预警管理工作,摸索建立商誉减值测试模型。通过对下属重点相关企业进行常态化的商誉减值测试和评估,提示相关企业及时采取管理措施,主动降低或逐步释放商誉减值风险,较好地发挥了预警作用。2015 年度测试企业 12 家,2016 年度测试企业 15 家,覆盖面占到商誉净值总额的 95.62%。

上实集团作为一家投资控股型企业集团,每年投资项目数量多、金额大,对集团整体财务状况及经营业绩影响深远。自 2013 年起,集团审计部在风险评估基础上,每年选取若干重大且有特点的股权或固定资产投资项目,进行系统分析和全面回顾,并与项目投资决策时制定的战略目标、财务效益、经营效益、社会效益以及环境效益等进行对比,找出差别和变化,分析原因,总结经验教训,提出相应对策和建议,以改善企业的投资决策及管理水平,并为企业后续投资决策提供依据。经过数年的审计实践,集团审计部已形成一套成熟的投后评价审计规范,建立了投后评价审计长效机制。

为加强干部管理,集团审计部会同集团组织部门于 2016 年开始对集团新任高级管理人员试行经济责任任前告知制度,书面告知其任期内需履行的遵纪守法责任、工作目标责任、经营决策责任、内控管理责任、经营报告责任、廉洁从业责任等,促进新任领导干部进一步增强经济责任意识,规范领导行为,实现了经济责任审计工作由传统的事后审计向"事前告知、事中事后监督相结合"转化,形成全过程闭环管理。

针对历年审计发现的问题,集团审计部一方面建立问题整改销号制度,推动相关企业持续整改到位,另一方面会同集团职能部门就当年下属企业内审机制建设情况、审计工作开展情况、审计落实整改情况实施经营管理目标考核,作为领导班子成员述职述廉、年度考核、任职考核的重要依据,确保问责到位。

四、大力培育创新人才 创新审计组织方式

在人才配备上,围绕集团核心业务,通过内部发掘与市场化招聘相结合,注重财务、法律、地产、医药、金融等不同专业背景,有针对性地配齐、配强专业审计人员,三年间共引入 8 人充实到内审队伍。现集团专职审计人员均为大学以上学历,平均年龄 40 岁,平均审计工作年限 7 年,9 人拥有高级职称,10 人取得 CPA 资格,11 人取得 CIA 资格。

8

　　在人才培育上,通过项目实践锻炼与专业培训相结合,全面提高审计人员的综合素质。一方面,利用集团业务审计中心平台,会同下属企业内审部门积极开展各类联合审计项目,交叉派员组成联合审计小组开展审计;另一方面,积极组织审计人员参加市内审协会组织的专业培训及各类职称和资格考试的后续教育培训,并且每年组织两次系统内审计人员的统一交流培训,内容由审计专业范畴拓展至资本运作、资产交易、工程建设等经营领域。

　　在人才使用上,从专业管理和综合管理两个维度,不断为集团各级企业培养和输送人才。集团审计部前两任总经理已分别升任集团副总裁和下属上市公司总裁,1 名业务骨干升任集团计划财务部副总经理。近年来又输送了 3 名审计干部至下属企业担任审计负责人。良好的职业发展路径,更加坚定了内审人员立足本职、勤勉工作的信心和决心。

　　集团发展需要审计创新,审计创新需要创新人才,创新实践是审计创新人才成长的舞台。

重点回顾

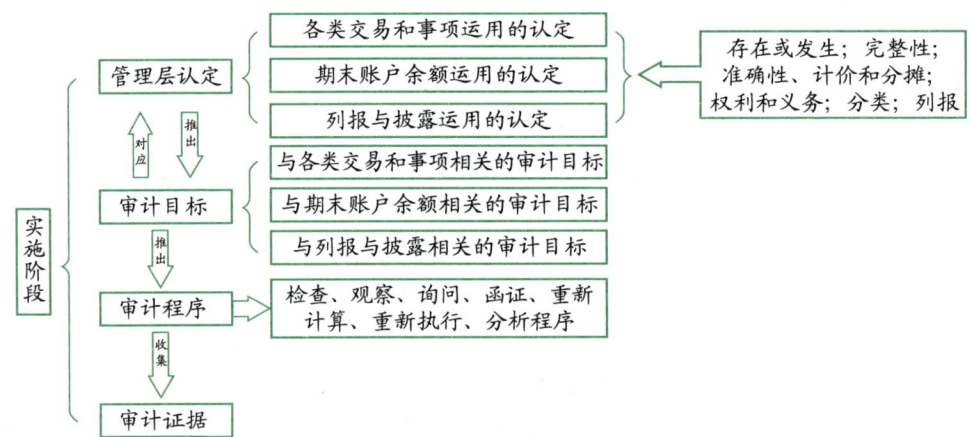

专业词汇中英文对照

管理当局认定　management assertion

审计目标　audit objective

各类交易和事项运用的认定　assertions about classes of transactions and events

期末账户余额运用的认定　assertions about account balances

审计程序　audit procedure

列报　presentation

准确性、计价和分摊　accuracy，valuation and allocation

检查文件资料　inspection of records or documents

发生　occurrence

完整性　completeness

准确性　accuracy

截止　cut-off

分类　classification

存在　existence

权利和义务　rights and obligations

可理解性　understandability

检查有形资产　inspection of tangible assets

顺查法　tracing

逆查法　vouching

观察　observation

询问　inquiry

函证　confirmation

重新计算　recalculation

重新执行　reperformance

风险评估程序　risk assessment procedure

 练 习 题

一、单选题

1. 关于审计程序的以下说法中,不正确的是(　　)。

A. 检查有形资产可以提供资产的权利和义务的全部审计证据

B. 观察提供的审计证据只局限于观察发生的时点

C. 对于询问的答复,注册会计师应当通过其他证据予以佐证

D. 分析性程序适用于调查识别出的、与其他相关信息不一致或与预期数据产生严重偏离的波动和关系

2. 审计人员应当确认被审计单位的财产是否均按历史成本入账,这是为了证实管理当局对其会计报表的(　　)认定。

A. 存在或发生　　　　　　　　　　B. 完整性

C. 准确性、计价和分摊　　　　　　D. 表达与披露

3. 下列各项中,(　　)违反了权利和义务认定。

A. 将未发生的销售登记入账　　　　B. 已发生的销售业务未登记入账

C. 未将作为抵押物的存货披露　　　D. 长期待摊费用摊销期限不恰当

4. "发生"认定,指记录的交易和事项已发生且与被审计单位有关,其目标主要针对(　　)。

A. 数量　　　　　B. 金额　　　　　C. 高估　　　　　D. 低估

5. 下列审计程序中,注册会计师在实施控制测试和实质性程序时均可以采用的是(　　)。

A. 分析程序　　　　　　　　　　　B. 函证

C. 重新执行　　　　　　　　　　　D. 检查文件资料

8

6. 注册会计师从验收单追查至相应的供应商发票,再追查至应付账款明细账的审计程序,与应付账款的(　　)认定最相关。

A. 准确性、计价和分摊　　　　　　　　B. 完整性

C. 存在　　　　　　　　　　　　　　　D. 准确性

7. 在对资产存在认定获取审计证据时,正确的测试方向是(　　)。

A. 从财务报表到尚未记录的项目　　　　B. 从尚未记录的项目到财务报表

C. 从会计记录到支持性证据　　　　　　D. 从支持性证据到会计记录

8. 在执行审计业务时,注册会计师应当确定合理的重要性水平。下列做法中正确的是(　　)。

A. 通过调高重要性水平,降低评估的重大错报风险

B. 通过调低重要性水平,降低评估的重大错报风险

C. 在确定计划的重要性水平时,应当考虑对被审计单位及其环境的了解

D. 在确定计划的重要性水平时,应当考虑实施进一步审计程序的结果

9. 与各类交易和事项相关的审计目标不包括(　　)。

A. 发生　　　　B. 权利和义务　　　　C. 截止　　　　D. 分类

二、多选题

1. 注册会计师进行控制测试时,可以运用的审计程序有(　　)。

A. 分析程序　　　　B. 询问　　　　C. 检查文件记录　　　　D. 重新计算

2. 在进行风险评估时,注册会计师通常不采用的审计程序有(　　)。

A. 将财务报表与其所依据的会计记录相核对

B. 实施分析程序以识别异常的交易或事项,以及对财务报表和审计产生影响的金额、比率和趋势

C. 对应收账款进行函证

D. 以人工方式或使用计算机辅助审计技术,对记录或文件中的数据计算准确性进行核对

3. 风险评估程序包括(　　)。

A. 询问　　　　B. 分析程序　　　　C. 控制测试　　　　D. 观察和检查

4. 下列各项中,不属于"完整性"审计目标的有(　　)。

A. 固定资产的预计使用年限是否适当

B. 坏账准备的计提方法是否在报表附注中披露

C. 记录的应付账款是否存在

D. 流动负债是否少计

5. 下列没有违反权利与义务认定的有(　　)。

A. 将未发生的销售登记入账　　　　　　B. 未将已抵押的固定资产予以披露

C. 未计提固定资产减值准备　　　　　　D. 计算的存货成本差异出现错误

三、判断题

1. 观察是指注册会计师查看相关人员正在从事的活动或实施的程序,其仅限于观察发生的时点,具有一定的局限性。　　　　　　　　　　　　　　　　　　　(　　)

2. 询问是指注册会计师以书面或口头方式,向被审计单位内部或外部的知情人员获取财务信息和非财务信息,并对答复进行评价过程。一般审计人员通过询问查找审计的突破口。   （   ）

3. 分析程序是指注册会计师通过分析不同财务数据和非财务数据之间的内在关系,查找异常。   （   ）

4. 递查法是指按照会计处理顺序的相反顺序依次进行的审查,即先检查财务报表,然后检查账簿记录,最后检查是否存在相关的会计凭证和原始凭证。   （   ）

5. 管理当局认定与审计目标一一对应。   （   ）

四、简答题

1. 简述管理当局认定。

2. 简述审计目标。

3. 简述收集证据的具体审计程序。

4. 简述管理当局认定、审计目标与审计证据的关系。

五、案例分析题

1. B 注册会计师负责审计 V 公司 2023 年度的财务报表,在审计过程中,实施了如下的审计程序:

（1）检查资产负债表日前后的营业收入是否已经计入恰当的会计期间;

（2）将 2023 年年末产成品账面单位成本与 2024 年年初单位产品可变现净值比较;

（3）将员工工薪表中列示的员工总人数与经实际清点并确认的员工人数比较;

（4）针对资产负债表日后付款事项,检查银行对账单及有关付款凭证;

（5）针对租入的使用权资产,验证有关租赁合同,证实其并非经营租赁。

要求:根据上述审计程序,请指明每一项审计程序主要针对的是哪个财务报表项目的哪个认定。

2. 假设 A 注册会计师在执行 ABC 公司财务报表审计时分别发现表 8-6 中的事项,请分别针对每一事项指明被审计单位违反了哪一项认定。

要求:先写出认定的大类,再写出认定的名称。

表 8-6   认定事项判断

财务报表审计时分别发现的事项	被审计单位违反的认定
本期交易推迟至下期记账,或者将下期应当记录的交易提前到本期记录	
期末少计提累计折旧错误	
在销售明细账中记录了并没有发生的一笔销售业务	
不存在某顾客,在应收账款明细表中却列入了对该顾客的应收账款	
财务报表附注没有分别对原材料、在产品和产成品等存货成本核算方法做恰当的说明	
将不属于被审计单位的债务记入账内	
将出售某经营性固定资产(并非企业的日常交易事项)所得的收入记录为营业收入	
没有将一年内到期的长期负债列为一年内到期的非流动负债	

8

续　表

财务报表审计时分别发现的事项	被审计单位违反的认定
发生了一项销售交易,但没有在销售明细账和总账中记录	
在销售交易中有如下情况:(1)发出商品的数量与账上的数量不符;(2)开具账单时运用了错误的销售价格;(3)账单中的乘积或加总有误;(4)在销售明细账中记录了错误的金额	
存在对某客户的应收账款,在应收账款明细表中却没有列入对该客户的应收账款	
关联交易类型、金额没有在财务报表附注中作恰当披露	
关联方和关联交易,没有在财务报表中充分披露	
将现销记录为赊销	

3. 未名会计师事务所的注册会计师甲在对 A 股份有限公司的财务报表进行审计时,实施了以下审计程序:

(1) 询问销售人员,以了解各购货方的信用情况和应收账款的可收回性;

(2) 盘点存货,记录监盘过程中发现的问题;

(3) 获取律师声明书,以确定 A 公司是否存在未决诉讼、未决索赔等可能涉及该公司法律责任的事项;

(4) 计算本年销售成本占销售收入的比重,并与以前年度比较,判断销售利润的总体合理性;

(5) 核实 A 公司入库原材料的数量和单价,验证会计记录中相应金额的真实性和正确性;

(6) 检查 A 公司全部未到期的保险单,并与厂房、大型机器设备相比较;

(7) 观察 A 公司的主要生产设备,确定是否均处于良好的运行状态;

(8) 盘点库存现金。

要求:

(1)指明上述审计程序的性质,填入表 8-7。(2)指出上述各程序所能获取的审计证据的类型,填入表 8-7。

表 8-7　　　　　　　　　　　　　　**审计程序性质**

审计程序的性质	审计程序的编号

证据类型

证据类型	审计程序的编号

4. A 注册会计师负责审计甲公司 2023 年度财务报表,在审计过程中,作出了以下职业判断:

(1) 如果一项错报性质上不重要且错报金额低于重要性水平,就可认定该项错报不属于重大错报。

(2) 保持客户关系及具体审计业务和评价职业道德的工作贯穿审计业务的全过程。为了确保注册会计师已具备执行业务所需要的独立性和专业胜任能力,且不存在因管理层诚信问题而影响注册会计师保持该项业务意愿等情况,这两项工作应与其他审计工作一并进行。

(3) 在了解甲公司及其环境过程中,注意到 2023 年度甲公司对主要业务的处理依赖复杂的自动化信息系统,因此计算机信息系统的可靠性及有效性对经营、管理、决策以及编制可靠的财务报告具有重大影响。对此,A 注册会计师在具体审计计划中做出利用信息风险管理专家工作的安排。

(4) 计划风险评估程序通常在审计开始阶段进行,计划进一步审计程序则需要依据风险评估程序的结果进行。审计风险取决于重大错报风险和检查风险。财务报表层次重大错报风险与财务报表整体存在广泛联系,又可进一步细分为固有风险和控制风险。由于内部控制的固有局限性,某种程度的控制风险始终存在。检查风险取决于审计程序设计的合理性和执行的有效性。

(5) 财务报表整体重要性提供了一个门槛或临界点,为了保证审计效果、提高审计效率,在制定总体审计策略时,如果存在一个或多个特定类别的交易、账户余额或披露,只要其发生的错报金额低于财务报表整体重要性,就无须单独考虑。

要求:针对上述判断,逐项指出是否存在不当之处。如果存在不当之处,请简要说明理由。

8

第九章

审计报告阶段

学习目标

1. 了解管理声明书的作用
2. 了解期初余额审计
3. 了解工作底稿的管理和复核
4. 理解注册会计师对持续经营能力的检查
5. 理解期后事项的分类和注册会计师的责任
6. 掌握审计意见类型及其签发条件

第一节　错报与管理声明书

在审计报告阶段,注册会计师首先需要做的就是整理、评价审计证据。注册会计师需要整理汇总后的错漏报情况,与被审计单位进行沟通,提请被审计单位进行调整,编制审计差异调整表。同时要求被审计单位提供管理声明书。管理声明书是管理层向注册会计师提供的书面陈述,用以确认某些事项或支持其他审计证据,比如说明其是否认为未更正的错报单独或汇总起来对财务报表整体影响不大。管理声明书属于内部证据,其可靠性不强。管理声明书主要是注册会计师保护自己的一种方式,明确管理责任与审计责任的一种证明。

一、评价审计过程中发现的错报

（一）错报的沟通和更正

错报,是指某一财务报表项目的金额、分类或列报,与按照适用的财务报告编制基础应当列示的金额、分类或列报之间存在差异。错报可能是由于错误或舞弊导致的。

一般来说,注册会计师应当及时将审计过程中累积的所有错报与适当层级的管理层进行沟通,除非这些错报明显微小。明显微小的错报是指错报金额的数量级与确定重大错报的数量级完全不同(明显微小错报的数量级更小),或其性质完全不同。这些明显微小的错报,无论单独或者汇总起来,无论从规模、性质或其发生的环境来看都是明显微不足道的。注册会计师还应当要求管理层更正这些错报。及时与适当层级的管理层沟通错报事项是重要的,因为这

能使管理层评价这些事项是否为错报,并采取必要行动,如有异议则告知注册会计师。适当层级的管理层通常是指有责任和权限对错报进行评价并采取必要行动的人员。

管理层更正所有错报,能够保持会计账簿和记录的准确性,降低由于与本期相关的、非重大的且尚未更正的错报的累积影响而导致未来期间财务报表出现重大错报的风险。如果管理层拒绝更正沟通的部分或全部错报,注册会计师应当了解管理层不更正错报的理由,并在评价财务报表整体是否不存在重大错报时考虑该理由。

(二)评价未更正错报的影响

未更正错报,是指注册会计师在审计过程中累积的且管理层未予更正的错报。注册会计师在确定重要性时,通常依据对被审计单位财务结果的估计,因为此时可能尚不知道实际的财务结果。因此,在评价未更正错报的影响之前,注册会计师可能有必要依据实际的财务结果对重要性做出修改。如果在审计过程中获知了某项信息,而该信息可能导致注册会计师确定与原来不同的财务报表整体重要性或者特定类别交易、账户余额或披露的一个或多个重要性水平,注册会计师应当予以修改。因此,在注册会计师评价未更正错报的影响之前,可能已经对重要性或重要性水平做出重大修改。但是,如果注册会计师对重要性或重要性水平进行的重新评价导致需要确定较低的金额,则应重新考虑实际执行的重要性和进一步审计程序的性质、时间安排和范围的适当性,以获取充分、适当的审计证据,作为发表审计意见的基础。

注册会计师需要考虑每一项与金额相关的错报,以评价其对有关类别的交易、账户余额或披露的影响,包括评价该项错报是否超过特定类别的交易、账户余额或披露的重要性水平。如果注册会计师认为某一单项错报是重大的,则该项错报不太可能被其他错报抵销。例如,如果收入存在重大高估,即使这项错报对收益的影响完全可被相同金额的费用高估所抵消,注册会计师仍认为财务报表整体存在重大错报。对于同一账户余额或同一类别的交易内部的错报,这种抵销可能是适当的。然而,在得出抵销错报(即使是非重大错报)是适当的这一结论之前,需要考虑可能存在其他未被发现的错报的风险。

除了错报的金额,注册会计师也需要从性质方面考虑单独或汇总的错报是否为重大错报。即使某些错报的金额低于财务报表整体的重要性,但因与这些错报相关的某些情况,在将其单独或连同在审计过程中累积的其他错报一并考虑时,注册会计师也可能将这些错报评价为重大错报。例如,错报的金额虽然低于报表整体的重要性,但对被审计单位的盈亏状况有决定性影响。注册会计师也应当认为该项错报是重大错报。

注册会计师应当与治理层沟通未更正错报,以及这些错报单独或汇总起来可能对审计意见产生的影响。注册会计师在沟通时应当逐项指明重大的未更正错报。注册会计师应当要求被审计单位更正未更正错报。除此之外,注册会计师也应当与治理层沟通与以前期间相关的未更正错报对相关类别的交易、账户余额或披露以及财务报表整体的影响。

(三)编制审计差异调整表

审计差异又称为审计误差或错报,审计差异内容按是否需要调整账户记录可分为核算差异和重分类差异。核算差异是因为被审计单位对经济业务进行了不正确的会计核算而引起的错误,如会计科目使用错误或记账金额错误等。

按照重要性水平来衡量,核算误差分为建议调整的核算误差和不建议调整的核算误差。建议调整的核算误差和不建议调整的核算误差其划分的原则为:①如果单笔核算误差低于所涉及财务报表项目(或账户)层次的重要性水平,并且性质不重要,一般视为不建议调整的核算误差;②如果单笔核算误差低于所涉及财务报表项目(或账户)层次的重要性水平,但性质重要的,应视为建议调整的核算误差;③如果单笔核算误差高于所涉及财务报表项目(或账户)层次的重要性水平,应视为建议调整的核算误差;④如果多笔核算误差(指汇总错漏报)超过所涉及财务报表层次的重要性水平,应视为建议调整的核算误差。重分类差异是指因企业未按企业会计准则列报财务报表而引起的错误,例如,被审计单位资产负债表中长期借款项目中包括了一年内到期的长期借款。调整分录汇总表和重分类汇总表如表 9-1 和表 9-2 所示:

表 9-1　　　　　　　　　　**审计差异调整表——调整分录汇总表**

被审计单位名称:
审计项目名称:
会计期间或截止日:

			签名　　　日期　　　索引号
			编制人
			复核人　　　　　　　　　　页次

序号	索引号	调整分录及说明	资产负债表		利润表		被审计单位调整情况及未调整原因
			借方	贷方	借方	贷方	
合　计							

表 9-2　　　　　　　　　　**审计差异调整表——重分类分录汇总表**

被审计单位名称:
审计项目名称:
会计期间或截止日:

			签名　　　日期　　　索引号
			编制人
			复核人　　　　　　　　　　页次

序号	索引号	调整分录及说明	资产负债表		利润表		被审计单位调整情况及未调整原因
			借方	贷方	借方	贷方	
合　计							

二、管理声明书

（一）管理声明书的特点和性质

注册会计师应当要求管理层和治理层提供书面声明，说明其是否认为未更正错报单独或汇总起来对财务报表整体的影响不重大。这些错报项目的概要应当包含在书面声明中或附在其后。由于编制财务报表要求管理层和治理层调整财务报表以更正重大错报，注册会计师应当要求其提供有关未更正错报的书面声明。在某些情况下，管理层和治理层可能并不认为注册会计师提出的某些未更正的错报是错报。基于这个原因，他们可能在书面声明中增加以下表述："因为［描述理由］，我们不同意××事项和××事项构成错报。"然而，即使获取了这一声明，注册会计师仍需要对未更正错报的影响形成结论。

管理声明书，是指管理层向注册会计师提供的书面陈述，用以确认某些事项或支持其他审计证据。管理声明书是注册会计师在财务报表审计中需要获取的必要信息，其主要作用是用于保护注册会计师，并使其不至于卷入由于管理层不明白自身责任而导致的潜在纠纷。如果管理层修改书面声明的内容或不提供注册会计师要求的书面声明，可能使注册会计师警觉存在重大问题的可能性。而且，在很多情况下，要求管理层提供书面声明而非口头声明，可以促使管理层更加认真地考虑声明所涉及的事项，从而提高声明的质量。针对财务报表的编制，注册会计师应当要求管理层提供书面声明，确认其根据审计业务约定条款，履行了按照适用的财务报告编制基础编制财务报表并使其实现公允反映的责任。针对提供的信息和交易的完整性，注册会计师应当要求管理层就下列事项提供书面声明：①按照审计业务约定条款，已向注册会计师提供所有相关信息，并允许注册会计师不受限制地接触所有相关信息以及被审计单位内部人员和其他相关人员；②所有交易均已记录并反映在财务报表中。

尽管管理声明书是必要的审计证据，但其本身并不为所涉及的任何事项提供充分、适当的审计证据。而且，管理层已提供可靠书面声明的事实，并不影响注册会计师就管理层责任履行情况或具体认定获取的其他审计证据的性质和范围。

如果未从管理层获取其确认已履行责任的书面声明，注册会计师在审计过程中获取的有关管理层已履行这些责任的其他审计证据是不充分的。这是因为，仅凭其他审计证据不能判断管理层是否在认可并理解其责任的基础上，编制和列报财务报表并向注册会计师提供了相关信息。例如，如果未向管理层询问其是否提供了审计业务约定条款中要求提供的所有相关信息，也没有获得管理层的确认，注册会计师就不能认为管理层已提供了这些信息。

基于管理层认可并理解在审计业务约定条款中提及的管理层的责任，注册会计师可能还要求管理层在书面声明中再次确认其对自身责任的认可与理解。当存在下列情况时，这种确认尤为适当：

（1）代表被审计单位签订审计业务约定条款的人员不再承担相关责任；

（2）审计业务约定是在以前年度签订的；

（3）有迹象表明管理层误解了其责任；

（4）情况的改变需要管理层再次确认其责任。

当然，再次确认管理层对自身责任的认可与理解，并不限于管理层已知的全部事项。

（二）管理声明书的日期和涵盖的期间

管理声明书的日期应当尽量接近对财务报表出具审计报告的日期，但不得在审计报告

9

日后。管理声明书应当涵盖审计报告针对的所有财务报表和期间。由于书面声明是必要的审计证据,在管理层签署书面声明前,注册会计师不能发表审计意见,也不能签署审计报告。而且,由于注册会计师关注截至审计报告日发生的、可能需要在财务报表中作出相应调整或披露的事项,书面声明的日期应当尽量接近对财务报表出具审计报告的日期,但不得在其之后,大多数情况管理声明书的日期就是审计报告的日期。

在某些情况下,注册会计师在审计过程中获取有关财务报表特定认定的书面声明可能是适当的。此时,可能有必要要求管理层更新书面声明。管理层有时需要再次确认以前期间作出的管理声明是否依然适当,因此,管理声明书需要涵盖审计报告中提及的所有期间。注册会计师和管理层可能认可某种形式的书面声明,以更新以前期间所作的书面声明。更新后的书面声明需要表明,以前期间所作的声明是否发生了变化,以及发生了什么变化。

在实务中可能会出现这样的情况,即在审计报告中提及的所有期间内,现任管理层均尚未就任。他们可能由此声称无法就上述期间提供部分或全部书面声明。然而,这一事实并不能减轻现任管理层对财务报表整体的责任。相应地,注册会计师仍然需要向现任管理层获取涵盖整个相关期间的书面声明。

 【案例】　管理声明书的范例

（致注册会计师）:

本声明书是针对你们审计 ABC 公司截至 20×3 年 12 月 31 日的年度财务报表而提供的。审计的目的是对财务报表发表意见,以确定财务报表是否在所有重大方面已按照企业会计准则的规定编制,并实现公允反映。

尽我们所知,并在作出了必要的查询和了解后,我们确认:

一、财务报表

1. 我们已履行×年×月×日签署的审计业务约定书中提及的责任,即根据企业会计准则的规定编制财务报表,并对财务报表进行公允反映。

2. 在作出会计估计时使用的重大假设,（包括与公允价值计量相关的假设）是合理的。

3. 已按照企业会计准则的规定对关联方关系及其交易作出了恰当的会计处理和披露。

4. 根据企业会计准则的规定,所有需要调整或披露的资产负债表日后事项都已得到调整或披露。

5. 未更正错报,无论是单独还是汇总起来,对财务报表整体的影响均不重大。未更正错报汇总表附在本声明书后。

6. ……

二、提供的信息

1. 我们已向你们提供下列工作条件:

（1）允许接触我们注意到的、与财务报表编制相关的所有信息（如记录、文件和其他事项）。

（2）提供你们基于审计目的要求我们提供的其他信息。

（3）允许在获取审计证据时不受限制地接触你们认为必要的本公司内部人员和其他相关人员。

2. 所有交易均已记录并反映在财务报表中。

3. 我们已向你们披露了由于舞弊可能导致的财务报表重大错报风险的评估结果。

4. 我们已向你们披露了我们注意到的、可能影响本公司的与舞弊或舞弊嫌疑相关的所有信息,这些信息涉及本公司的:

(1) 管理层;

(2) 在内部控制中承担重要职责的员工;

(3) 其他人员(在舞弊行为导致财务报表重大错报的情况下)。

5. 我们已向你们披露了从现任和前任员工、分析师、监管机构等方面获知的、影响财务报表的舞弊指控或舞弊嫌疑的所有信息。

6. 我们已向你们披露了所有已知的、在编制财务报表时应当考虑其影响的违反或涉嫌违反法律法规的行为。

7. 我们已向你们披露了我们注意到的关联方的名称和特征、所有关联方关系及其交易。

8. ······

附:未更正错报汇总表

ABC 公司	ABC 公司管理层
(盖章)	(签名并盖章)
中国××市	二○××年×月×日

第二节 期初余额和持续经营假设审计

一、期初余额的含义

期初余额,是指期初存在的账户余额。期初余额以上期期末余额为基础,反映了以前期间的交易和事项以及上期采用的会计政策的结果。期初余额也包括期初存在的需要披露的事项,如或有事项和承诺事项。也就是说,期初余额是指注册会计师初次接受委托时,所审会计期间期初已存在的余额,它以上期的期末余额为基础,也就是说上期的期末余额就是本期的期初余额,由于期初余额是本期的财务报表的基础,因此其对报表的影响非常重大。在执行首次审计业务时,注册会计师针对期初余额的目标是,获取充分、适当的审计证据以确定:期初余额是否含有对本期财务报表产生重大影响的错报;期初余额反映的恰当的会计政策是否在本期财务报表中得到一贯运用,或会计政策的变更是否已按照适用的财务报告编制基础作出恰当的会计处理和适当的列报。注册会计师在审计期初余额时,应该关注三个方面:①上期期末结转至本期的金额,是否与上期一致;②上期采用的会计政策,与本期有没有差异;③上期期末存在的一些结果没有出现的事项,即或有事项,是否已经出现了结果,其对报表的影响如何。

正确理解期初余额的含义,需要把握以下三点:

9

（1）期初余额是期初已存在的账户余额。期初已存在的账户余额是由上期结转至本期的金额，或是上期期末余额调整后的金额。期初余额与上期期末余额是一个事物的两个方面。通常，期初余额是上期账户结转至本期账户的余额，在数额上与相应账户的上期期末余额相等。但是，由于受上期期后事项、会计政策变更、前期会计差错更正等因素的影响，上期期末余额结转至本期时，有时需经过调整或重新表述。

例如，根据《企业会计准则第 28 号——会计政策、会计估计变更和差错更正》的规定，对于会计政策变更，企业应当采用追溯调整法处理，将会计政策变更累积影响数调整列报前期最早期初留存收益，其他相关项目的期初余额、列报前期披露的其他比较数据也应当一并调整；对于前期会计差错更正事项，企业应当采用追溯重述法更正重要的前期差错。实际上，采用追溯调整法或者追溯重述法，就是在上期期末数的基础上进行适当调整，形成本期期初数。

（2）期初余额反映了以前期间的交易和事项以及上期采用的会计政策的结果。期初余额应以客观存在的经济业务为根据，是被审计单位按照上期采用的会计政策对以前会计期间发生的交易和事项进行处理的结果。

（3）期初余额与注册会计师首次审计业务相联系。所谓首次审计业务，是指在上期财务报表未经审计，或上期财务报表由前任注册会计师审计的情况下承接的审计业务。

注册会计师对财务报表进行审计，是对被审计单位所审期间财务报表发表审计意见，一般无须专门对期初余额发表审计意见，但因为期初余额是本期财务报表的基础，所以要对期初余额实施适当的审计程序。注册会计师应当根据期初余额对财务报表的影响程度，合理运用职业判断，以确定期初余额的审计范围。

注册会计师应当阅读最近期间的财务报表和前任注册会计师出具的审计报告（如有），获取与期初余额相关的信息，包括披露内容。注册会计师应当通过采取下列措施，获取充分、适当的审计证据，以确定期初余额是否包含对本期财务报表产生重大影响的错报：确定上期期末余额是否已正确结转至本期，或在适当的情况下已作出重新表述；确定期初余额是否反映对恰当会计政策的运用；实施一项或多项审计程序。注册会计师实施的一项或多项审计程序包括：如果上期财务报表已经审计，查阅前任注册会计师的审计工作底稿，以获取有关期初余额的审计证据；评价本期实施的审计程序是否提供了有关期初余额的审计证据；实施其他专门的审计程序，以获取有关期初余额的审计证据。如果获取的审计证据表明期初余额存在可能对本期财务报表产生重大影响的错报，注册会计师应当实施适合具体情况的追加的审计程序，以确定对本期财务报表的影响。

如果上期财务报表已由前任注册会计师审计，并发表了非无保留意见，在评估本期财务报表重大错报风险时，注册会计师应评价导致对上期财务报表发表非无保留意见的事项的影响，如果导致发表非无保留意见的事项对本期财务报表仍然相关和重大，则要出具非标准审计意见。如果不能获取有关期初余额的充分、适当的审计证据，注册会计师对财务报表发表保留意见或无法表示意见。如果认为期初余额存在对本期财务报表产生重大影响的错报，且错报的影响未能得到恰当的会计处理或适当的列报，注册会计师应对财务报表发表保留意见或否定意见。如果认为按照适用的财务报告编制基础与期初余额相关的会计政策未能在本期得到一贯运用，或者会计政策的变更未能得到恰当的会计处理或适当的列报，注册会计师应该出具非标准审计意见。

　　此外,注册会计师还应获取与审计意见中提及的所有期间相关的书面声明。对于管理层作出的、更正上期财务报表中影响比较信息的重大错报的任何重述,注册会计师还应当获取特定书面声明。如果认为存在影响上期财务报表的重大错报,而前任注册会计师以前出具了无保留意见的审计报告,注册会计师应当就此与适当层级的管理层沟通,并要求其告知前任注册会计师。注册会计师还应当与治理层进行沟通,除非治理层全部成员参与管理被审计单位。如果上期财务报表已经更正,且前任注册会计师同意对更正后的上期财务报表出具新的审计报告,注册会计师应当仅对本期财务报表出具审计报告。

中国注册会计师审计准则第 1331 号——首次审计业务涉及的期初余额

二、持续经营假设审计

（一）持续经营假设

　　在持续经营假设下,财务报表是基于被审计单位持续经营并在可预见的将来(一般为资产负债表日,即 12 月 31 日之后的 12 个月)可以继续经营下去的假设编制的。一般而言,企业的财务报表是运用持续经营假设编制的,除非管理层计划清算被审计单位、终止运营或别无其他现实的选择。对于持续经营能力的检查,注册会计师就是需要评价被审计单位按照持续经营假设编制报表的合理性,以及是否需要提请管理层在会计报表中披露持续经营能力的重大不确定性或重大疑虑。也就是说,注册会计师对被测试企业持续经营能力的评估主要从两个方面考虑:①确定被审计单位的持续经营假设是否合理;②根据被审计单位的持续经营假设的情况,确定财务报表项目的分类及计价基础是否需要调整,与被审计单位持续经营能力相关的事项是否需要恰当披露。

中国注册会计师审计准则第 1511 号——比较信息:对应数据和比较财务报表

　　持续经营能力的重大不确定性或重大疑虑主要体现在以下三个方面:

1. 财务方面

　　被审计单位在财务方面存在的可能导致对其持续经营能力产生疑虑的事项或情况包括:①无法偿还到期债务;②无法偿还即将到期且难以展期的借款;③无法继续履行重大借款合同中的有关条款;④存在大额的逾期未缴税金;⑤累计经营性亏损数额巨大;⑥过度依赖短期借款筹资;⑦无法获取供应商的正常商业信用;⑧难以获得开发必要新产品或进行必要投资所需资金;⑨资不抵债;⑩营运资金出现负数;⑪经营活动产生的现金流量净额为负数;⑫大股东长期占用巨额资金;⑬重要子公司无法持续经营且未进行处理;⑭存在大量长期未做处理的不良资产;⑮存在因对外巨额担保等或有事项引发的或有负债。

2. 经营方面

　　被审计单位在经营方面存在的可能导致对其持续经营能力产生疑虑的事项或情况包括:①关键管理人员离职且无人替代;②主导产品不符合国家产业政策;③失去主要市场、特许权或主要供应商;④人力资源或重要原材料短缺。

3. 其他方面

　　被审计单位在其他方面存在的可能导致对其持续经营能力产生疑虑的事项或情况包括:①严重违反有关法律、法规或政策;②异常原因导致停工、停产;③有关法律法规或政策的变化可能造成重大不利影响;④经营期限即将到期且无意继续经营;⑤投资者未履行协议、合同、章程规定的义务,并有可能造成重大不利影响;⑥因自然灾害、战争等不可抗力因素遭受严重损失,且未购买保险或者保额不足。

9

（二）对持续经营能力评价的基本程序

1. 注册会计师应当充分识别管理层做出评价的过程、依据的假设和拟采取的改善措施，以考虑管理层对持续经营能力的评价是否适当

在评价管理层对被审计单位持续经营能力作出的评估时，注册会计师的评价期间应当与管理层按照适用的财务报告编制基础或法律法规（如果法律法规要求的期间更长）的规定作出评估的涵盖期间相同。通常来讲，财务报告编制基础规定了管理层需要在多长期间考虑所有可获得的持续经营信息。持续经营假设是指被审计单位在编制财务报表时，假定其经营活动在可预见的将来会继续下去，而可预见的将来通常是指财务报表日后 12 个月。因此，管理层对持续经营能力的合理评估期间应是自财务报表日起的下一个会计期间。如果管理层评估持续经营能力涵盖的期间短于自财务报表日起的 12 个月，注册会计师应当提请管理层将其至少延长至自财务报表日起的 12 个月。

任何企业都可能面临终止经营的风险，因此，管理层应当定期对其持续经营能力作出分析和判断，确定以持续经营假设为基础编制财务报表的适当性。管理层对被审计单位持续经营能力的评估，是注册会计师考虑管理层运用持续经营假设的一个关键部分。注册会计师应当评价管理层对持续经营能力作出的评估。管理层的评估所遵循的程序包括对可能导致对其持续经营能力产生重大疑虑的事项或情况的识别、对相关事项或情况结果的预测、对拟采取改善措施的考虑和计划以及最终的评估结论。在考虑管理层的评估程序时，注册会计师需要关注管理层是如何识别可能导致对其持续经营能力产生重大疑虑的事项或情况的，所识别的事项或情况是否完整，是否已经对注册会计师在实施审计程序过程中发现的所有相关信息进行了充分考虑。注册会计师评价管理层对被审计单位持续经营能力所作的评估，可能包括评价管理层作出评估时遵循的程序、评估依据的假设、管理层的未来应对计划以及管理层的计划在当前情况下是否可行。注册会计师应当考虑管理层作出的评估是否已考虑所有相关信息，其中包括注册会计师实施审计程序获取的信息。

2. 复核管理层提出的应对计划

注册会计师应当询问管理层拟采取的改善措施，并考虑对持续经营能力的影响。管理层采取的改善措施通常包括处置资产、售后回租资产、取得担保借款、实施资产置换与债务重组、获取新的投资、削减或延缓开支、获得重要原材料的替代品以及开拓新的市场等。

（三）持续经营能力假设审计结论

注册会计师应当评价是否就管理层编制财务报表时运用持续经营假设的适当性获取了充分、适当的审计证据，并就运用持续经营假设的适当性得出结论。

注册会计师应当根据获取的审计证据，运用职业判断，就单独或汇总起来可能导致对被审计单位持续经营能力产生重大疑虑的事项或情况是否存在重大不确定性得出结论。确定是否存在与事项或情况相关的重大不确定性（且这些事项或情况单独或汇总起来可能导致对被审计单位持续经营能力产生重大疑虑）并考虑对审计意见的影响。

如果注册会计师根据职业判断认为，鉴于不确定性潜在影响的重要程度和发生的可能性，为了使财务报表实现公允反映，有必要适当披露该不确定性的性质和影响，则表明存在重大不确定性。

如果认为运用持续经营假设适合具体情况，但存在重大不确定性，注册会计师应当确定：

（1）财务报表是否已充分描述可能导致对持续经营能力产生重大疑虑的主要事项或情况，以及管理层针对这些事项或情况的应对计划；

（2）财务报表是否已清楚披露可能导致对持续经营能力产生重大疑虑的事项或情况存在重大不确定性，并由此导致被审计单位可能无法在正常的经营过程中变现资产和清偿债务。

如果已识别出可能导致对被审计单位持续经营能力产生重大疑虑的事项或情况，但根据获取的审计证据，注册会计师认为不存在重大不确定性，则注册会计师应当根据适用的财务报告编制基础的规定，评价财务报表是否对这些事项或情况作出充分披露。

（四）对审计报告的影响

1. 被审计单位运用持续经营假设适当但存在重大不确定性

如果运用持续经营假设是适当的，但存在重大不确定性，且财务报表对重大不确定性已作出充分披露，注册会计师应当发表无保留意见，并在审计报告中增加以"与持续经营相关的重大不确定性"为标题的单独部分，以便于：

（1）提醒财务报表使用者关注财务报表附注中对所述事项的披露；

（2）说明这些事项或情况表明存在可能导致对被审计单位持续经营能力产生重大疑虑的重大不确定性，并说明该事项并不影响发表的审计意见。

在极少数情况下，当存在多项对财务报表整体具有重要影响的重大不确定性时，注册会计师可能认为发表无法表示意见而非增加以"与持续经营相关的重大不确定性"为标题的单独部分是适当的。《中国注册会计师审计准则第1502号——在审计报告中发表非无保留意见》规定，在极其特殊的情况下，可能存在多个不确定事项。尽管注册会计师对每个单独的不确定事项获取了充分、适当的审计证据，但由于不确定事项之间可能存在相互影响，以及可能对财务报表产生累积影响，注册会计师不可能对财务报表形成审计意见。在这种情况下，注册会计师应当发表无法表示意见。

如果财务报表未作出充分披露，注册会计师应当发表保留意见或否定意见。注册会计师应当在审计报告中说明，存在可能导致对被审计单位持续经营能力产生重大疑虑的重大不确定性。

2. 运用持续经营假设不适当

如果财务报表按照持续经营基础编制，而注册会计师运用职业判断认为管理层在编制财务报表时运用持续经营假设是不适当的，则无论财务报表中对管理层运用持续经营假设的不适当性是否作出披露，注册会计师均应发表否定意见。

如果在具体情况下运用持续经营假设是不适当的，但管理层被要求或自愿选择编制财务报表，则可以采用替代基础（如清算基础）编制财务报表。注册会计师可以对财务报表进行审计，前提是注册会计师确定替代基础在具体情况下是可接受的编制基础。如果财务报表对此作出了充分披露，注册会计师可以发表无保留意见，但也可能认为在审计报告中增加强调事项段是适当或必要的，以提醒财务报表使用者注意替代基础及其使用理由。

3. 严重拖延对财务报表的批准

如果管理层或治理层在财务报表日后严重拖延对财务报表的批准，注册会计师应当询问拖延的原因。如果认为拖延可能涉及与持续经营评估相关的事项或情况，注册会计师有必要实施前述识别出可能导致对持续经营能力产生重大疑虑的事项或情况时追加的审计程序，并就存在的重大不确定性考虑对审计结论的影响。

9

第三节　复核审计工作底稿

一、审计工作底稿的含义

审计工作底稿,是指注册会计师对制订的审计计划、实施的审计程序、获取的审计证据,以及得出的审计结论做出的记录。审计工作底稿分为当期工作底稿和永久性工作底稿,当期工作底稿是指由那些记录内容在各年度之间经常发生变化,只供当期审计使用和下期审计参考的审计工作底稿所组成的审计档案。这些工作底稿所记录的内容,在各年度之间是不同的,因此供当期审计使用。永久性档案是指那些记录内容相对稳定,具有长期使用价值,并对以后审计工作具有重要影响和直接作用的审计档案。审计工作底稿的要素包括被审计单位名称、审计项目名称、审计项目时间或期间、审计过程记录、审计结论、审计标识及其说明、索引号及页次、编制者姓名及编制日期、复核者姓名及复核日期、其他应说明事项。其中,审计过程记录主要记录以下事项:记录特定项目或事项的识别特征;重大事项;记录针对重大事项如何处理矛盾或不一致的情况。

【案例】　审计工作底稿范例

表 9-3

审计工作底稿

被审计单位名称:
审计项目名称:
会计期间或截止日:

		签名	日期	索引号
编制人				
复核人				页次

索引号	审计内容及说明	金　额
	审计程序实施记录	
		＊＊＊
		＊＊＊
		＊＊＊(交叉索引号)
	审计标识说明	
	资料来源说明	

审计结论:

表 9-4 　　　　　　　　　　　　　　**应收账款的审计工作底稿**

应收账款的审计工作底稿
应收账款审定表

索引号　　　　　　　　　　　　　　　　　　　　　　　编制人:李×　日期:20×9.3.20
被审计单位:ABC 公司　　　　　　　　　　　　　　　　　复核人:王×　日期:20×9.3.26

单位名称	未审数	审计调整	重分类	审定数	索引号	备注
T 公司	490 000S	10 000	0	500 000＜C	D-1	
K 公司	750 000S	0	0	750 000＜C	D-2	
L 公司	2 000S	0	0	2 000＜		
H 公司	50 000S	0	0	50 000＜		
……	……	……	……	……		
合计	3 945 000G	30 000	0	4 245 000＜T/B		

审计标识说明:
S:与明细账核对一致;G:与总账核对一致;T/B:与审计后的试算平衡表核对一致
C:已收回询证函,且与审定数一致;∧:纵加核对;＜:横加核对
D-1,D-2:应收账款询证函

二、复核审计工作底稿和财务报表

(一) 对财务报表总体合理性进行总体复核

在审计结束或临近结束时,注册会计师需要运用分析程序对经审计调整后的财务报表整体是否具有合理性进行最后的判断。在运用分析程序进行总体复核时,如果识别出以前未识别的重大错报风险,注册会计师应当重新考虑对全部或部分各类别的交易、账户余额、披露评估的风险是否恰当,并在此基础上重新评价之前计划的审计程序是否充分,是否有必要追加审计程序。

(二) 复核审计工作底稿

一般注册会计师需要至少对审计工作底稿进行三次复核(表 9-5)。第一次复核是在审计人员收集证据的过程中,项目经理需要对组员的工作底稿进行逐张复核;第二次复核是审计部门经理或专门的复核人员需要对重要会计账项,重要审计调整,重要审计程序进行复核;第三次复核是审计主任会计师在签订审计报告前需要对重大会计审计问题、重大审计调整事项、重要的审计工作底稿进行复核。

表 9-5 　　　　　　　　　　　　　　　　**三级复核**

复核人	复核级次	复核时间	复核内容
项目经理	第一级复核(详细复核)	在审计工作的进行中	逐张复核
部门经理	第二级复核(一般复核)	完成外勤审计工作后	重要会计账项,重要审计调整,重要审计程序
主任会计师	最后复核(重点复核)	签发审计报告前	重大会计审计问题,重大审计调整事项,重要的审计工作底稿

9

如果事务所对审计结果很重视,还可能增加复核的次数。审计工作底稿一般需要在审计工作结束或者审计报告日后 60 天内归档,其所有权归事务所所有。审计工作底稿从审计

工作结束或者审计报告日起至少要保存 10 年。

《会计师事务所质量管理准则第 5102 号——项目质量复核》对会计师事务所项目质量复核人员的具体复核工作等作出了规定。《中国注册会计师审计准则第 1121 号——对财务报表审计实施的质量管理》规范了在项目组层面如何管理财务报表审计项目质量。遵循准则要求执行复核是确保注册会计师执业质量的重要手段之一。会计师事务所需要按照《会计师事务所质量管理准则第 5102 号——项目质量复核》和《中国注册会计师审计准则第 1121 号——对财务报表审计实施的质量管理》的相关规定,结合事务所自身组织架构特点和质量控制体系建设需要,制定相关的质量控制政策和程序,对审计项目复核(包括项目组内部复核和项目质量控制复核)的级次以及人员、时间、范围和工作底稿记录等作出规定。

1. 项目组内部复核

《会计师事务所质量管理准则第 5102 号——项目质量复核》和《中国注册会计师审计准则第 1121 号——对财务报表审计实施的质量管理》规定,会计师事务所在安排复核工作时,应当由项目组内经验较多的人员复核经验较少的人员的工作。会计师事务所应当根据这一原则,确定有关复核责任的政策和程序。项目组需要在制订审计计划时确定复核人员的指派,以确保所有工作底稿均得到适当层级人员的复核。

对一些较为复杂、审计风险较高的领域,例如,舞弊风险的评估与应对、重大会计估计及其他复杂的会计问题、审核会议记录和重大合同、关联方关系和交易、持续经营存在的问题等,需要指派经验丰富的项目组成员执行复核,必要时可以由项目合伙人执行复核。

2. 项目质量控制复核

会计师事务所应当制定政策和程序,以明确项目质量复核的性质、时间安排和范围。这些政策和程序应当要求,只有完成项目质量控制复核,才可以签署业务报告。

《会计师事务所质量管理准则第 5102 号——项目质量复核》和《中国注册会计师审计准则第 1121 号——对财务报表审计实施的质量管理》规定,会计师事务所应当制定政策和程序,解决项目质量控制复核人员的委派问题,明确项目质量控制复核人员的资格要求,包括:

(1) 履行职责需要的技术资格,包括必要的经验和权限;

(2) 在不损害其客观性的前提下,项目质量控制复核人员能够提供业务咨询的程度;

(3) 遵守与项目质量复核人员任职资质要求相关的法律法规规定(如有)。

会计师事务所在确定质量复核人员的资格要求时,需要充分考虑质量复核工作的重要性和复杂性,安排经验丰富的注册会计师担任项目质量复核人员,例如,有一定执业经验的合伙人,或专门负责质量复核的注册会计师等。

第四节　期后事项

期后事项审计

一、期后事项的种类

(一) 需调整的期后事项和非调整期后事项

期后事项,是指发生在资产负债表日(在我国指 12 月 31 日)后,其会对前一年的报表产生影响的事项。一般分为需要调整的期后事项和非调整期后事项,需要调整的期后事项一般是指该事项的发生会对报表上的金额产生影响,非调整期后事项不会影响报表上的金额,但对于报表使用者理解报表有影响。比如,A 公司在 2023 年 12 月 25 日发生了一笔销售,结果 2024 年 1 月 4 日发生了退货,则该期后事项属于需要调整的事项,因为退货直接会影响 2023 年确认的销售收入、销售成本等事项。如果 A 公司在 2023 年 12 月 25 日销售了一批货物给 B 公司,而且金额很重大,结果 2024 年 1 月 4 日 B 公司发生了重大火灾造成 B 公司损失惨重,而且其没有购买保险,那么 B 公司可能无法按期支付 A 公司的购货款,这就属于非调整事项,需要在报表上披露。

(二) 第一段期后事项,第二段期后事项,第三段期后事项

按照期后事项发生的时点,分为第一段期后事项,第二段期后事项,第三段期后事项,第一段期后事项发生的时间点是在资产负债表日与审计报告日之间,第二段期后事项发生时间点在审计报告日到财务报表公告日之间,第三段期后事项发生时间点是在财务报表公告日之后,资产负债表日,是指财务报表涵盖的最近期间的截止日期,我国规定企业资产负债表日为当前会计年度的 12 月 31 日。审计报告日,是指注册会计师在对财务报表出具的审计报告上签署的日期。财务报表公告日则是指被审计单位将审计报告和已审财务报表提供给第三方的日期。注册会计师对于在审计报告日前发生的期后事项具有主动查找的责任,因为审计报告日表明审计工作结束,审计责任的结束。对于审计报告日后发生的期后事项负有被动和关注责任。由于该事项的特殊性,以及对审计报告会产生较大影响,因此注册会计师需要在审计报告阶段采用专门的审计程序予以审查,一般注册会计师主要通过询问管理层、询问被审单位律师、检查相关资料文件等方式来核查企业是否存在期后事项,其相关的会计处理是否正确。

1. 第一段期后事项

资产负债表日至审计报告日之间发生的期后事项属于第一时段期后事项。对于这一时段的期后事项,注册会计师负有主动识别的义务,应当设计专门的审计程序来识别这些期后事项,并根据这些事项的性质判断其对财务报表的影响,进而确定是进行调整还是披露。注册会计师应当设计和实施审计程序,获取充分、适当的审计证据,以确定所有在资产负债表日至审计报告日之间发生的、需要在财务报表中调整或披露的事项均已得到识别。但是,注册会计师并不需要对之前已实施审计程序并已得出满意结论的事项执行追加的审计程序。

通常情况下,针对期后事项的专门审计程序,其实施时间越接近审计报告日越好。越接近审计报告日,也就意味着离财务报表日越远,被审计单位这段时间内累积的对财务报表日已经存在的情况提供的进一步证据也就越多;越接近审计报告日,注册会计师遗漏期后事项的可能性也就越小。

在确定审计程序的性质和范围时,注册会计师应当考虑风险评估的结果。用以识别第一时段期后事项的审计程序通常包括:

(1) 了解管理层为确保识别期后事项而建立的程序;

(2) 询问管理层和治理层(如适用),确定是否已发生可能影响财务报表的期后事项。注册会计师可以询问根据初步或尚无定论的数据作出会计处理的项目的现状,以及是否已发生新的承诺、借款或担保,是否计划出售或购置资产等;

(3) 查阅被审计单位的所有者、管理层和治理层在财务报表日后举行会议的纪要,在不

9

能获取会议纪要的情况下,询问此类会议讨论的事项;

(4)查阅被审计单位最近的中期财务报表。

2. 第二段期后事项

审计报告日后至财务报表公告日前发现的事实属于"第二时段期后事项",针对该部分期后事项,注册会计师仅仅具有被动责任。在审计报告日后,注册会计师没有义务针对财务报表实施任何审计程序。注册会计师针对被审计单位的审计业务已经结束,要识别可能存在的期后事项比较困难,因而无法承担主动识别第二时段期后事项的审计责任。但是,在这一阶段,被审计单位的财务报表并未报出,管理层有责任将发现的可能影响财务报表的事实告知注册会计师。当然,注册会计师还可能从媒体报道、举报信或者证券监管部门告知等途径获悉影响财务报表的期后事项。

在审计报告日后至财务报表公告日前,如果知悉了某事实,且若在审计报告日知悉可能导致修改审计报告,注册会计师应当与管理层和治理层讨论该事项;确定财务报表是否需要修改;如果需要修改,询问管理层将如何在财务报表中处理该事项。

(1)管理层修改财务报表时的处理。如果管理层修改财务报表,注册会计师应当根据具体情况对有关修改实施必要的审计程序;同时,注册会计师应当将用以识别期后事项的上述审计程序延伸至新的审计报告日,并针对修改后的财务报表出具新的审计报告。新的审计报告日不应早于修改后的财务报表被批准的日期。

此时,注册会计师需要获取充分、适当的审计证据,以验证管理层根据期后事项所作出的财务报表调整或披露是否符合适用的财务报告编制基础的规定。

在有关法律法规或适用的财务报告编制基础未禁止的情况下,如果管理层对财务报表的修改仅限于反映导致修改的期后事项的影响,被审计单位的董事会、管理层或类似机构也仅对有关修改进行批准,注册会计师可以仅针对有关修改将用以识别期后事项的上述审计程序延伸至新的审计报告日。在这种情况下,注册会计师应当选用下列处理方式之一:

① 修改审计报告,针对财务报表修改部分增加补充报告日期,从而表明注册会计师对期后事项实施的审计程序仅限于财务报表相关附注所述的修改。在这种处理方式下,注册会计师修改审计报告,针对财务报表修改部分增加补充报告日期,而对管理层作出修改前的财务报表出具的原审计报告日期保持不变。之所以这样处理是因为,原审计报告日期告知财务报表使用者针对该财务报表的审计工作何时完成;补充报告日期告知财务报表使用者自原审计报告日之后实施的审计程序仅针对财务报表的后续修改。有关补充报告日期的示例如下:"除附注×所述事项的日期为[仅针对附注×所述修改的审计程序完成日期]之外,[原审计报告日]。"

② 出具新的或经修改的审计报告,在强调事项段或其他事项段中说明注册会计师对期后事项实施的审计程序仅限于财务报表相关附注所述的修改。

(2)管理层不修改财务报表且审计报告未提交时的处理。如果认为管理层应当修改财务报表而没有修改,并且审计报告尚未提交给被审计单位,注册会计师应当按照《中国注册会计师审计准则第 1502 号——在审计报告中发表非无保留意见》的规定发表非无保留意见,然后再提交审计报告。

(3)管理层不修改财务报表且审计报告已提交时的处理。如果认为管理层应当修改财务报表而没有修改,并且审计报告已经提交给被审计单位,注册会计师应当通知管理层和治理层,在财务报表作出必要修改前不要向第三方报出。如果财务报表在未经必要修改的情况下仍被报出,注册会计师应当采取适当措施,以设法防止财务报表使用者信赖该审计报告。例如,针对上市公司,注册会计师可以利用证券传媒等刊登必要的声明,防止使用者信赖审计报告。注册会计师采取的措施取决于自身的权利和义务以及所征询的法律意见。

(三)第三段期后事项

财务报表公告日后知悉的事实属于第三时段期后事项,注册会计师没有义务针对财务报表实施任何审计程序。但是,并不排除注册会计师通过媒体等其他途径获悉可能对财务报表产生重大影响的期后事项的可能性。

在财务报表公告后,如果知悉了某事实,且若在审计报告日知悉可能导致修改审计报告,注册会计师应当:

(1)与管理层和治理层(如适用)讨论该事项;

(2)确定财务报表是否需要修改;

(3)如果需要修改,询问管理层将如何在财务报表中处理该事项。

应当指出的是,需要注册会计师在知悉后采取行动的第三时段期后事项是有严格限制的:①这类期后事项应当是在审计报告日已经存在的事实。②该事实如果被注册会计师在审计报告日前获知,可能影响审计报告。只有同时满足这两个条件,注册会计师需要采取行动。

不同时段注册会计师对期后事项的责任如表 9-6 所示。

表 9-6　　　　　　　　　不同时段注册会计师对期后事项的责任

不同时间段	注册会计师的责任	注册会计师的处理	对会计报表审计报告的影响
资产负债表日——审计报告日	主动查找并审计期后事项(积极责任)	专门设计审计程序,以确定期后事项的类型及其影响	会计报表要作出相应的调整或披露,若被审方拒绝,注册会计师考虑发表保留或否定意见的审计报告,审计报告日为完成审计工作日
审计报告日——财务报表公告日	无须专门查找,但管理层有责任告知注册会计师可能影响账务报表的事实(消极责任)	应及时与被审方管理当局沟通,必要时追加审计程序	会计报表要作出相应的调整或披露,若被审方拒绝,注册会计师考虑发表保留或否定意见的审计报告,审计报告日可采用双重报告日期或更改审计报告日期
账务报表公告日之后	没有义务进行查询,但可通过其他途径知悉	应与被审方讨论如何处理,并考虑是否建议修改已审会计报表或审计报告	可能修改已审报表,也可能修改审计报告

第五节　评价审计结果

9

一、汇总错漏报

注册会计师需要汇总被审计单位尚未更正的错漏报,并与报表层次的重要性水平进行比较,确定发表什么审计意见,如果注册会计师发现的错漏报,被审计单位愿意接受修改,则不需要进行汇总。审计意见的类型包括无保留意见、保留意见、否定意见和无法表示意见。经过审计后,如果认为财务报表同时符合下列情形时,注册会计师应当出具无保留意见:财务报表符合国家颁布的企业会计准则和相关会计制度的规定,在所有重大方面公允反映了被审计单位的财务状况、经营成果和现金流量;注册会计师已经按照注册会计师审计准则计划和实施了审计工作,在审计过程中未受到限制。经过审计后,如果认为财务报表就其整体而言是公允的,但还存在下列情形之一时,注册会计师应当出具保留意见:会计政策的选用、会计估计的作出或财务报表的披露不符合企业会计准则的规定,虽影响重大,但只是对报表的局部影响;因审计范围受到限制,无法获取充分、适当的审计证据,虽影响重大,但只是对报表的局部影响。如果认为财务报表不符合的企业会计准则和相关会计制度的规定,未能从整体上公允反映被审计单位的财务状况、经营成果和现金流量,注册会计师应当出具否定意见。无法表示意见是由于某些限制而未对某些重要事项取得证据,没有完成取证工作,使得注册会计师无法对报表整体做出判断。

二、审计意见的类型

审计意见主要包括无保留意见和非无保留意见。

(一) 无保留意见

无保留意见,是指当注册会计师认为财务报表在所有重大方面按照适用的财务报告编制基础的规定编制并实现公允反映时发表的审计意见,包括标准无保留意见和无保留意见加强调事项段及其他事项段。强调事项段,是指审计报告中含有的一个段落,该段落提及已在财务报表中恰当列报的事项,且根据注册会计师的职业判断,该事项对财务报表使用者理解财务报表至关重要。其他事项段,是指审计报告中含有的一个段落,该段落提及未在财务报表中列报的事项,且根据注册会计师的职业判断,该事项与财务报表使用者理解审计工作、注册会计师的责任或审计报告相关。强调事项和其他事项的披露的目的在对财务报表形成审计意见后,根据注册会计师职业判断认为有必要在审计报告中增加强调事项段或其他事项段,通过明确提供补充信息的方式,提醒财务报表使用者关注下列事项:尽管已在财务报表中恰当列报,但对财务报表使用者理解财务报表至关重要的事项;未在财务报表中列报,但与财务报表使用者理解审计工作、注册会计师的责任或审计报告相关的其他事项。

如果认为有必要提醒财务报表使用者关注已在财务报表中列报,且根据职业判断认为对财务报表使用者理解财务报表至关重要的事项,在同时满足下列条件时,注册会计师应当在审计报告中增加强调事项段:按照《中国注册会计师审计准则第 1502 号——在审计报告中发表非无保留意见》的规定,该事项不会导致注册会计师发表非无保留意见;当《中国注册会计师审计准则第 1504 号——在审计报告中沟通关键审计事项》适用时,该事项未被确定为在审计报告中沟通的关键审计事项。

如果认为有必要沟通虽然未在财务报表中列报,但根据职业判断认为与财务报表使用者理解审计工作、注册会计师的责任或审计报告相关的事项,在同时满足下列条件时,注册会计师应当在审计报告中增加其他事项段:未被法律法规禁止;当《中国注册会计师审计准则第 1504 号——在审计报告中沟通关键审计事项》适用时,该事项未被确定为在审计报告中沟通的关键审计事项。

（二）非无保留意见

非无保留意见，是指对财务报表发表的保留意见、否定意见或无法表示意见。当存在下列情形之一时，注册会计师应当发表保留意见：在获取充分、适当的审计证据后，注册会计师认为错报单独或汇总起来对财务报表影响重大，但不具有广泛性；注册会计师无法获取充分、适当的审计证据以作为形成审计意见的基础，但认为未发现的错报（如存在）对财务报表可能产生的影响重大，但不具有广泛性。在获取充分、适当的审计证据后，如果认为错报单独或汇总起来对财务报表的影响重大且具有广泛性，注册会计师应当发表否定意见。如果无法获取充分、适当的审计证据以作为形成审计意见的基础，但认为未发现的错报（如存在）对财务报表可能产生的影响重大且具有广泛性，注册会计师应当发表无法表示意见。在极少数情况下，可能存在多个不确定事项。尽管注册会计师对每个单独的不确定事项获取了充分、适当的审计证据，但由于不确定事项之间可能存在相互影响，以及可能对财务报表产生累积影响，注册会计师不可能对财务报表形成审计意见。在这种情况下，注册会计师应当发表无法表示意见。

审计意见是注册会计师充分收集审计证据之后做出的职业判断，应当专业、准确、审慎。证监会等监管机构也对会计师事务所发表的审计意见保持关注，如果被认为存在以保留意见替代无法表示意见或否定意见的情形，注册会计师会遭到问询调查。

【案例】 会计师遭灵魂拷问：是否存在以保留意见代替否定意见或无法表示意见的情形？

2023 年 5 月 17 日晚间，深交所披露了对 ST 三圣（002742）（原简称三圣股份，SZ002742）的 2022 年年报问询函。ST 三圣业务涵盖建材化工和医药制造两大板块，其中建材化工板块主要产品为商品混凝土、减水剂、膨胀剂、硫酸，医药制造板块主要产品为医药中间体、原料药和制剂产品。

根据年报，ST 三圣在 2022 年录得营业收入 20.77 亿元，同比下降 16.56％；扣非后归母净利润亏损 3.14 亿元，同比增长 6.29％，连续两年亏损。

值得一提的是，审计机构天健会计师事务所对 ST 三圣 2022 年年报出具了带有持续经营重大不确定性段落的保留意见。形成保留意见的基础包括无法判断已发生的应收关联方资金占用款项可回收金额，是否存在其他关联方非经营性资金占用及违规担保事项等诸多事项。

深交所要求 ST 三圣说明在存在多个无法获取充分、适当的审计证据的事项的情况下，发表保留意见的合理性和适当性，是否存在以保留意见代替无法表示意见或否定意见的情形。2023 年 6 月 8 日 ST 三圣及年审会计师事务所天健公开对问询函进行了回复。

思考：请同学们想象如果你是该案例中的注册会计师，应当出具什么样的审计意见比较合适？如果你是监管机构工作人员，能否认可注册会计师的答复？

9

三、判断审计意见的标准

如何判断应该签发哪种意见呢？一般我们可以遵循两条线加重要性水平，如图 9-1 所示，两条线是指财务报表是否存在错漏报，审计范围是否受限。

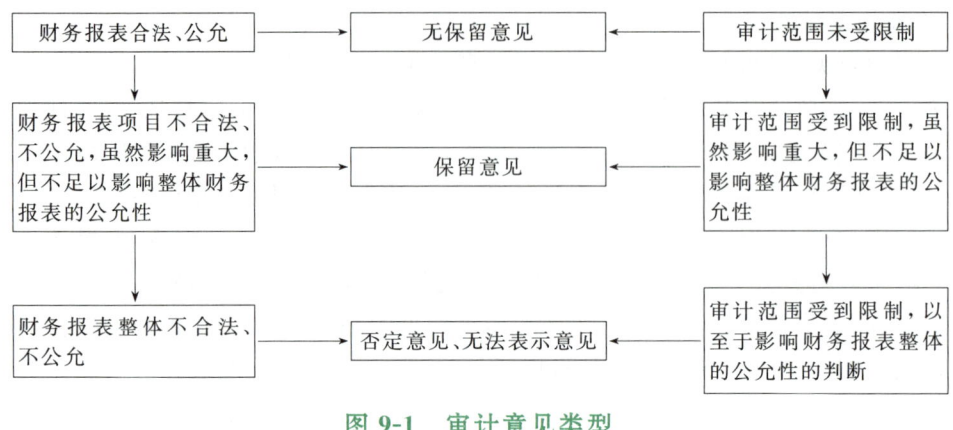

图 9-1　审计意见类型

财务报表是否存在错报主要评价如下：

（1）财务报表是否恰当披露了所选择和运用的重要会计政策。作出这一评价时，注册会计师应当考虑会计政策与被审计单位的相关性，以及会计政策是否以可理解的方式予以表述。

（2）所选择和运用的会计政策是否符合适用的财务报告编制基础，并适合被审计单位的具体情况。

（3）管理层作出的会计估计是否合理。

（4）财务报表列报的信息是否具有相关性、可靠性、可比性和可理解性，如应当包括的信息是否均已包括，这些信息的分类、汇总或分解以及描述是否适当；财务报表的总体列报（包括披露）是否由于包括不相关的信息或有碍正确理解所披露事项的信息而受到不利影响。

（5）财务报表是否作出充分披露，使预期使用者能够理解重大交易和事项对财务报表所传递信息的影响。

（6）财务报表使用的术语（包括每一财务报表的标题）是否适当。

财务报表存在错漏报主要来源于选择的会计政策的恰当性；会计政策运用的合理性；财务报表披露的恰当性或充分性。审计范围受限，说得通俗点就是不能收集到想要的审计证据，范围受限的原因主要包括超出被审计单位控制的情形，比如被审计单位的会计记录已被损坏，资料被政府查封等；范围受限还体现在管理层施加限制，阻止注册会计师收集证据，比如注册会计师想去盘点存货，管理层找借口推脱，不让注册会计师去盘点。此外，范围受限也可能与注册会计师工作的性质或时间安排相关，如注册会计师因为计划不当导致没有足够时间函证被审计单位所有金额重大的应收账款。

一般注册会计师先判断是哪条线出问题了，是财务报表存在错漏报，还是审计范围受限。如果是财务报表存在错漏报，那么这个错漏报超过重要性水平没有，是否属于重大错漏报，如果不属于，则签发"无保留意见"。如果属于重大错漏报，那么它是对报表整体产生影响，还是局部产生影响。如果是对局部产生影响，注册会计师出具"保留意见"；如果是对整体产生影响，注册会计师出具"否定意见"。比如 ABC 会计师事务所审计 XYZ 公司，发现固定资产折旧方法没有按照会计准则的要求采用直线法，错误的金额为 100 万元，假设重要性水平为 180 万元，那么这种情况下签发什么意见，首先判断，这个属于财务报表存在错漏报那根线出问题了，错误的金额小于重要性水平，因此发表"无保留意见"。如果错报的金额变成 200 万元,超过了重要性水平,注册会计师就需要判断该错报对报表的影响程度,是局部影响还是广泛影响,假设固定资产在报表上占比为 10%,那么在其他事项都没有错漏报的情况下,这个固定资产的错报仅仅影响报表的 10%,属于局部影响,注册会计师发表"保留意见",如果固定资产在报表上占比为 45%,那么这个固定资产的错报就会影响报表的 45%,这个影响就很广泛了,需要发表"否定意见"。

如果是审计范围受到限制这条线出现问题,那么不能验证的事项金额重大吗?如果不重大,则注册会计师发表"无保留意见";如果重大,根据它对报表的影响程度,发表"保留意见"或者"无法表示意见"。如果是局部影响,发表"保留意见";如果是广泛影响,发表"无法表示意见"。比如注册会计师去审计存货,但是被审计单位不让注册会计师去仓库盘点,不能验证的金额为 80 万元,如果重要性水平为 100 万元,这种情况下,由于不能验证的金额小于重要性水平,所以发表"无保留意见"。如果目前不能验证的金额为 120 万元,那么这个不能验证的金额为重大金额,就要发表"保留意见"或者"无法表示意见";如果存货在报表上的占比为 5%,不能验证存货,对报表只是局部影响,则签发"保留意见",如果存货在报表上的占比变为 50%,不能验证存货,对报表就是广泛影响,则签发"无法表示意见"。

【课堂练习】

请分别就以下四种情况指出注册会计师应出具何种审计意见类型的审计报告,并说明理由。

(1) A 公司是生产经营炸药的公司,因危险性很高,所以保险公司不愿对其财产承保,而该公司未在会计报表中加以提示。该公司财产可能因为一次爆炸事件损坏无余,但该公司有良好的安全记录,且从未有过爆炸损失。

(2) B 公司拥有自购置之日起就大幅度增值的房屋一幢,资产负债表中将该房屋以现行评估价表示,并已充分披露,该公司深信资产负债表中所列房屋估价较为合理。

(3) C 公司为非银行金融公司,该公司遵照政府有关部门的规定编制会计报表,但某些项目和企业会计准则严重背离。这些项目所涉及的金额不大,且已在会计报表附注中做了充分揭示。

(4) D 公司对各子公司都拥有股票投资,已查明各项投资均已原始成本入账,但难以审核各子公司在资产负债表中长期投资数额的真实性。

答案:(1) 出具无保留意见的审计报告,通常保险公司不愿意承保资产的可能损失不必列入会计报表中;

(2) 出具否定意见或保留意见的审计报告,房屋以现行评估价入账,违反企业会计准则的规定,应以历史成本入账,如果该房屋金额很大,应出具否定意见的审计报告,如果金额不大可出具保留意见的审计报告;

(3) 出具保留意见的审计报告,公司会计报表的编制必须遵循企业会计准则的规定;

(4) 出具无法表示意见或保留意见的审计报告,如果审计范围受到严重限制,且无法取得适当的对于公司投资的证据,则应出具无法表示意见的审计报告,如果审计范围受到限制,但并不十分严重,则可出具保留意见的审计报告。

9

第六节　签发审计报告

一、审计报告的含义

审计报告,是指注册会计师根据审计准则的规定,在执行审计工作的基础上,对财务报表发表审计意见的书面文件,是注册会计师在完成审计工作后向委托人提交的最终产品,具有以下特征:

(1) 注册会计师应当按照审计准则的规定执行审计工作。

(2) 注册会计师在实施审计工作的基础上才能出具审计报告。

(3) 注册会计师通过对财务报表发表意见履行业务约定书约定的责任。

(4) 注册会计师应当以书面形式出具审计报告。

注册会计师应当根据由审计证据得出的结论,清楚表达对财务报表的意见。注册会计师一旦在审计报告上签名并盖章,就表明对其出具的审计报告负责。

审计报告是注册会计师对财务报表是否在所有重大方面按照财务报告编制基础编制并实现公允反映发表审计意见的书面文件,因此,注册会计师应当将已审计的财务报表附于审计报告之后,以便于财务报表使用者正确理解和使用审计报告,并防止被审计单位替换、更改已审计的财务报表。

二、审计报告的作用

注册会计师签发的审计报告,主要具有鉴证、保护和证明三方面的作用。

(一) 鉴证作用

注册会计师签发的审计报告,不同于政府审计和内部审计的审计报告,是以超然独立的第三者身份,对被审计单位财务报表合法性、公允性发表意见。这种意见,具有鉴证作用,得到了政府、投资者和其他利益相关者的普遍认可。政府有关部门判断财务报表是否合法、公允,主要依据注册会计师的审计报告。企业的投资者,主要依据注册会计师的审计报告来判断被投资企业的财务报表是否公允地反映了财务状况和经营成果,以进行投资决策等。

(二) 保护作用

注册会计师通过审计,可以对被审计单位财务报表出具不同类型审计意见的审计报告,以提高或降低财务报表使用者对财务报表的信赖程度,能够在一定程度上对被审计单位的债权人和股东以及其他利害关系人的利益起到保护作用。如投资者为了减少投资风险,在进行投资之前,需要查阅被投资企业的财务报表和注册会计师的审计报告,了解被投资企业的经营情况和财务状况。

(三) 证明作用

审计报告是对注册会计师审计任务完成情况及其结果所作的总结,它可以表明审计工作的质量并明确注册会计师的审计责任。因此,审计报告可以对审计工作质量和注册会计师的审计责任起证明作用。例如,是否以审计工作底稿为依据发表审计意见,发表的审计意见是否与被审计单位的实际情况相一致,审计工作的质量是否符合要求。

三、审计报告的分类

（一）按照审计报告的性质，可以分为无保留意见审计报告和非无保留意见审计报告

无保留意见审计报告，是指包括标准措辞的无保留意见的审计报告，不附有任何强调事项段、其他事项段或者修正性用语。非无保留意见审计报告，是指带有强调事项段、其他事项段的无保留意见的审计报告和非无保留意见的审计报告。非无保留意见的审计报告包括保留意见的审计报告、否定意见的审计报告和无法表示意见的审计报告。

（二）按照审计报告的使用目的，可以分为公布目的的审计报告和非公布目的的审计报告

公布目的的审计报告，是指用于对企业股东、投资者、债权人等非特定利益关系者公布的附送财务报表的审计报告。非公布目的的审计报告，是指用于经营管理、合并或业务转让、融通资金等特定目的而实施审计的审计报告。这类报告是分发给特定使用者的，如经营者、合并或业务转让的关系人、提供贷款的金融机构等。

（三）按照披露的详略程度，可以分为简式审计报告和详式审计报告

简式审计报告又称为短式审计报告，是指注册会计师对应公布的财务报表进行审计后所编制的简明扼要的审计报告。简式审计报告反映的内容是非特定多数的利害关系人共同认为的必要审计事项，具有标准格式，一般适用于公布目的、具有标准审计报告的特点。详式审计报告又称为长式审计报告，是指对审计对象所有重要的经济业务和情况都要做详细说明和分析的审计报告。详式审计报告主要用于指出企业经营管理存在的问题和帮助企业改善经营管理，故其内容比简式审计报告丰富、详细。详式审计报告一般用于非公布目的、具有非标准审计报告的特点。

四、审计报告的要素

审计报告一般包括的要素有：标题、收件人、审计意见、形成审计意见的基础、管理层对财务报表的责任、注册会计师对财务报表审计的责任、按照相关法律法规的要求报告的事项（如适用）、注册会计师的签名和盖章、会计师事务所的名称、地址和盖章、报告日期。如果需要在报告中列示与持续经营相关的重大不确定性、关键审计事项等，可以在管理层对财务报表责任的前面进行列示。审计报告的标题统一规范为"审计报告"。收件人为审计业务约定书里面载明的收件人。

审计意见部分应该指出：被审计单位的名称；说明财务报表已经审计；指出构成整套财务报表的每一个财务报表的名称；提及财务报表附注；指明构成整套财务报表的每一财务报表的日期或涵盖的期间。

形成审计意见的基础：说明注册会计师按照审计准则的规定执行了审计工作；提及审计报告中用于描述审计准则规定的注册会计师责任的部分；声明注册会计师按照与审计相关的职业道德要求独立于被审计单位，并履行了职业道德方面的其他责任。声明中应当指明适用的职业道德要求，如中国注册会计师职业道德守则；说明注册会计师是否相信获取的审计证据是充分、适当的，为发表审计意见提供了基础。

管理层对财务报表的责任包括：按照适用的财务报告编制基础的规定编制财务报表，使其实现公允反映，并设计、执行和维护必要的内部控制，以使财务报表不存在由于舞弊或错误导致的重大错报；评估被审计单位的持续经营能力和使用持续经营假设是

9

否适当,并披露与持续经营相关的事项(如适用),对管理层评估责任的说明应当包括描述在何种情况下使用持续经营假设是适当的。

注册会计师对财务报表审计的责任,说明注册会计师是对财务报表整体是否存在重大错漏报出具合理保证,注册会计师按照审计准则执行审计工作,具体表现在:

(1) 说明注册会计师的目标是对财务报表整体是否不存在由于舞弊或错误导致的重大错报获取合理保证,并出具包含审计意见的审计报告。

(2) 说明合理保证是高水平的保证,但并不能保证按照审计准则执行的审计在某一重大错报存在时总能发现。

(3) 说明错报可能由于舞弊或错误导致,在说明错报可能由于舞弊或错误导致时,注册会计师应当从下列两种做法中选取一种:描述如果合理预期错报单独或汇总起来可能影响财务报表。使用者依据财务报表作出的经济决策,则通常认为错报是重大的;根据适用的财务报告编制基础,提供关于重要性的定义或描述。

(4) 说明在按照审计准则执行审计工作的过程中,注册会计师运用职业判断,并保持职业怀疑。

(5) 通过说明注册会计师的责任,对审计工作进行描述,这些责任包括:

① 识别和评估由于舞弊或错误导致的财务报表重大错报风险,设计和实施审计程序以应对这些风险,并获取充分、适当的审计证据,作为发表审计意见的基础。由于舞弊可能涉及串通、伪造、故意遗漏、虚假陈述或凌驾于内部控制之上,未能发现由于舞弊导致的重大错报的风险高于未能发现由于错误导致的重大错报的风险。

② 了解与审计相关的内部控制,以设计恰当的审计程序,但目的并非对内部控制的有效性发表意见。当注册会计师有责任在财务报表审计的同时对内部控制的有效性发表意见时,应当略去上述"目的并非对内部控制的有效性发表意见"的表述。

③ 评价管理层选用会计政策的恰当性和作出会计估计及相关披露的合理性。

④ 对管理层使用持续经营假设的恰当性得出结论。同时,根据获取的审计证据,就可能导致对被审计单位持续经营能力产生重大疑虑的事项或情况是否存在重大不确定性得出结论。如果注册会计师得出结论认为存在重大不确定性,审计准则要求注册会计师在审计报告中提请报表使用者关注财务报表中的相关披露;如果披露不充分,注册会计师应当发表非无保留意见。注册会计师的结论基于截至审计报告日可获得的信息。然而,未来的事项或情况可能导致被审计单位不能持续经营。

⑤ 评价财务报表的总体列报(包括披露)、结构和内容,并评价财务报表是否公允反映相关交易和事项。

(6) 说明注册会计师与治理层就计划的审计范围、时间安排和重大审计发现等事项进行沟通,包括沟通注册会计师在审计中识别的值得关注的内部控制缺陷。

(7) 对于上市实体财务报表审计,指出注册会计师就已遵守与独立性相关的职业道德要求向治理层提供声明,并与治理层沟通可能被合理认为影响注册会计师独立性的所有关系和其他事项,以及相关的防范措施(如适用)。

(8) 对于上市实体财务报表审计,以及决定按照《中国注册会计师审计准则第1504号——在审计报告中沟通关键审计事项》的规定沟通关键审计事项的其他情况,说明注册会计师从与治理层沟通过的事项中确定哪些事项对本期财务报表审计最为重要,因而构成关键审计事项。注册会计师应当在审计报告中描述这些事项,除非法律法规禁止公开披露这些事项,或在极少数情形下,注册会计师合理预期在审计报告中沟通某事项造成的负面后果超过在公众利益方面产生的益处,因而确定不应在审计报告中沟通该事项。

如果注册会计师对集团进行审计业务,其责任还应该包括:注册会计师的责任是就集团中实体或业务活动的财务信息获取充分、适当的审计证据,以对合并财务报表发表审计意见;注册会计师负责指导、监督和执行集团审计;注册会计师对审计意见承担全部责任。

中国注册会计师审计准则第 1401号——对集团财务报表审计的特殊考虑

审计报告应当由项目合伙人和另一名负责该项目的注册会计师签名和盖章。审计报告应当载明会计师事务所的名称和地址,并加盖会计师事务所公章。审计报告日期为审计工作结束的时间,不应早于注册会计师获取充分、适当审计证据,并形成审计意见的日期。审计报告应当注明报告日期。审计报告日不应早于注册会计师获取充分、适当的审计证据,并在此基础上对财务报表形成审计意见的日期。在确定审计报告日时,注册会计师应当确信已获取下列两方面的审计证据:构成整套财务报表的所有报表(含披露)已编制完成;被审计单位的董事会、管理层或类似机构已经认可其对财务报表负责。

🎓 【案例】 无保留意见审计报告

审计报告

科伦药业股份有限公司全体股东:

一、审计意见

我们审计了后附的科伦药业股份有限公司财务报表,包括 2017 年 12 月 31 日的合并及母公司资产负债表,2017 年度的合并及母公司利润表、合并及母公司现金流量表、合并及母公司股东权益变动表以及相关财务报表附注。

我们认为,后附的财务报表在所有重大方面按照中华人民共和国财政部颁布的企业会计准则(以下简称"企业会计准则")的规定编制,公允反映了科伦药业 2017 年 12 月 31 日的合并及母公司财务状况以及 2017 年度的合并及母公司经营成果和现金流量。

二、形成审计意见的基础

我们按照中国注册会计师审计准则(以下简称"审计准则")的规定执行了审计工作。审计报告的"注册会计师对财务报表审计的责任"部分进一步阐述了我们在这些准则下的责任。按照中国注册会计师职业道德守则,我们独立于科伦药业,并履行了职业道德方面的其他责任。

我们相信,我们获取的审计证据是充分、适当的,为发表审计意见提供了基础。

三、关键审计事项

关键审计事项是我们根据职业判断,认为对本期财务报表审计最为重要的事项。这些事项的应对以对财务报表整体进行审计并形成审计意见为背景,我们不对这些事项单独发表意见。

9

收入确认

请参阅财务报表附注"三、公司重要会计政策、会计估计"23所述的会计政策及"五、合并财务报表项目注释"40。

关键审计事项	在审计中如何应对该事项
科伦药业及其子公司（以下简称"科伦集团"）的收入主要包括向数量众多的经销商、医院及下游生产厂商（"销售客户"）销售输液、非输液及其他产品。科伦集团与销售客户签订销售合同并根据其约定的条款销售输液、非输液及其他产品。科伦集团签订的销售合同不包含折让及返利条款。根据约定，除产品质量问题外，科伦集团不接受任何形式的退货。 科伦集团在将商品所有权上的主要风险和报酬转移给销售客户，科伦集团既没有保留通常与所有权相联系的继续管理权，也没有对已出售的商品实施有效控制时确认收入。一般情况下，当产品运送至销售客户指定的地点并由客户验收后，输液、非输液及其他产品所有权上的主要风险和报酬被认为已转移给客户，科伦集团据此确认营业收入。 由于营业收入是科伦集团关键的业绩指标之一，存在管理层通过操纵营业收入以达到特定目标或期望的固有风险，我们将收入确认识别为关键审计事项	与评价收入确认相关的审计程序中包括以下程序： ● 了解并评价与收入确认相关的关键内部控制的设计和运行有效性； ● 选取样本，检查科伦集团与销售客户签订的销售合同，以了解销售交易的条款，并评价科伦集团收入确认的会计政策是否符合企业会计准则的要求； ● 在抽样的基础上，将本年度记录的收入核对至相关的经销售客户签字确认的出库单、开票申请单及销售发票等文件，以评价收入是否按照科伦集团的会计政策予以确认； ● 选取样本，就于资产负债表日的应收账款余额及本年度的销售交易金额实施函证程序； ● 在抽样的基础上，检查产品经销售客户签字确认的出库单、开票申请单及销售发票等文件，以评价接近资产负债表日前后的销售是否记录在正确的会计期间； ● 选取样本，检查本年度满足特定风险条件并与营业收入确认有关的会计分录，向管理层询问作出以上会计分录的原因并与相关支持性文件进行比较

开发支出资本化

请参阅财务报表附注"三、公司重要会计政策、会计估计"16所述的会计政策及"五、合并财务报表项目注释"15

关键审计事项	在审计中如何应对该事项
科伦集团于研究开发过程中发生的支出在同时满足财务报表附注三、16中所列的所有资本化条件时才能予以资本化。科伦集团于2017年度将研究开发支出中的人民币191 161 638元予以资本化并计入资产负债表中"开发支出"科目。 由于确定开发支出是否满足所有资本化条件需要科伦集团管理层做出重大判断和估计，特别是完成该研究开发药物过程以使其能够使用或出售在技术上具有可行性可能受到管理层偏向的影响，我们将开发支出资本化识别为关键审计事项	与评价开发支出资本化相关的审计程序中包括以下程序： ● 了解并评价与开发支出资本化相关的关键内部控制的设计和运行有效性 ● 根据企业会计准则的要求，评价科伦集团管理层采用的开发支出资本化政策 ● 选取样本，询问相关研发人员，了解完成有关开发药物过程是否能使其使用或出售在技术上具有可行性，同时了解是否有开发项目中止，而使该项目不再满足开发支出资本化条件 ● 选取样本，查阅并核对与研发项目相关的批文或证书以及科伦集团管理层准备的与研发项目相关的商业和技术可行性报告

四、其他信息

科伦药业管理层对其他信息负责。其他信息包括科伦药业 2017 年年度报告中涵盖的信息，但不包括财务报表和我们的审计报告。我们对财务报表发表的审计意见不涵盖其他信息，我们也不对其他信息发表任何形式的鉴证结论。结合我们对财务报表的审计，我们的责任是阅读其他信息，在此过程中，考虑其他信息是否与财务报表或我们在审计过程中了解到的情况存在重大不一致或者似乎存在重大错报。

基于我们已执行的工作，如果我们确定其他信息存在重大错报，我们应当报告该事实。在这方面，我们无任何事项需要报告。

五、管理层和治理层对财务报表的责任

管理层负责按照企业会计准则的规定编制财务报表，使其实现公允反映，并设计、执行和维护必要的内部控制，以使财务报表不存在由于舞弊或错误导致的重大错报。

在编制财务报表时，管理层负责评估科伦药业的持续经营能力，披露与持续经营相关的事项（如适用），并运用持续经营假设，除非科伦药业计划进行清算、终止运营或别无其他现实的选择。

治理层负责监督科伦药业的财务报告过程。

六、注册会计师对财务报表审计的责任

我们的目标是对财务报表整体是否不存在由于舞弊或错误导致的重大错报获取合理保证，并出具包含审计意见的审计报告。合理保证是高水平的保证，但并不能保证按照审计准则执行的审计在某一重大错报存在时总能发现。错报可能由于舞弊或错误导致，如果合理预期错报单独或汇总起来可能影响财务报表使用者依据财务报表作出的经济决策，则通常认为错报是重大的。

在按照审计准则执行审计工作的过程中，我们运用职业判断，并保持职业怀疑。同时，我们也执行以下工作：

（1）识别和评估由于舞弊或错误导致的财务报表重大错报风险，设计和实施审计程序以应对这些风险，并获取充分、适当的审计证据，作为发表审计意见的基础。由于舞弊可能涉及串通、伪造、故意遗漏、虚假陈述或凌驾于内部控制之上，未能发现由于舞弊导致的重大错报的风险高于未能发现由于错误导致的重大错报的风险。

（2）了解与审计相关的内部控制，以设计恰当的审计程序。

（3）评价管理层选用会计政策的恰当性和作出会计估计及相关披露的合理性。

（4）对管理层使用持续经营假设的恰当性得出结论。同时，根据获取的审计证据，就可能导致对科伦药业持续经营能力产生重大疑虑的事项或情况是否存在重大不确定性得出结论。如果我们得出结论认为存在重大不确定性，审计准则要求我们在审计报告中提请报表使用者注意财务报表中的相关披露；如果披露不充分，我们应当发表非无保留意见。我们的结论基于截至审计报告日可获得的信息。然而，未来的事项或情况可能导致科伦药业不能持续经营。

（5）评价财务报表的总体列报、结构和内容（包括披露），并评价财务报表是否公允反映相关交易和事项。

（6）就科伦集团中实体或业务活动的财务信息获取充分、适当的审计证据，以对财务

9

报表发表审计意见。我们负责指导、监督和执行集团审计,并对审计意见承担全部责任。

我们与治理层就计划的审计范围、时间安排和重大审计发现等事项进行沟通,包括沟通我们在审计中识别出的值得关注的内部控制缺陷。

我们还就已遵守与独立性相关的职业道德要求向治理层提供声明,并与治理层沟通可能被合理认为影响我们独立性的所有关系和其他事项,以及相关的防范措施(如适用)。

从与治理层沟通过的事项中,我们确定哪些事项对本期财务报表审计最为重要,因而构成关键审计事项。我们在审计报告中描述这些事项,除非法律法规禁止公开披露这些事项,或在极少数情形下,如果合理预期在审计报告中沟通某事项造成的负面后果超过在公众利益方面产生的益处,我们确定不应在审计报告中沟通该事项。

×××会计师事务所　　　　　　　　　中国注册会计师:×××(项目合伙人)

(特殊普通合伙)　　　　　　　　　　　　　　×××

中国　北京

2018 年 4 月 24 日

如果在审计报告中包含强调事项段,注册会计师应当采取下列措施:将强调事项段作为单独的一部分置于审计报告中,并使用包含"强调事项"这一术语的适当标题;明确提及被强调事项以及相关披露的位置,以便能够在财务报表中找到对该事项的详细描述。强调事项段应当仅提及已在财务报表中列报的信息;指出审计意见没有因该强调事项而改变。如果在审计报告中包含其他事项段,注册会计师应当将该段落作为单独的一部分,并使用"其他事项"或其他适当标题。

五、非无保留意见审计报告的写法

如果对财务报表发表非无保留意见,除在审计报告中包含上述的审计报告要素外,注册会计师还应当:

(1) 在发表非无保留意见时,注册会计师应当对审计意见部分使用恰当的标题,如"保留意见""否定意见"或"无法表示意见"。

(2) 将"形成审计意见的基础"这一标题修改为恰当的标题,如"形成保留意见的基础""形成否定意见的基础"或"形成无法表示意见的基础";

(3) 在该部分对导致发表非无保留意见的事项进行描述。

当由于财务报表存在重大错报而发表保留意见时,注册会计师应当在审计意见部分说明:"注册会计师认为,除形成保留意见的基础部分所述事项产生的影响外,后附的财务报表在所有重大方面按照适用的财务报告编制基础的规定编制,公允反映了[……]"。

当由于无法获取充分、适当的审计证据而导致发表保留意见时,注册会计师应当在审计意见部分使用"除……可能产生的影响外"等措辞。

当发表否定意见时,注册会计师应当在审计意见部分说明:"注册会计师认为,由于形成否定意见的基础部分所述事项的重要性,后附的财务报表没有在所有重大方面按照适用的财务报告编制基础的规定编制,未能公允反映[……]"。

当由于无法获取充分、适当的审计证据而发表无法表示意见时,注册会计师应当:

(1) 说明注册会计师不对后附的财务报表发表审计意见。

(2) 说明由于形成无法表示意见的基础部分所述事项的重要性,注册会计师无法获取

中国注册会计师审计准则第 1501 号——对财务报表形成审计意见和出具审计报告

中国注册会计师审计准则第 1502 号——在审计报告中发表非无保留意见

充分、适当的审计证据以作为对财务报表发表审计意见的基础。

（3）把财务报表已经审计的说明,改为注册会计师接受委托审计财务报表。

（4）对注册会计师责任作出的表述进行修改,仅包含下列内容。

① 注册会计师的责任是按照中国注册会计师审计准则的规定,对被审计单位财务报表执行审计工作,以出具审计报告;

② 但由于形成无法表示意见的基础部分所述的事项,注册会计师无法获取充分、适当的审计证据以作为发表审计意见的基础;

③ 关于注册会计师在独立性和职业道德方面的其他责任的声明。

（5）注册会计师不得在审计报告中包含关键审计事项部分,也不得在审计报告中包含《中国注册会计师审计准则第1521号——注册会计师对其他信息的责任》规定的其他信息部分。

中国注册会计师审计准则第1503号——在审计报告中增加强调事项段和其他事项段

六、在审计报告中沟通关键审计事项

在签发审计报告前,注册会计师需要与被审计单位沟通并确定需要在报告中列示的关键审计事项,关键审计事项就是指需要在审计中重点关注的内容,关键审计事项一般为重大错漏报风险较高的领域。比如,注册会计师审计 A 企业,通过风险分析,确定销售收入和应收账款为两个风险最大的领域,则销售收入和应收账款就为关键审计事项。注册会计师应该在审计报告中单设一部分,以"关键审计事项"为标题,并在该部分使用恰当子标题逐项描述关键审计事项。

中国注册会计师审计准则第1504号——在审计报告中沟通关键审计事项

（一）关键审计事项的定义

《中国注册会计师审计准则第1504号——在审计报告中沟通关键审计事项》要求注册会计师在上市实体整套通用目的财务报表审计报告中增加关键审计事项部分,用于沟通关键审计事项。关键审计事项,是指注册会计师根据职业判断认为对当期财务报表审计最为重要的事项。在审计报告中沟通关键审计事项,可以提高已执行审计工作的透明度,从而提高审计报告的决策相关性和有用性。沟通关键审计事项还能够为财务报表使用者提供额外的信息,以帮助其了解被审计单位、已审计财务报表中涉及重大管理层判断的领域,以及注册会计师根据职业判断认为对当期财务报表审计最为重要的事项。沟通关键审计事项,还能够为财务报表预期使用者就与被审计单位、已审计财务报表或已执行审计工作相关的事项进一步与管理层和治理层沟通提供基础。

（二）确定关键审计事项的决策框架

1. 以"与治理层沟通的事项"为起点选择关键审计事项

《中国注册会计师审计准则第1151号——与治理层的沟通》要求注册会计师与被审计单位治理层沟通审计过程中的重大发现,包括注册会计师对被审计单位的重要会计政策、会计估计和财务报表披露等会计实务的看法,审计过程中遇到的重大困难,已与治理层讨论或需要书面沟通的重大事项等,以便治理层履行其监督财务报告过程的职责。对财务报表和审计报告使用者信息需求的调查结果表明,他们对这些事项感兴趣,并且呼吁增加这些沟通的透明度。因此,应从与治理层沟通事项中选取关键审计事项。

2. 从"与治理层沟通的事项"中选出"在执行审计工作时重点关注过的事项"

重点关注的概念基于这样的认识:审计是风险导向的,注重识别和评估财务报表重大错报风险,设计和实施应对这些风险的审计程序,获取充分、适当的审计证据,以作为形成审计

9

意见的基础。对于特定账户余额、交易类别或披露,评估的认定层次重大错报风险越高,在计划和实施审计程序并评价审计程序的结果时通常涉及的判断就越多。在设计进一步审计程序时,注册会计师评估的风险越高,就需要获取越有说服力的审计证据。当由于评估的风险较高而需要获取更具说服力的审计证据时,注册会计师可能需要增加所需审计证据的数量,或者获取更具相关性或可靠性的审计证据,如更注重从第三方获取审计证据或从多个独立渠道获取互相印证的审计证据。因此,对注册会计师获取充分、适当的审计证据或对财务报表形成审计意见构成挑战的事项可能与注册会计师确定关键审计事项尤其相关。

注册会计师重点关注过的领域通常与财务报表中复杂、重大的管理层判断领域相关,因而通常涉及困难或复杂的注册会计师职业判断。相应地,重点关注过的事项通常影响注册会计师的总体审计策略以及对这些事项分配的审计资源和审计工作力度。这些影响可能包括高级审计人员参与审计业务的程度,或者注册会计师的专家或在会计、审计的特殊领域具有专长的人员(包括会计师事务所聘请或雇用的人员)对这些领域的参与等。

注册会计师在确定哪些事项属于重点关注过的事项时,应当特别考虑下列方面:

(1) 评估的重大错报风险较高的领域或识别出的特别风险。《中国注册会计师审计准则第1151号——与治理层的沟通》要求注册会计师与治理层沟通识别出的特别风险。注册会计师还可以与治理层沟通注册会计师计划如何应对评估的重大错报风险较高的领域。特别风险,根据审计准则中的定义,是指注册会计师识别和评估的、根据判断认为需要特别考虑的重大错报风险。评估的重大错报风险较高的领域或识别出的特别风险,通常需要注册会计师在审计中投放更多的审计资源予以应对。因此,注册会计师在确定的重点关注过的事项时需要特别考虑该方面。

(2) 与财务报表中涉及重大管理层判断(包括被认为具有高度估计不确定性的会计估计)的领域相关的重大审计判断。财务报表中复杂、重大的管理层判断领域,通常涉及困难、复杂的审计判断,并且可能同时需要管理层的专家和注册会计师的专家的参与。因此,注册会计师在确定的重点关注过的事项时需要特别考虑该方面。

(3) 当期重大交易或事项对审计的影响。对财务报表或审计工作具有重大影响的事项或交易可能属于重点关注领域,并可能被识别为特别风险。例如,在审计过程中的各个阶段,注册会计师可能已与管理层和治理层就重大关联方交易或超出被审计单位正常经营过程之外的重大交易,或在其他方面显得异常的交易对财务报表的影响进行了大量讨论。管理层可能已就这些交易的确认、计量、列报或披露作出困难或复杂的判断,这些判断可能已对注册会计师的总体审计策略产生重大影响。经济、会计、法规、行业或其他方面的重大变化可能影响管理层的假设或判断,也可能影响注册会计师的总体审计方法,并导致某一事项需要重点关注。

3. 从"在执行审计工作时重点关注过的事项"中选出"最为重要的事项",从而构成关键审计事项

注册会计师可能已就需要重点关注的事项与治理层进行了较多的互动。就这些事项与治理层进行沟通的性质和范围,通常能够表明哪些事项对审计而言最为重要。例如,对于较为困难和复杂的事项,注册会计师与治理层的互动可能更加深入、频繁或充分,这些事项(如重大会计政策的运用)构成重大注册会计师或管理层判断的对象。

在确定某一与治理层沟通过的事项的相对重要程度以及该事项是否构成关键审计事项

时,下列考虑也可能是相关的:

（1）该事项对预期使用者理解财务报表整体的重要程度,尤其是对财务报表的重要性。

（2）与该事项相关的会计政策的性质或者与同行业其他实体相比,管理层在选择适当的会计政策时涉及的复杂程度或主观程度。

（3）从定性和定量方面考虑,与该事项相关的由于舞弊或错误导致的已更正错报和累积未更正错报（如有）的性质和重要程度。

（4）为应对该事项所需要付出的审计努力的性质和程度,包括:

① 为应对该事项而实施审计程序或评价这些审计程序的结果（如有）在多大程度上需要特殊的知识或技能。

② 就该事项在项目组之外进行咨询的性质。

（5）在实施审计程序、评价实施审计程序的结果、获取相关和可靠的审计证据以作为发表审计意见的基础时,注册会计师遇到的困难的性质和严重程度,尤其是当注册会计师的判断变得更加主观时。

（6）识别出的与该事项相关的控制缺陷的严重程度。

（7）该事项是否涉及数项可区分但又相互关联的审计考虑。例如,长期合同的收入确认、诉讼或其他或有事项等方面,可能需要重点关注,并且可能影响其他会计估计。

从需要重点关注的事项中,确定哪些事项以及多少事项对本期财务报表审计最为重要属于职业判断问题。"最为重要的事项"并不意味着只有一项。需要在审计报告中包含的关键审计事项的数量可能受被审计单位规模和复杂程度、业务和经营环境的性质,以及审计业务具体事实和情况的影响。总体来说,最初确定为关键审计事项的事项越多,注册会计师越需要重新考虑每一事项是否符合关键审计事项的定义。对关键审计事项作冗长的列举可能与这些事项是审计中最为重要的事项这一概念相抵触。

新审计报告准则应用效果比较

📝 **重 点 回 顾**

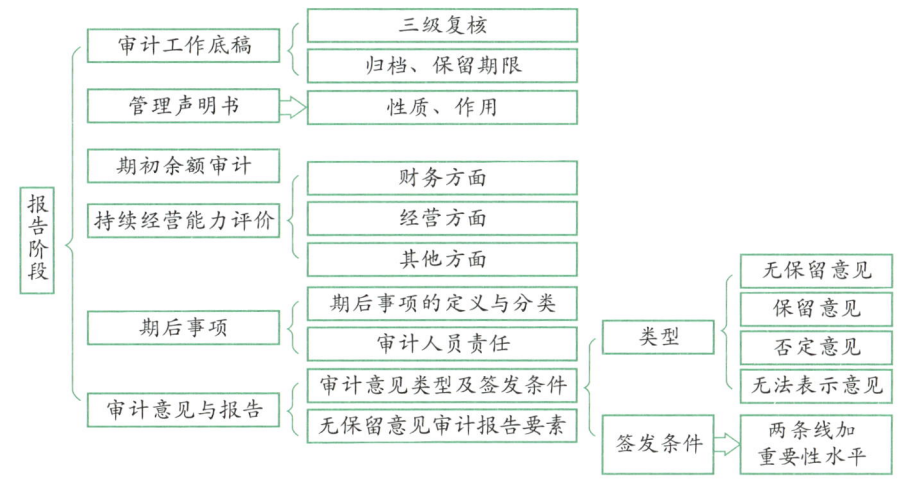

9

专业词汇中英文对照

期初余额　opening balances　　　　　　管理声明书　management representation letter

持续经营能力　going concern　　　　　　工作底稿　working paper

期后事项　subsequent events　　　　　　审计报告日　audit report date

需要调整的期后事项　type I subsequent events(subsequent events with adjusting entries)

非调整期后事项　type II subsequent events(subsequent events without adjusting entries)

财务报表公告日　release date of financial report

审计范围受限　scope limitation　　　　　广泛影响　pervasive

会计政策　accounting policy　　　　　　关键审计事项　key audit matter

无法表示意见　disclaimer

练 习 题

一、单选题

1. A 会计师事务所 2024 年 3 月 8 日完成了 X 公司 2023 年度财务报表的审计外勤工作,X 公司于 3 月 15 日正式签发了其 2023 年度财务报表,A 事务所于 3 月 21 日随即签发了审计报告。3 月 31 日,X 公司对外公布了其上年度的财务报表。则该项审计业务的工作底稿最迟应在 2024 年(　　)以前归档。

A. 5 月 20 日　　　　B. 4 月 21 日　　　　C. 5 月 14 日　　　　D. 6 月 30 日

2. 某注册会计师在编写审计报告时,在意见段中使用了"除……可能产生的影响外"措辞,则这种审计报告最可能是(　　)。

A. 无保留意见审计报告　　　　　　　　B. 保留意见审计报告

C. 否定意见审计报告　　　　　　　　　D. 无法表示意见审计报告

3. 如果被审计单位管理层拒绝就其责任的履行情况提供书面声明,下列做法中,注册会计师认为错误的是(　　)。

A. 重新评价被审计单位管理层的诚信情况

B. 重新评价获取审计证据的总体可靠性

C. 对财务报表出具无法表示意见的审计报告

D. 对财务报表出具无保留意见的审计报告

4. 注册会计师对被审计单位 2023 年度财务报表进行审计,于 2024 年 4 月 5 日出具审计报告,相关审计工作底稿于 2024 年 5 月 20 日归档。关于审计工作底稿的保存期限,下列说法中正确的是(   )。

  A. 自 2024 年 4 月 4 日起至少 10 年 B. 自 2024 年 4 月 5 日起至少 10 年

  C. 自 2024 年 5 月 20 日起至少 10 年 D. 自 2024 年 1 月 1 日起至少 10 年

5. 关于与治理层沟通注册会计师与财务报表审计相关的责任,下列说法中,不正确的是(   )。

  A. 应当就注册会计师与财务报表审计的相关责任与治理层沟通

  B. 承担对财务报表审计的责任可以减轻治理层的责任

  C. 应当和治理层沟通与其履行对财务报告过程监督职责相关的重大事项

  D. 通常不专门为识别与治理层沟通的补充事项设计程序

6. 下列关于管理层声明书的说法中,不正确的是(   )。

  A. 当要求管理层提供声明书时,注册会计师应当要求将声明书直接送注册会计师本人

  B. 管理层声明书标明的日期通常与审计报告日一致

  C. 管理层说明书可以视为非常可靠的审计证据

  D. 如果管理层拒绝提供注册会计师认为必要的声明,注册会计师应当将其视为审计范围受到限制,出具保留意见或无法表示意见的审计报告

7. 无法表示意见和保留意见的区别在于(   )。

  A. 拒绝进行调整金额的大小

  B. 误用会计政策的严重程度

  C. 会计估计的不合理程度

  D. 注册会计师审计范围受到限制的严重程度

8. 在下列情况中,注册会计师应发表保留意见或无法表示意见的是(   )。

  A. 被审计单位拒绝配合存货盘点

  B. 被审计单位拒绝接受注册会计师就重大或有事项提出的披露建议

  C. 被审计单位拒绝就重大期后事项进行调整

  D. 被审计单位拒绝调整期初数据

9. 在审计实务中,编制财务报表时的会计调整属于重分类调整事项的是(   )。

  A. 已交付使用一年的房屋仍在在建工程中核算

  B. 存货的意外损失被记录在管理费用中

  C. 应收账款贷方余额

  D. 属于投资性房地产的房屋被记录在固定资产账上

10. 注册会计师审计报告的基本要素不包括(   )。

  A. 标题和收件人   B. 注册会计师责任段

  C. 管理层责任段   D. 范围段

9

二、多选题

1. 在评价财务报表是否按照适用的财务报告编制基础的规定编制时,CPA 应当考虑（　　　　）。

A. 选择和运用的会计政策是否符合适用的会计准则和相关会计制度,并适合于被审计单位的具体情况

B. 治理层作出的会计估计是否合理

C. 财务报表反映的信息是否具有相关性、可靠性、可比性和可理解性

D. 财务报表是否作出充分披露,使财务报表使用者能够理解重大交易和事项对被审计单位财务状况、经营成果和现金流量的影响

2. 审计报告的意见段应当说明会计报表是否符合国家颁布的企业会计准则的规定,在所有重大方面是否公允反映了被审计单位的财务状况、经营成果和现金流量。这里的公允反映是指会计报表的编制符合条件（　　　　　　）。

A. 会计政策的选用和重大会计估计的作出符合国家颁布的企业会计准则的规定,并且符合被审计单位的实际情况

B. 影响会计报表使用人判断或决策的事项均已得到恰当地表达和披露

C. 会计报表中所反映的信息已经得到合理的分类和汇总

D. 按照重要性原则,会计报表反映了交易和事项的经济实质

3. 对于截止审计报告日被审计单位仍未披露的（　　　　　　　）,注册会计师应当提请被审计单位予以披露,若被审计单位不接受披露建议,注册会计师应根据其类型和重要程度,确定是否在审计报告中予以反映,以及如何反映。

A. 错报金额　　　　B. 期后事项　　　　C. 或有损失　　　　D. 未决诉讼

4. 在以下事项中,（　　　　　　）有可能最终被注册会计师建议调整。

A. 金额超过报表层重要性水平的

B. 金额不超过报表层重要性水平但超过认定层重要性水平的

C. 性质重要的但金额不超过认定层重要性水平的

D. 性质不重要且金额不超过认定层重要性水平的

5. 下列事项中,属于财务方面导致对持续经营假设产生重大疑虑的事项的有（　　　　　　）。

A. 重要供应商短缺

B. 无法履行借款合同的条款

C. 用以产生现金流量的资产的价值出现大幅下跌

D. 监管程序可能导致企业财产被冻结

6. 注册会计师有可能针对期后事项实施的审计程序有（　　　　　）。

A. 检查财务报表日后发生企业合并的情况

B. 重新计算财务报表日后售出固定资产的处置损益

C. 检查财务报表日后诉讼案件的结案情况

D. 检查财务报表日后资本公积转增资本的情况

7. 如果注册会计师在财务报表报出日后获知被审计单位审计报告日已经存在但尚未发现的期后事项,则可能采取的措施恰当的有（　　　　　）。

A. 重新出具审计报告

B. 提请被审计单位管理层修改财务报表

C. 与被审计单位管理层讨论如何处理

D. 不用关注

8. 非无保留意见审计报告包括(   )。

A. 无保留意见   B. 保留意见   C. 否定意见   D. 无法表示意见

9. 被审计单位管理当局声明书是注册会计师获取的一种书面证据,它能够(   )。

A. 明确管理当局的会计责任

B. 为审计意见提供直接证据

C. 在一定程度上保护注册会计师

D. 避免注册会计师与管理当局产生误解

10. 下列各项中,注册会计师可与被审计单位治理层直接沟通的有(   )。

A. 管理层在提供审计所需信息时出现严重拖延

B. 管理层不合理地要求缩短完成审计工作的时间

C. 管理层对注册会计师的审计范围施加限制

D. 管理层不愿按照注册会计师的要求对持续经营能力做出评估

三、判断题

1. 审计报告日应当是注册会计师获取充分、适当的审计证据,并在此基础上对财务报表形成审计意见的日期。   (   )

2. 期初余额是指注册会计师初次接受委托时,所审会计期间期初已存在的余额,它以上期的期末余额为基础。   (   )

3. 注册会计师对财务报表审计的责任,说明注册会计师是对财务报表整体是否存在重大错漏报出具合理保证,注册会计师按照审计准则执行审计工作等内容。   (   )

4. 审计工作底稿一般需要在审计工作结束或者审计报告日后 60 天内归档,其所有权归事务所所有。   (   )

5. 如果注册会计师在审计后认为,被审计单位财务报表存在应调整而被审计单位未予调整的重要事项,则注册会计师只能发表保留意见。   (   )

四、简答题

1. 简述管理声明书的作用和内容。

2. 简述引起持续经营能力存在疑虑的情况。

3. 简述在什么情况下签发什么样的审计意见。

4. 简述注册会计师对于期后事项的责任。

5. 简述审计工作底稿的复核和归档。

6. 简述无保留意见审计报告的基本要素。

五、案例分析题

1. ABC 会计师事务所接受委托审计甲公司 2023 年度财务报表,A 注册会计师任项目合伙人。2024 年 3 月 5 日完成了审计工作,并于同日将审计报告提交给甲公司,甲公司于 2024 年 3 月 10 日批准并对外报出。在这一过程中遇到下列事项:

9

（1）2024 年 2 月 10 日，甲公司股东大会决议按照 10% 的比例提取法定盈余公积。

（2）2024 年 3 月 6 日，甲公司于 2023 年度 12 月 21 日发生的一笔大额销售被退回；

（3）2024 年 2 月 15 日，甲公司发生火灾，导致资产发生重大损失。

要求：判断上述事项是否属于调整事项，并说明理由。

2. ABC 会计师事务所的 M 注册会计师负责对甲公司 2023 年度财务报表实施审计。甲公司 2022 年度财务报表由 XYZ 会计师事务所实施审计并出具审计报告。其他相关情况如下：

（1）前任会计师因一项重大错报对 2022 年度财务报表出具了保留意见审计报告。甲公司 2022 年度财务报表与审计报告已于 2023 年 3 月 15 日对外公布。

（2）M 注册会计师对 2023 年末存货实施了必要的审计程序，但据此得出的期末存货与 2023 年度财务报表之间存在重大差异，管理层拒绝调整。

（3）甲公司 2023 年度提前确认营业收入和推迟确认管理费用分别导致税前利润被高估了 35 万元和 16 万元。虽然错报金额均低于重要性水平，但 M 注册会计师仍发表保留意见，并在审计报告中同时说明上述两项错报。

（4）由于甲公司拒绝提供客户资料，审计项目组无法对甲公司 2023 年度确认的一笔 230 万元赊销收入进行函证。除了能够确认甲公司结转的 170 万元营业成本外，也无法实施必要的替代程序。M 注册会计师认为审计范围受到重大限制，发表保留意见。

（5）在完成审计当日，M 注册会计师发现甲公司摘自未经审计的 2023 年度财务报表的《财务数据摘要》与甲公司已签发 2023 年度财务报表存在重大不一致，认为其他信息存在重大错报。与治理层沟通后，其他信息仍未得到更正。M 注册会计师决定在审计报告中增加强调事项段说明该情况，以免财务报表使用者对财务报表产生误解。

要求：

（1）逐一针对情况（1）至（2），不考虑其他情况，指出注册会计师是否需要在审计报告中反映，简要说明理由。如认为需要，请指出如何在审计报告中反映。

（2）逐一针对情况（3）至（5），假定 M 注册会计师在审计完成阶段根据审定的资产总额重新确定的 2023 年度财务报表整体重要性水平为 200 万元，甲公司列报的税前利润为 50 万元，不考虑其他情况，指出 M 注册会计师的做法是否恰当，简要说明理由。

第四部分

审 计 实 务

　　本部分包括第十章和第十一章内容,主要介绍循环审计和综合案例分析,把企业的业务活动分为四个循环:销售与收款循环、采购与付款循环、生产循环和筹资与投资循环,针对每个循环的审计重点进行分析。

第十章

循 环 审 计

在实务当中,注册会计师会把企业的业务流程划分为不同的循环,然后根据每个循环涉及的主要账户来进行测试,收集相关证据。这种方法称为循环审计。一般来说,企业的业务流程可以分解为以下不同的循环:销售与收款循环、采购与付款循环、生产循环、投资与筹资循环。其中销售与收款循环是指企业销售商品或提供劳务、收取款项的过程。采购与付款循环是指企业购买存货、固定资产等,然后支付款项的过程。生产循环是指企业把购买来的存货、固定资产等投入到生产中,生产出产成品的过程。筹资与投资循环是指企业如果资金短缺则需要筹资,如果资金有剩余可以进行投资的过程。企业业务循环如图 10-1 所示。一般来说,每个企业的业务会涉及这四个循环中的一个或几个。

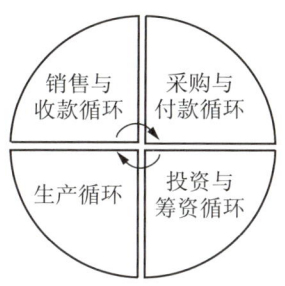

图 10-1　企业业务循环

例如,A 公司是一家上市医药集团企业。其聘请了 XYZ 会计师事务所对其财务报表进行年度审计。作为注册会计师,我们可以判断:A 公司主业属于医药制造业,那么日常销售药品、医用器械并取得收入的过程就属于销售与收款循环。A 公司向供应商采购原材料、器械的过程称为采购与付款循环。A 公司生产加工原材料,制造出合格产品的过程则是生产循环。除了主营业务之外,A 公司还可能通过持有其他公司股票、购买银行理财产品等方式对外投资,公开发行债券等手段筹集资金来满足发展需要,这种行为统称为投资与筹资循环。如 A 公司在年报中披露购买银行理财产品 51 000 万元人民币。在分析了公司的主要循环后,注册会计师就需要针对每个循环进行审计,在针对每个循环的审计中,主要就是要评估每个循环存在的风险,针对主要的账户进行实质性测试。一般来说,企业喜欢高估资产、收入,低估负债和费用,因此,注册会计师在审计时,针对资产类和收入账户,应特别关注其是否被高估,针对负债类和费用账户,应特别关注其是否被低估。

每个循环的学习思路都是首先弄清楚这个循环的主要业务活动和单据,然后了解这个循环的主要内部控制,最后明确这个循环涉及的主要账户的实质性测试。

第一节　销售与收款循环

一、销售与收款循环涉及的主要业务活动及凭证

首先,我们需要了解销售与收款循环涉及的主要业务活动及凭证(图 10-2)。该循环的业务活动包括接受客户订单,批准赊销,发运商品,开具发票,记录销售,计提坏账准备,收取货款,办理和记录销售退回、折扣与折让,注销坏账。其中接受客户订单是整个业务循环的起点。为了扩大销售和方便客户,公司一般会提供赊销服务,也就是给予客户一定期间来偿还款项,即批准赊销。赊销的期限取决于客户信用,信用好的客户还款期可以适当延长。坏账准备是指有的应收账款可能不能收回,因此在发生赊销的时候企业需要根据债务人的经营情况提取适当的准备金,避免高估应收账款。销售的退回、折扣和折让是指销售的商品可能没达到客户的要求,或者在运输过程中出现损坏,因此客户要求退货或给予额外折扣。注销坏账是指发生债务人破产等情况,证实应收账款确实无法收回的时候,将该笔应收账款予以注销。

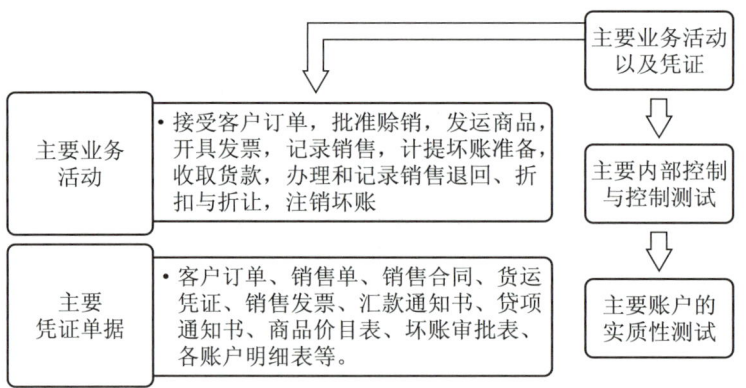

图 10-2　销售与收款循环的主要业务活动与凭证单据

销售与收款循环涉及的主要凭证、单据包括:

(1)客户订单。客户订单是客户提出的书面购货要求;

(2)销售单。销售单是指销售部门根据客户订单汇总而编制的,作为销售部门内部处理客户订购单的凭证;

(3)销售合同。销售合同是销售双方签订的约定权利、义务的法律凭证;

(4)货运凭证。发货凭证是企业发运货物时填制的,用以反映发出商品的规格、数量和其他有关内容的凭据;

(5)销售发票。销售发票是一种用来表明已销售商品的规格、数量、价格、销售金额、运费和保险费、开票日期、付款条件等内容的凭证;

（6）汇款通知书。汇款通知书是一种与销售发票一起寄给顾客，由顾客在付款时再寄回销售单位的凭证，注明顾客姓名、销售发票号码、销售单位开户银行账号及金额等；

（7）贷项通知单。也称贷项通知书，是一种用来表示由于销售退回或经批准的折让而引起的应收账款减少的凭证；

（8）商品价目表。商品价目表一般列示已经授权批准的，可供销售的各种商品的价格清单；

（9）坏账审批表。坏账审批表是一种用来批准将某些应收账款注销为坏账的内部使用凭证；

（10）各账户明细账。比如应收账款明细账，可以进一步显示某个客户欠款明细。

销售与收款循环主要业务活动、常见凭证及相关账户如表 10-1 所示。

表 10-1　　　　　　　销售与收款循环主要业务活动、常见凭证及相关账户

业务类型	业务活动	相关账户	相关凭证和会计记录
销　售	接受订单 批准赊销 发运商品 记录销售	主营业务收入 应收账款	客户订单 销售单 发运凭证 销售发票 应收账款总账和日记账
收　款	收取货款	银行存款 应收账款	汇款通知书 现金、银行存款日记账
销售退回与折让	办理和记录销售退回、折扣与折让	折扣与折让 应收账款	贷项通知单 销售退回、折扣与折让日记账
核销坏账	注销坏账	应收账款 坏账准备	坏账审批表 应收账款总账和明细账
坏账费用	计提坏账准备	应收账款 坏账准备	应收账款总账和明细账

二、销售与收款循环主要关注的内部控制

（一）销售环节主要关注的内部控制

销售环节关键的内部控制主要包括以下几点。

1. 适当的职权分离

销售、发货、收款应该由不同部门分别完成，单位在销售合同订立前，应当指定专门人员就销售价格、信用政策、发货及收款方式等具体事项与客户进行谈判。一般谈判人员应有两人以上，并与订立合同的人员相分离；编制销售发票通知单的人员与开具销售发票的人员应相互分离；销售人员应当避免接触销货现款；单位应收票据的取得和贴现必须经由保管票据以外的主管人员的书面批准。

2. 正确的授权审批

赊销要经过审批；发货要经过审批授权；销售价格、条件等要经过审批授权；不能出现超越审批权限授权的情况。

10

3. 充分的凭证和记录

比如发生销售退回,手续是否齐全,货物是否及时入库记录等,健全各种凭证和账簿,建立健全各环节的凭证,建立并及时登记应收账款总账、明细账、主营业务收入总账、明细账。

4. 凭证的预先编号

预先编号可以防止销售以后忘记向顾客开具账单或登记入账,也可避免重复开具账单或重复记账。比如销售发票,发货凭证上面都预先编好了号。按月寄出对账单,与购货方进行核对是否存在销售的高估或低估。

销售与收款循环内部控制如图 10-3 所示。

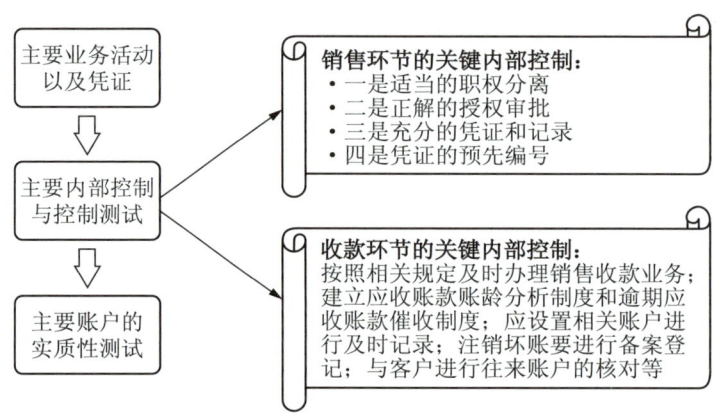

图 10-3 销售与收款循环关键内部控制

(二)收款环节主要关注的内部控制

收款环节的关键内部控制包括:按照相关规定及时办理销售收款业务;建立应收账款账龄分析制度和逾期应收账款催收制度(应收账款账龄分析是指根据到期时间把应收账款分类,比如 30 天到期,60 天到期,90 天到期等,预期回收时间越长,可回收性就越差,需要提取的坏账准备金就越高)。除此以外,还应设置相关账户进行及时记录;注销坏账要进行备案登记;与客户进行往来账户的核对等。

(三)了解内部控制后的措施

如果销售与收款循环内部控制很薄弱,则不需要进行控制测试;直接进入实质性测试;如果内部控制设计健全,那么注册会计师需要对内部控制进行测试,比如针对正确的授权审批,可能存在的问题有:

(1)销售单上没有顾客赊销信用的批准标记,即销售对象没有经过严格的信用审批;

(2)利用未经批准的货运凭证提货,将货物发送给未经信用批准的顾客或者根本就不存在的顾客;

(3)销售价格没有与商品价目表相核对,以不正确的价格开给顾客;

(4)顾客欠款的冲销未经过恰当的授权批准,通过虚假的贷项通知单来隐瞒挪用顾客的汇款。

如果注册会计师通过了解,认为被审计单位的授权相关内部控制良好,也看到被审计单位有有关严格授权的制度,注册会计师就可以测试目前设计健全的内部控制是否真的具有良好的授权审批,也就是进行控制测试,针对上述授权存在的问题,控制测试可以采取以下程序:①检查销售合同与顾客信用是否已经过信用管理部门的核准,是否有相关部门负责人签章;②核对相应的货运凭证副本,检查销售发票日期与运货日期是否一致;③检查销售发票中所列商品并与商品价目表核对;④检查销售退回和折让是否附有经主管人员核准的红字发票,检查销售退回是否具有仓库签发的退货验收报告,并核对与红字发票内容、金额是否一致,同时检查销售退回和折让的会计处理是否正确。

三、关键账户的实质性测试

销售与收款循环涉及的主要账户为货币资金、销售收入和应收账款,销售成本和存货虽然也是主要账户,但一般在生产循环中涉及。这个循环存在的重大错报风险主要体现在收入确认不正确,高估资产等。因此,在审计时,注册会计师首先应该考虑验证被审计单位是否高估资产,收入的确认是否正确。根据前文我们知道,一般在实施实质性测试前,需要明确审计目标,然后根据审计目标去收集证据。而审计目标的确认主要与管理当局认定有关,因此,我们这里按照两个层次的管理当局认定来确定具体审计目标。

(一)货币资金的实质性程序

货币资金包括库存现金和银行存款。

1.库存现金的实质性程序

库存现金的审计目标包括:验证库存现金的存在性;验证库存现金的所有权;验证库存现金的完整性;验证库存现金的准确性、计价和分摊,验证库存现金分类与列报。

为了验证这些审计目标,库存现金的实质性程序包括:

(1)核对库存现金日记账与总账的金额是否相符。

(2)检查外币库存现金的折算汇率及折算金额是否正确。这两个实质性程序主要是验证库存现金的准确性、计价和分摊的审计目标。

(3)监盘库存现金,这个程序主要验证库存现金的存在性、准确性、计价和分摊审计目标,在监盘库存现金的时候,应确定监盘时间(一般采用突击方式,时间选择在上午上班前或下午下班时,因为上午上班前还没有发生业务,下午下班前当天的业务发生得差不多了,这样盘点出来的数字与账面数字一般都是一致的),应该对企业所有的库存现金同时进行盘点,如果不能同时盘点,应该先封存存放地,再一处一处地盘点,检查被审计单位现金实存数,并将该监盘金额与库存现金日记账余额进行核对,填写库存现金监盘表,如果监盘时间是在非资产负债表日进行,应调整至资产负债表日的金额,并对变动情况进行检查。库存现金盘点表如表 10-2 所示。

(4)抽查大额库存现金收支,注册会计师应抽查大额现金收支的原始凭证内容是否完整,有无授权批准,并核对相关账户的进账情况,如有与被审计单位生产经营业务无关的收支事项,应查明原因,并做相应的记录。

(5)检查现金收支的正确截止,就是检查现金收支的记账时间是否正确,有没有出现跨期的情况。注册会计师可以对结账日前后一段时期内现金收支凭证进行审计,以确定是否存在跨期事项。

(6)检查库存现金是否在财务报表中作出恰当列报,可以验证列报与披露。

10

表 10-2 **库存现金盘点表**

客户 编制人： 日期： 索引号：
项目 现金监督 复核人： 日期： 页 次：
会计期间
盘点日期： 年 月 日

检查盘点记录					实有现金盘点记录					
项 目	项次	人民币	美元	某外币	面额	人民币		美元		某外币	
						张	金额	张	金额	张	金额
上一日账面库存余额	1				1 000 元						
盘点日未记账传票收入金额	2				500 元						
盘点日未记账传票支出金额	3										
盘点日账面应有金额	4＝1＋2－3				100 元						
盘点实有现金数额	5				50 元						
盘点日应有与实有差异	6＝4－5				10 元						
差异原因分析	白条抵库（张）				5 元						
					2 元						
					1 元						
					0.5 元						
					0.2 元						
					0.1 元						
					合计						

差异原因分析

追溯调整	报表日至查账日现金付出总额			
	报表日至查账日现金收入总额			
	报表日库存现金应有余额			
	报表日账面汇率			
	报表日余额折合本位币余额			
本位币合计				

情况说明及审计结论

盘点人： 监盘人： 复核：

在实际做审计时，以上六条不一定是每次审计都必须做的。一般审计人员要根据被审计单位的具体情况和审计时间等，看需要进行哪些实质性测试程序（表 10-3）。销售与收款循环中，高估资产的风险较大，因此一般说来监盘库存现金是必须执行的，因为其是验证现金存在性最好的程序。

表 10-3 　　　　　　　　　　　　**库存现金实质性程序表**

审计目标	审计程序	执行者
准确性、计价和分摊	（1）核对库存现金日记账与总账的金额是否相符 （2）检查外币库存现金的折算汇率及折算金额是否正确	××
存在，准确性、计价和分摊	（3）监盘库存现金	××
存在、完整性、权利和义务、准确性、计价和分摊	（4）抽查大额库存现金收支 （5）检查现金收支的正确截止	××
分类与列报	（6）检查库存现金是否在财务报表中作出恰当列报	××

【课堂练习】

在对 W 公司 2023 年度财务报表进行审计时，M 注册会计师负责审计货币资金项目。W 公司在总部和营业部均设有出纳部门。M 注册会计师打算分别在 2024 年 1 月 5 日和 2024 年 1 月 6 日两天对总部和营业部的库存现金进行监盘。为顺利监盘库存现金，M 注册会计师在监盘前一天通知 W 公司出纳人员做好监盘准备。监盘时，出纳人员和注册会计师同时在场，为保证盘点结果准确无误，M 注册会计师当场盘点现金，在与现金日记账核对后填写"库存现金监盘表"，并亲自签字后形成审计工作底稿。

要求：

（1）监盘库存现金主要针对哪项认定？

（2）请指出上述库存现金监盘工作中有哪些不当之处，并提出改进建议。

解析：（1）监盘库存现金主要针对的是存在认定。

（2）① 没有同时监盘总部和营业部库存现金的做法不当。M 注册会计师应组织同时监盘总部和营业部的库存现金，若不能同时监盘，则应对后监盘的库存现金实施封存。

② 提前通知 W 公司出纳人员做好监盘准备的做法不当。M 注册会计师应当实施突击性检查。

③ W 公司会计主管人员没有参与盘点的做法不当。盘点人员应包括出纳、会计主管人员和注册会计师。

④ 库存现金盘点操作程序不当。库存现金应由出纳盘点，注册会计师监盘。

⑤ "库存现金监盘表"签字人员不当。"库存现金监盘表"应由公司相关人员和注册会计师共同签字。

2. 银行存款的实质性程序

银行存款的审计目标包括：验证银行存款的存在；验证银行存款的权利和义务；验证银行存款的完整性；验证银行存款的准确性、计价与分摊，验证银行存款分类与列报。银行存款的实质性程序如表 10-4 所示。

验证这些审计目标的实质性程序包括：

（1）获取银行存款余额明细表，复核加计是否正确，并与总账数和日记账合计数核对是否相符。

（2）检查外币银行存款的折算汇率及折算金额是否正确。

表 10-4   **银行存款实质性程序表**

审计目标	审计程序	执行者
准确性、计价和分摊	（1）获取银行存款余额明细表，复核加计是否正确，并与总账数和日记账合计数核对是否相符 （2）检查外币银行存款的折算汇率及折算金额是否正确 （3）实施分析程序 （4）检查银行存款的收支的正确截止	××
存在性、完整性、权利和义务、准确性、计价和分摊	（5）检查银行对账单和存款账户发生额 （6）检查银行余额调节表，重点检查调节事项，关注长期未达账 （7）函证银行存款余额，编制银行函证结果汇总表，检查银行回函 （8）抽查大额现金和银行存款的收支	××
分类与列报	（9）检查 1 年以上定期存款或有限定用途的银行存款 （10）检查银行存款是否在资产负债表上恰当披露	××

（3）实施分析程序，如比较本期银行存款余额与上期银行存款余额，比较应收利息与实际利息是否存在差异。

（4）检查银行存款的收支的正确截止，注册会计师可以对结账日前后一段时期内银行存款收支凭证进行审计，以确定是否存在跨期事项。资产负债表上银行存款数字应当包括当年最后一天收到的所有存放于银行的款项，而不得包括其后收到的款项，同样，企业年终前开出的支票，不得在年后入账。为了确保银行存款收付的正确截止，注册会计师应当在清点支票及支票存根时，确定各银行账户最后一张支票的号码，同时查实该号码之前的所有支票均已开出，在结账日未开出的支票及其后开出的支票，均不得作为结账日的存款收付入账。

（5）检查银行对账单和存款账户发生额，看是否存在漏记、多计情况。

表 10-5   **银行存款余额调节表**

年　月　日

编制人：　　　　　　　　　　日期：
复核人：　　　　　　　　　　日期：

户别：　　　　　　　　币别：

项　　　目	金　　　额	备　　　注
银行存款单余额		
加：企业已收，银行未入账金额 　其中：1. 　　　　2.		
减：企业已付，银行未入账金额 　其中：1. 　　　　2.		
调整后银行对账单金额		
企业银行存款日记账金额 加：银行已收，企业尚未入账金额 　其中：1. 　　　　2.		
减：银行已付，企业尚未入账金额 　其中：1. 　　　　2.		
调整后的银行存款日记账金额		

经办会计人员：　　　　　　　　　　　　　　　　　　会计主管：

（6）检查银行余额调节表（表 10-5），企业和银行会分别记录企业的银行存款余额，正常情况下两个余额应该是相等的，如果两个余额不相等，那么企业需要找到原因，因此企业在每个月末、季末、年末需要编制银行余额调节表，看看是否存在由于记账时间不同而导致的未达账或者错误等。注册会计师一般重点检查调节事项，尤其是长期未达账。其程序一般包括：验算调节表的数据；对于金额较大的未提现支票、可提现的未提现支票以及注册会计师认为重要的未提现支票，列示未提现支票清单，注明开票日期和收票人姓名或单位；追查截止日银行对账单上的在途存款，并在银行账户调节表上注明存款日期；检查截止日仍未提现的大额支票和其他已签发一个月以上的未提现支票；追查截止日银行对账单已收、企业未收的款项性质及款项来源；核对银行存款总账余额、银行对账单加总金额。

（7）函证银行存款余额（表 10-6）。通过向银行函证，不仅可以了解银行存款的存在性，也可以了解是否存在未入账的银行借款和未披露的或有负债。或有负债是指虽然在资产负债表日没有确定的经济利益流出，但是在未来很可能发生的负债。比如企业在 12 月 1 日被诉讼，在 12 月 31 日官司结果还没出来，但是预计企业败诉的可能性较大，赔偿金额还不确定。那么这就属于或有负债。函证的范围应该为当年存过款的所有银行，包括已经结清的

表 10-6　　　　　　　　　　**银行存款函证表**

××银行：

　　本公司聘请的××会计师事务所正在对本公司的财务报表进行审计，按照中国注册会计师审计准则的要求，应当询证本公司与贵行的存款、借款往来等事项。下列数据出自本公司账簿记录，如与贵行记录相符，请在本函下端"数据证明无误"处签章证明；如有不符，请在"数据不符"处列明不符金额。有关询证费用可直接从本公司××存款账户中收取。回函请直接寄至××会计师事务所。

　　通信地址：

　　邮编：　电话：　传真：

　　截至　　年　月　日止，本公司银行存款、借款账户余额等列示如下：

　　① 银行存款

账户名称	银行账户	币　种	利　率	余　额	备　注

　　② 银行借款

银行账户	币　种	余　额	借款日期	还款日期	利　率	借款条件	备　注

　　③ 其他事项

　　　　　　　　　　　　　　　　　　　　　　　　（公司盖章）　　　（日期）

　　结论：① 数据证明无误　　　　　　　　　　　（银行盖章）　　　（日期）

　　　　　② 数据不符，请列明不符金额

　　　　　　　　　　　　　　　　　　　　　　　　（银行盖章）　　　（日期）

10

银行账户。注册会计师需要编制银行函证结果汇总表,检查银行回函,核对是否与被审计单位账目是否一致,如果不一致,需要找出原因。

(8)抽查大额现金和银行存款的收支。注册会计师应抽查大额现金收支、银行存款收支的原始凭证内容是否完整、有无授权批准,并核对相关账户的进账情况,如有与被审计单位生产经营业务无关的收支事项,应查明原因并做相应的记录。

(9)检查一年以上定期存款或有限定用途的银行存款,看看其在报表上列示的位置是否正确,一般这种银行存款不能再列示为银行存款,而应该属于投资。

(10)检查银行存款是否在资产负债表上恰当披露。

(二)销售收入的实质性程序

销售收入的审计目标包括:验证销售收入的发生;验证销售收入的完整性;验证销售收入的准确性与截止,验证销售收入的分类与列报。销售收入实质性程序如表 10-7 所示。

表 10-7   **销售收入实质性程序表**

审计目标	审计程序	执行者
准确性	(1)获取或编制主营业务收入明细表,并进行核对 (2)实施分析程序,比如将当期收入与上期比较,计算毛利率与上期比较等 (3)验证主营业务收入确认和计量以及会计处理的正确性,主要根据会计准则中对于收入确认的要求,看企业在确认收入时,是否满足了相应的确认条件 (4)审查销售退回、折扣与折让的相关会计处理是否正确 (5)检查外币结算的销售收入是否正确	
发生、完整性、截止	(6)实施截止测试	
分类与列报	(7)确定主营业务收入的披露是否恰当	

1. 销售收入的一般实质性程序

验证这些审计目标的实质性程序包括:

(1)获取或编制主营业务收入明细表,并进行核对。

(2)实施分析程序,比如将当期收入与上期比较,计算毛利率与上期比较等。

(3)验证销售业务收入确认和计量以及会计处理的正确性,主要根据会计准则中对于收入确认的要求,看企业在确认收入时,是否满足了相应的确认条件。

(4)审查销售退回、折扣与折让的相关会计处理是否正确。

(5)检查外币结算的销售收入是否正确。

(6)实施销售收入的截止测试。截止测试的目的主要在于确定被审计单位主营业务收入的会计记录归属期是否正确,有没有跨期。在进行截止测试的时候主要把握发票开具日期或者收款日期;记账日期;还有是发货日期是否在同一个会计期间。如果三个日期在同一个会计期间,则主营业务收入的确认时间是正确的,比如发票开具时间为 2023 年 11 月 3 日,记账日期为 2023 年 11 月 15 日,发货日期为 2023 年 11 月 5 日,这三个时间属于同一个会计期间,都在 2023 年年度,又比如,发票开具时间为 2023 年 12 月 3 日,记账日期为 2024 年 1 月 3 日,发货日期为 2023 年 12 月 15 日,则记账日期出现了跨期,如果没有在同一个会计期间,则需要判断主营业务收入是被多计还是少计,可以按照表 10-8 所示方法进行查找。

表 10-8　　　　　　　　　　　　**销售收入的截止测试**

起　点	路　　　线	目　　　的
账簿记录	从报表日前后若干天的账簿记录查至记账凭证,检查发票存根与发运凭证。(以账查证)	为了证实已入账收入是否在同一期间已开具发票并发货,以防止高估营业收入。(发生目标)
发运凭证	从报表日前后若干天的发运凭证查至发票开具情况与账簿记录。(以证查账)	确定营业收入是否已计入恰当的会计期间,以防止低估营业收入。(完整性目标)

如果以账簿记录为起点开始查找到相关记账凭证,检查相关发票与货运单据,即逆查法,可以查出企业账上记录的收入是否真实发生,是否有相关原始凭证支持,有没有被高估,也就可以验证销售收入发生性目标。如果以发运凭证为起点,查找到账簿记录,即顺查法,可以查出是否发生的交易都被记录了,有没有漏记收入,也就可以验证完整性的审计目标。

(7)确定主营业务收入的披露是否恰当。检查主营业务收入在财务报表中的列报和披露是否符合企业会计准则的规定。

2. 销售收入的特别审计程序

除了上述较为常规的审计程序外,注册会计师还要根据被审计单位的特定情况和收入的重大错报风险程度,考虑是否有必要实施一些特别的审计程序。

(1)附有销售退回条件的商品销售,评估对退货部分的估计是否合理,确定其是否按估计不会退货部分确认收入。

(2)售后回购,了解回购安排属于远期安排、企业拥有回购选择权还是客户拥有回售选择权,确定企业是否根据不同的安排进行了恰当的会计处理。

(3)以旧换新销售,确定销售的商品是否按照商品销售的方法确认收入,回收的商品是否作为购进商品处理。

(4)出口销售,根据交易的定价和成交方式(离岸价格、到岸价格或成本加运费价格等),并结合合同(包括购销合同和运输合同)中有关货物运输途中风险承担的条款,确定收入确认的时点和金额。

如果注册会计师认为被审计单位存在通过虚假销售做高利润的舞弊风险,可能采取一些非常规的审计程序应对该风险,例如:

(1)调查被审计单位客户的企业登记资料和其他信息,了解客户是否真实存在,其业务范围是否支持其采购行为;

(2)检查与已收款交易相关的收款记录及原始凭证,检查付款方是否为销售交易对应的客户;

(3)考虑利用反舞弊专家的工作,对被审计单位和客户的关系及交易进行调查。

对于与关联方发生的销售交易,注册会计师要结合对关联方关系和交易的风险评估结果,实施特定的审计程序。

10

【课堂练习】

D 注册会计师对主营业务收入的发生认定进行审计,编制了审计工作底稿,部分内容摘录如下(金额单位:万元)。

记账凭证日期	记账凭证编号	记账凭证金额	发票日期	出库单日期
2023 年 1 月 10 日	转字 10	12	2023 年 1 月 8 日	2023 年 1 月 8 日
2023 年 2 月 20 日	转字 30	8	2023 年 2 月 20 日	2023 年 2 月 20 日
2023 年 2 月 28 日	转字 35	7	2023 年 2 月 27 日	2023 年 2 月 27 日
（略）				
2023 年 11 月 3 日	转字 40	150	2023 年 11 月 2 日	2023 年 11 月 2 日
2023 年 11 月 15 日	转字 48	200	2023 年 11 月 14 日	2023 年 11 月 14 日

审计说明：

（1）为测试销售业务的发生认定，选取了 1—11 月份的销售业务进行了测试。

（2）根据销售合同约定，交货地点为甲公司仓库，在客户当面验货，并在出库单上签字后，存货的所有权发生转移，审计中已检查销售发票并与记账凭证的日期一致。无异议。

（3）11 月转字 40 和转字 48 号记账凭证反映销售额较高，财务经理解释是因为该月属于销售旺季。无异议。

要求：针对第（1）至（3）项，逐项指出注册会计师实施的审计程序中存在的不当之处，并简要说明理由。

解析：审计程序设计的恰当性分析：

第（1）事项，注册会计师的审计程序存在不当之处，因为已经说明"在客户收到货物、验收合格并签发收货通知后，甲公司才取得收取货款的权利"，所以此时注册会计师在审计中仅仅检查销售合同是不够的，还应该检查客户签发的收货通知单。

第（2）事项，注册会计师的审计程序存在不当之处，对 1 月转字 10 号记账凭证未实施进一步检查。该记账凭证的日期早于发票日期和出库单日期，要实施进一步检查。

第（3）事项，注册会计师的审计程序存在不当之处。对 11 月转字 28 号和 12 月转字 50 号记账凭证未实施进一步检查，上述两笔记账凭证反映的销售额明显高于其他测试项目，有可能表明存在舞弊，不应仅依赖管理层的解释。

（三）应收账款的实质性程序

应收账款的审计目标一般包括：确定资产负债表中记录的应收账款是否存在（存在认定）；确定所有应当记录的应收账款是否均已记录（完整性认定）；确定记录的应收账款是否由被审计单位拥有或控制（权利和义务认定）；确定应收账款是否可收回，坏账准备的计提方法和比例是否恰当，计提是否充分（准确性、计价和分摊认定）；确定应收账款及其坏账准备是否已按照企业会计准则的规定在财务报表中作出恰当列报（分类和列报认定）。

针对应收账款的实质性程序通常有以下几种：

（1）取得应收账款明细表。复核加计正确，并与总账数和明细账合计数核对是否相符；结合坏账准备账户与报表数核对是否相符。应收账款报表数反映企业因销售商品、提供劳务等应向购买单位收取的各种款项，减去已计提的相应的坏账准备后的净额。检查非记账本位币应收账款的折算汇率及折算是否正确。对于用非记账本位币（通常为外币）结算的应收账款，注册会计师检查被审计单位外币应收账款的增减变动是否采用交易发生日的即期汇率将外币金额折算为记账本位币金额，或者采用按照系统合理的方法确定的、与交易发生日即期汇率近似的汇率折算，选择采用汇率的方法前后各期是否一致；期末外币应收账款余额是否采用期末即期汇率折合为记账本位币金额;折算差额的会计处理是否正确。分析有贷方余额的项目,查明原因,必要时,建议作重分类调整。

（2）分析与应收账款相关的财务指标。复核应收账款借方累计发生额与主营业务收入关系是否合理,并将当期应收账款借方发生额占销售收入净额的百分比与管理层考核指标和被审计单位相关赊销政策比较,如存在异常查明原因。计算应收账款周转率、应收账款周转天数等指标,并与被审计单位相关赊销政策、被审计单位以前年度指标、同行业同期相关指标对比,分析是否存在重大异常并查明原因。

（3）检查应收账款账龄分析是否正确。获取应收账款账龄分析表;测试应收账款账龄分析表计算的准确性,并将应收账款账龄分析表中的合计数与应收账款总分类账余额相比较,并调查重大调节项目;从应收账款账龄分析表中抽取一定数量的项目,追查至相关销售原始凭证,测试账龄划分的准确性。

（4）对应收账款实施函证程序。函证应收账款的目的在于证实应收账款账户余额是否真实准确。通过第三方提供的函证回复,可以比较有效地证明被询证者的存在和被审计单位记录的可靠性。除非有充分证据表明应收账款对被审计单位财务报表而言是不重要的,或者函证很可能是无效的,否则,注册会计师应当对应收账款进行函证。如果注册会计师不对应收账款进行函证,应当在审计工作底稿中说明理由。如果认为函证很可能是无效的,注册会计师应当实施替代审计程序,获取相关、可靠的审计证据。

① 函证的范围和对象。函证范围是由诸多因素决定的,主要有:a.应收账款在全部资产中的重要程度。若应收账款在全部资产中所占的比重较大,则函证的范围应相应大一些。b.被审计单位内部控制的有效性。若相关内部控制有效,则可以相应减少函证范围;反之,则扩大函证范围。c.以前期间的函证结果。若以前期间函证中发现过重大差异,或欠款纠纷较多,则函证范围应相应扩大一些。

注册会计师选择函证项目时,除了考虑金额较大的项目,也需要考虑风险较高的项目,例如:账龄较长的项目;与债务人发生纠纷的项目;重大关联方项目;主要客户(包括关系密切的客户)项目;新增客户项目;交易频繁但期末余额较小甚至余额为零的项目;可能产生重大错报或舞弊的非正常的项目。这种基于一定的标准选取样本的方法具有针对性,适用于应收账款余额金额和性质差异较大的情况。如果应收账款余额由大量金额较小且性质类似的项目构成,则注册会计师通常采用抽样技术选取函证样本。

② 函证的方式。注册会计师可采用积极的或消极的函证方式实施函证,也可将两种方式结合使用。由于应收账款通常存在高估风险,且与之相关的收入确认存在舞弊风险假定,因此,实务中通常对应收账款采用积极的函证方式。如果注册会计师想采用消极式函证方式,一般需要同时满足以下条件:a.被审计单位重大错报风险评估为低水平;b.涉及大量余额较小的账户;c.预期不存在大量的错误;d.没有理由相信被询证者不认真对待函证。

③ 函证时间的选择。注册会计师通常以资产负债表日为截止日,在资产负债表日后适当时间内实施函证。如果重大错报风险评估为低水平,注册会计师可选择资产负债表日前适当日期为截止日实施函证,并对所函证项目自该截止日起至资产负债表日止发生的变动实施其他实质性程序。

④ 函证的控制。注册会计师通常利用被审计单位提供的应收账款明细账户名称及客户地址等资料据以编制询证函,但注册会计师应当对函证全过程保持控制。并对确定需要确认或填列的

10

信息、选择适当的被询证者、设计询证函以及发出和跟进（包括收回）询证函保持控制。

⑤ 对不符事项的处理。对回函中出现的不符事项，注册会计师需要调查核实原因，确定其是否构成错报。注册会计师不能仅通过询问被审计单位相关人员对不符事项的性质和原因得出结论，而是要在询问原因的基础上，检查相关的原始凭证和文件资料予以证实。必要时与被询证方联系，获取相关信息和解释。对应收账款而言，登记入账的时间不同而产生的不符事项主要表现为：a.客户已经付款，被审计单位尚未收到货款；b.被审计单位的货物已经发出并已作销售记录，但货物仍在途中，客户尚未收到货物；c.客户由于某种原因将货物退回，而被审计单位尚未收到；d.客户对收到的货物的数量、质量及价格等方面有异议而全部或部分拒付货款等。具体如表 10-9 所示。

表 10-9　　　　回函产生差异的原因及注册会计师的对策

差异原因	追加的审计程序	注意防范的风险
款项已经支付，即顾客在函证日之前已经付款，而被审单位却未能及时收到这笔款项，没有记账	检查函证日后的收款凭证	存在现金截止日错误或盗窃现金的可能性
货物尚未收到，即货物在途，被审计单位在发货当天记录销售，而顾客是在收到货物时才记账	检查发货单位或货运凭证销售合同	顾客根本未收到货物或客户记录中存在截止日错误
货物已经退回	检查红字发票，销售退回及折扣折让通知单以及退回货物的入库单	虚增收入
笔误及有争议的金额	检查与笔误或有争议金额相关的原始凭证	被审计单位失误或错误的金额

⑥ 对未回函项目实施替代程序。如果未收到被询证方的回函，注册会计师应当实施替代审计程序，例如：a.检查资产负债表日后收回的货款，值得注意的是，注册会计师不能仅查看应收账款的贷方发生额，而是要查看相关的收款单据，以证实付款方确为该客户且确与资产负债表日的应收账款相关。b.检查相关的销售合同、销售单、发运凭证等文件。注册会计师需要根据被审计单位的收入确认条件和时点，确定能够证明收入发生的凭证。c.检查被审计单位与客户之间的往来邮件，如有关发货、对账、催款等事宜邮件。

在某些情况下，注册会计师可能认为取得积极式函证回函是获取充分、适当的审计证据的必要程序，尤其是识别出有关收入确认的舞弊风险，导致注册会计师不能信赖从被审计单位取得的审计证据，则替代程序不能提供注册会计师需要的审计证据。在这种情况下，如果未获取回函，注册会计师应当确定其对审计工作和审计意见的影响。需要指出的是，注册会计师应当将询证函回函作为审计证据，纳入审计工作底稿管理，询证函回函的所有权归属所在会计师事务所。

【案例】　肯定式询证函和否定式询证函

肯定式询证函

致　　　　　　　　　　　　编号：

　　本公司聘请的××会计师事务所正在对本公司××××年××月××日的会计报表进行测试，按照审计准则的要求，应当询证本公司与贵公司的往来款项。下列数额出自本公司账簿记录,如与贵公司记录相符,请在本函下端"数额证明无误"处签章证明。如有不符,请在"数额不符需说明金额"处指正。回函请直接寄至××会计师事务所。

地址:　　　　邮编:　　　　电话:　　　　传真:

回函

截止日期	贵公司欠	欠贵公司	备　注

若款项在上述日期之后已经付清,仍请及时函复为盼。

(公司印章)

数据证明无误　　　　　　　　　　　　　　数据不符说明
签章日期　　　　　　　　　　　　　　　　签章日期

否定式函证又称消极式函证,它要求被询人对认证的事项认为不正确时,才给予复函,否则不予复函。

否定式询证函

致　　　　　　　　　　编号:

请贵公司认真核对下列账单金额,如果与贵公司会计记录不符,请将不符事项直接邮寄给××会计师事务所。如无贵公司回函,则表明我公司对贵公司的应收款记录是正确的。

本函附有贴足邮票并写有××会计师事务所邮寄地址的信封,以供贵公司发现不符时回复之用。

回函

截止日期	贵公司欠	欠贵公司	备　注

总结应收账款审计程序如表 10-10 所示。

表 10-10　　　　　　　　　　　　　**应收账款程序表**

审计目标	审计程序	执行者
准确性、计价和分摊	(1) 获取或编制应收账款明细分析表,复核加计是否正确,并与总账数和日记账合计数核对是否相符 (2) 检查应收账款账龄,了解应收账款的可回收性 (3) 执行分析程序,如计算应收账款周转率等 (4) 审查坏账的确认和处理	××
存在、权利和义务、准确性、计价和分摊	(5) 函证应收账款	××
权利和义务	(6) 检查应收账款是否存在贴现、质押情况	
分类与列报	(7) 确定应收账款的披露是否恰当	××

10

第二节 采购与付款循环

一、采购与付款循环涉及的主要活动及单据

采购与付款循环,通常要经过请购—订货—验收—付款这样的主要活动,同销售与收款交易一样,在内部控制比较健全的企业,处理采购与付款交易通常需要使用很多单据与会计记录。以一般制造业为例,其典型的采购与付款循环所涉及的主要单据与会计记录有以下几种(不同被审计单位的单据名称可能不同):

拯救光华食府——采购与付款循环审计

(1)采购计划。企业以销售和生产计划为基础,考虑供需关系及市场计划变化等因素,制定采购计划并经适当的管理层审批后执行。

(2)供应商清单。企业通过文件审核及实地考察等方式对合作的供应商进行认证,将通过认证的供应商信息进行手工或系统维护,并及时进行更新。

(3)请购单。请购单是由生产、仓库等相关部门的有关人员填写,送交采购部门,是申请购买商品、劳务或其他资产的书面凭据。

(4)订购单。订购单是由采购部门填写,经适当的管理层审核后发送供应商,是向供应商购买订购单上所指定的商品和劳务的书面凭据。

(5)验收及入库单。验收单是收到商品时所编制的凭据,列示通过质量检验的、从供应商处收到的商品的种类和数量等内容。入库单是由仓库管理人员填写的验收合格品入库的凭证。

(6)卖方发票。卖方发票(供应商发票)是供应商开具的,交给买方以载明发运的货物或提供的劳务、应付款金额和付款条件等事项的凭证。

(7)付款凭单。付款凭单是采购方企业的应付凭单部门编制的,载明已收到的商品、资产或接受的劳务、应付款金额和付款日期的凭证。付款凭单是采购方企业内部记录和支付负债的授权证明文件。

(8)转账凭证。转账凭证是指记录转账交易的记账凭证,它是根据有关转账交易(即不涉及库存现金银行存款收付的各项交易)的原始凭证编制的。

(9)付款凭证。付款凭证包括现金付款凭证和银行存款付款凭证,是指用来记录库存现金和银行存款支出交易的记账凭证。

(10)应付账款明细账。

(11)库存现金日记账和银行存款日记账。

(12)供应商对账单。

实务中,对采购及应付账款的定期对账通常由供应商发起。供应商对账单是由供应商编制的、用于核对与采购企业往来款项的凭据,通常标明期初余额、本期购买、本期支付给供应商的款项和期末余额等信息。供应商对账单是供应商对有关交易的陈述,如果不考虑买卖双方在收发货物上可能存在的时间差等因素,其期末余额通常应与采购方相应的应付账款期末余额一致。支出循环的内容如表10-11所示。

表 10-11　　　　　　　　　　　　　**支出循环的内容**

业务循环活动及涉及部门	相关认定	相关凭证和会计记录	相关账户
请购商品和劳务——请购部门	发生	请购单	存货、固定资产、在建工程、预付账款、应付账款、制造费用、管理费用等
编制订购单——采购部门	完整性、发生	订购单	
验收商品——验收部门	存在或发生、完整性	验收单、卖方发票（即购货发票）	
储存已验收的商品——仓库	存在	验收单等	存货、固定资产、在建工程、预付账款、应付账款、制造费用、管理费用等
编制付款凭证单——应付凭单部门	存在或发生、完整性、权利与义务、计价和分摊	付款凭单	
确认记录负债——财务部门	—	转账凭证、应付账款明细账	
付款——财务部门	—	付款凭证	
记录货币资金支出——财务部门	—	库存现金日记账银行存款日记账	

二、采购与付款循环主要的内部控制

（一）采购交易的内部控制点

1. 适当的职责分离

适当的职责分离有助于防止各种有意或无意的错误。与销售和收款交易一样，采购与付款交易也需要适当的职责分离。企业应当建立采购与付款交易的岗位责任制，明确相关部门和岗位的职责、权限，确保办理采购与付款交易的不相容岗位相互分离、制约和监督。采购与付款交易不相容岗位至少包括：请购与审批；询价与确定供应商；采购合同的订立与审批；采购与验收；采购、验收与相关会计记录；付款审批与付款执行。这些都是对企业提出的、有关采购与付款交易相关职责适当分离的基本要求，以确保办理采购与付款交易的不相容岗位相互分离、制约和监督。

2. 恰当的授权审批

付款需要由经授权的人员审批，审批人员在审批前需检查相关支持文件，并对其发现的例外事项进行跟进处理。

3. 凭证的预先编号及对例外报告的跟进处理

通过对入库单的预先编号以及对例外情况的汇总处理，被审计单位可以应对存货和负债记录方面的完整性风险。如果该控制是人工执行的，被审计单位可以安排入库单编制人员以外的独立复核人员定期检查已经进行会计处理的入库单记录，确认是否存在遗漏或重复记录的入库单，并对例外情况予以跟进。如果在 IT 环境下，则系统可以定期生成列明跳号或重号的入库单统计例外报告，由经授权的人员对例外报告进行复核和跟进，可以确认所有入库单都进行了处理，且没有重复处理。

（二）付款交易的内部控制点

（1）办理付款业务时，应当对采购发票、结算凭证、验收单据等相关凭证的真实性、完整性、合法性及合规性进行严格审核。

10

（2）建立预付账款和定金的授权批准制度，加强预付账款和定金的管理。

（3）加强应付账款和应付票据的管理，由专人安装约定的付款日期、折扣条件等管理应付款项。已到期的应付款项需经有关授权人员审批后方可办理结算与支付。

（4）应当建立退货管理制度。对退货条件、退货手续、货物出库、退货货款回收等做出明确规定，及时收回退货款。

（5）应当定期与供应商核对应付账款、应付票据、预付款项等往来款项，如有不符，应查明原因，及时处理。

三、主要账户的实质性测试

（一）应付账款的实质性程序

注册会计师应结合赊购交易进行应付账款的审计。

1. 应付账款的审计目标

应付账款的审计目标一般包括：确定资产负债表中记录的应付账款是否存在（存在认定）；确定所有应当记录的应付账款是否均已记录（完整性认定）；确定资产负债表中记录的应付账款是否为被审计单位应当履行的现时义务（权利和义务认定）；确定应付账款是否以恰当的金额包括在财务报表中，与之相关的计价调整是否已恰当记录（准确性、计价与分摊认定）；确定应付账款是否已按照企业会计准则的规定在财务报表中作出恰当的列报（分类与列报认定）。

具体的审计程序计划则需要根据评估的重大错报风险确定。对于一般以营利为导向的企业而言，采购与付款交易的重大错报风险通常是通过低估费用和应付账款、高估利润和粉饰财务状况实现的。但某些企业可能为平滑各年度利润，在经营情况和预算完成情况较好的年度倾向于高估费用，则高估费用和负债可能是其相关年度审计时需要应对的重大错报风险。

2. 应付账款的实质性程序

（1）获取或编制应付账款明细表，并执行以下工作。复核加计是否正确，并与报表数、总账数和明细账合计数核对是否相符；检查非记账本位币应付账款的折算汇率及折算是否正确；分析出现借方余额的项目，查明原因，必要时，建议作重分类调整；结合预付账款、其他应付款等往来项目的明细余额，检查有无针对同一交易在应付账款和预付款项同时记账的情况、异常余额或与购货无关的其他款项（如关联方账户或雇员账户）。

（2）函证应付账款。函证应付账款与函证应收账款的审计目的不同，函证应收账款主要是要证明应收账款的存在性，函证应付账款主要是为了证明应付账款的完整性。应付账款的函证不是必须实施的，只有当被审计单位重大错报风险高，某应付账款明细账金额较大或被审计单位处于财务困难阶段时，注册会计师需要对应付账款进行函证。应付账款函证的方式一般选择肯定式，不能选择否定式。在选择函证对象的时候，应注意以下事项：①关注应付账款发生额很大，但是期末余额很小甚至为零的项目；②对于上一年度供过货而本年度又没有供货的，以及没有按月寄送对账单的供货商，应进行函证；③对存在关联方交易的母子公司和资产担保负债的债权人，应发函证。

如果存在未回函重大事项，注册会计师应采用替代审计程序。比如，可以检查决算日后应付账款明细账及库存现金和银行存款日记账，核实其是否已支付，同时检查从相关凭证资料，如合同、发票、验收单，追查到对应的应付账款明细账。

（3）检查应付账款是否计入了正确的会计期间，是否存在未入账的应付账款。

① 对本期发生的应付账款增减变动，检查至相关支持性文件，确认会计处理是否正确。

② 检查资产负债表日后应付账款明细账贷方发生额的相应凭证，关注其验收单、购货发票的日期，确认其入账时间是否合理。

③ 获取并检查被审计单位与其供应商之间的对账单以及被审计单位编制的差异调节表，确定应付账款金额的准确性。

④ 针对资产负债表日后付款项目，检查银行对账单及有关付款凭证（如银行汇款通知、供应商收据等），询问被审计单位内部或外部的知情人员，查找有无未及时入账的应付账款。

⑤ 结合存货监盘程序，检查被审计单位在资产负债表日前后的存货入库资料（验收报告或入库单），检查相关负债是否计入了正确的会计期间。

如果注册会计师通过这些审计程序发现某些未入账的应付账款，应将有关情况详细记入审计工作底稿，并根据其重要性确定是否需建议被审计单位进行相应的调整。

（4）检查应付账款长期挂账的原因并作出记录，对确实无须支付的应付款的会计处理是否正确。

（5）如果存在应付关联方的款项，注册会计师应了解交易的商业理由，检查证实交易的支持性文件（如发票、合同、协议及入库和运输单据等相关文件），检查被审计单位与关联方的对账记录或向关联方函证。

（6）检查被审计单位是否已按照企业会计准则的规定在财务报表中作出恰当列报和披露。

（二）固定资产的审计

1. 固定资产审计的目标

固定资产审计目标一般包括：

（1）确定固定资产是否存在；

（2）确定固定资产是否归被审计单位所有；

（3）确定固定资产增减变动的记录是否完整；

（4）确定固定资产的计价是否恰当；

（5）确定固定资产期末余额是否正确；

（6）确定固定资产在财务报表上的披露是否恰当。

2. 固定资产的实质性程序

（1）编制固定资产分析表。固定资产分析表又称固定资产及累计折旧汇总表，其内容包括固定资产的增减变动情况，固定资产折旧的计提情况等。注册会计师索取或编制固定资产分析表主要是为了分析固定资产账户余额的变动，并为固定资产的取得、处置和出售等提供进一步的证据。

（2）实施分析程序。根据被审计单位的实际情况，注册会计师可以选择表 10-12 所列指标进行分析。

（3）验证固定资产所有权。对各类固定资产，注册会计师应查阅相关原始凭证，以确定所审查的固定资产是否确实为被审计单位的合法财产。具体验证时应注意：①对外购的机器设备等固定资产，通常需要验证经审核的采购发票、购货合同等即可确定；②对于房地产

表 10-12　　　　　　　　　　固定资产分析程序的内容与可能存在的信息

比较的内容	可能存在的信息（即注册会计师的合理疑问）
本期与上年折旧额与固定资产总成本的比率	本期折旧计算方面的错误
本期与上年折旧额与制造费用的比率	折旧计算方面的错误
本期与上年累计折旧占制造费用的比率	累计折旧记录中的错误
累计折旧与固定资产总成本的比率	累计折旧核算中的错误
本期与上年每月或全年的低值易耗、维修费	将应当资本化的项目计入本期费用
制造费用与产量的比率	闲置或已减少的设备未作账务处理
本期与以前各期的固定资产增加和减少	判断差异产生的原因的合理性
固定资产原值与本期产品产量的比率同以前年度比较	固定资产闲置或已减少的设备未作账务处理
固定资产的构成及增减变动与相关信息交叉核对	固定资产相关金额的合理性和准确性

类固定资产,可查阅有关的合同、产权证明、财产税单、抵押贷款的还款凭据、保险单等书面文件;③对租入的使用权资产,应验证有关租赁合同,证实其并非短期或低价值租赁;④对汽车等运输设备,应验证有关运营执照等证件。

(4) 审计固定资产的增加。审计固定资产的增加,是固定资产实质性程序中的重要内容。固定资产的增加有购入、自制自建、投资者投入、更新改造增加、债务人抵债增加等多种途径。被审计单位如果不正确核算固定资产的增加,将对资产负债表和利润表产生长期的影响,因此,审计中应注意以下几点。

① 对于外购固定资产的审查内容如下:

a. 审查购买固定资产的批准文件,以查明其是否经合法的授权批准;

b. 核对购货合同、发票、保险单、发运凭证等文件;

c. 审查固定资产验收报告;

d. 审查购进土地、房屋等的契约和结算单,以确定其所有权的归属;

e. 确定被审计单位估计的固定资产使用年限和残值是否合理;

f. 测试固定资产计价是否正确、会计处理是否正确;

g. 对于以一笔款项购入多项没有单独标价的固定资产,还应检查是否按各项固定资产公允价值的比例对总成本进行分配,是否已分别确定各项固定资产的入账价值。

② 对于在建工程转入的固定资产审查内容如下:

a. 审查建设项目的批准文件,以查明其是否经合法的授权批准;

b. 审查建设成本的构成内容是否符合规定,计算是否正确;

c. 审查竣工决算、验收和移交报告是否正确,与在建工程相关的记录是否核对相符,资本化利息金额是否恰当;

d. 对已经在用但尚未办理竣工决算的固定资产,检查其是否已经暂估入账,并按规定计提折旧,竣工决算完成后,是否及时调整;

e. 确定被审计单位估计的固定资产使用年限和残值是否合理。

③ 对于投资者投入的固定资产,应检查其入账价值与投资合同中关于固定资产作价的规定是否一致;须经评估确认的固定资产是否有评估报告;固定资产交接手续是否齐全。

④ 对于更新改造增加的固定资产,应查明增加的固定资产原值是否真实,是否符合资本化条件,增计金额是否超过了该固定资产的可收回金额;重新确定的剩余折旧年限是否恰当。

⑤ 对于因债务人抵债而获得的固定资产,应检查产权过户手续是否齐备,固定资产计价及确认的损益是否符合会计准则的规定。

⑥ 对于以非货币性资产交换取得的固定资产,注册会计师应审阅相关的资产交换协议,关注资产交换各方是否存在关联方关系,判断该项交换是否具有商业实质。如果该项交换具有商业实质,并且换入和换出的资产的公允价值能够可靠地计量,应检查是否按换出资产的公允价值和应支付的相关税费加上支付的补价(或减去收到的补价)作为入账价值;若该项交换不具有商业实质,应检查是否按换出资产的账面价值和应支付的相关税费加上支付的补价(或减去收到的补价)作为入账价值。

⑦ 对于盘盈的固定资产,如果同类或类似固定资产存在活跃市场的,应检查是否按同类或类似固定资产的市场价格,减去按该项固定资产新旧程度估计的价值损耗后的余额,作为入账价值;如果同类或类似固定资产不存在活跃市场的,应检查是否以该项固定资产的预计未来现金流量现值作为入账价值。

⑧ 对于因其他原因增加的固定资产,应检查相关的原始凭证,核对其计价及会计处理是否正确,法律手续是否齐全。

(5) 审查固定资产的减少。 固定资产的减少主要包括出售、报废、毁损、向其他单位投资转出、盘亏等。有的被审计单位在全面清查固定资产时,常常会出现固定资产账存实无的现象,这可能是由于设备管理或使用部门不了解报废固定资产与会计核算两者间的关系,擅自报废固定资产而未在会计账户上做相应的核算,这样势必造成财务报表表达失真。审查固定资产减少的主要目的就在于查明已减少的固定资产是否已作相应的会计处理。其审计要点如下:

① 审查减少固定资产授权批准文件。

② 审查减少固定资产的会计记录是否符合有关规定,验证其数额计算的准确性。

③ 审查出售或报废处置固定资产的净损益,验证其真实性与准确性,并与银行存款、资产处置损益、营业外支出等有关账户核对。

④ 审查是否存在未作会计记录的固定资产减少业务,具体内容如下:

a. 复核是否有本年新增的固定资产替换了原有固定资产;

b. 分析资产处置损益、营业外支出等账户,查明有无处置固定资产所带来的收支;

c. 若某种产品因故停产,追查其专门生产设备等的处理情况;

d. 向被审计单位的固定资产管理部门查询本年有无未作会计记录的固定资产减少业务。

(6) 实地观察固定资产盘点。 实施实地观察审计程序时,注册会计师可以以固定资产明细分类账为起点,进行实地追查,以证明会计记录中所列固定资产确实存在,并了解其目前的使用状况,也可以以实地为起点,追查至固定资产明细分类账,以获取实际存在的固定资产是否均已入账的证据。当然,注册会计师实地观察的重点是本期新增的重要固定资产,有时观察范围也会扩展到以前期间增加的固定资产。观察范围的确定需要依据被审计单位内部控制的强弱、固定资产的重要性和注册会计师的经验来判断。如为初次审计,则应

10

适当扩大观察范围。

(7) **审查固定资产的租赁**。租赁一般分为经营租赁和融资租赁两种。审计应关注相关的会计处理是否正确。此外应查明内容如下：

① 固定资产的租赁是否签订了合同、租约，手续是否完备，合同内容是否符合国家规定，是否经过相关管理部门的审批。

② 租入的固定资产是否确属企业必需，或出租的固定资产是否确属企业多余、闲置不用，双方是否认真履行合同，其中是否存在不正当交易。

③ 租金收取是否签有合同，有无多收、少收现象。

④ 租入的固定资产有无久占不用、浪费损坏的现象；租出的固定资产有无长期不收租金、无人过问，是否有变相馈赠、转让等情况。

⑤ 租入的固定资产是否已登入备查簿；对于租赁固定资产的改良工作，租赁合同中双方是否有约定等。

(8) **分析保养和维修费用**。审查固定资产时，还应进一步分析企业对固定资产的保养和维修费用，注册会计师应取得或编制按前后两年以逐月比较为基础的保养和维修费用分析表。固定资产的日常保养和维修支出通常属于收益性支出，由于它们的金额一般较小，适当地选择若干个明细项目予以审查就可以了，当被审计单位的内部控制很有效时更是如此。审查的目的在于发现是否存在应予资本化的支出项目。注册会计师在全面初步审查保养与维修费用的基础上，选择那些金额较大或异常的项目进行严格审查，并且注意年与年之间或月与月之间的重大变化，查明差异原因。通过审查被审计单位的收益性支出与资本性支出的划分标准是否符合会计准则的既定，然后对照这一标准将资本化的项目予以标记。同时，应注意有些企业在盈利较少的年度或为了成功地融资而需要高盈利数据来帮助的年度，往往会将一些应计入收益性支出的项目资本化以提高盈利额。相反，在一些出于纳税考虑等因素而需要降低盈利额的年度，企业则可能将一些应予资本化的支出项目计入当期损益。此外，注册会计师还要审查费用明细账或库存现金支出日记账上的大额保养与维修支出是否均有适当的核准，并核对购货发票、领料单、工作指令单或直接人工记录等原始凭证以确定金额是否相符。

(9) **检查固定资产是否已在资产负债表上恰当披露**。财务报表附注中通常应披露以下内容：固定资产的标准、分类、计价方法和折旧方法；各类固定资产的使用寿命、预计净残值和折旧率；固定资产增减变动情况，包括期初和期末各类固定资产账面总额及累计折旧总额，以及各类扩建、处置及其他调节项目的金额；当期确认的固定资产减值损失；在建工程的期初、期末数额及增减变动情况；对固定资产所有权的限制及其金额（这一披露要求是指，企业因贷款或其他原因而以固定资产进行抵押、质押或担保的类别、金额、时间等情况）；已承诺将为购买固定资产支付的金额；暂时闲置的固定资产账面价值（这一披露要求是指，企业应披露暂时闲置的固定资产账面价值，导致固定资产暂时闲置的原因，如开工不足、自然灾害或其他情况等）；已提足折旧仍继续使用的固定资产账面价值；已报废和准备处置的固定资产账面价值。

如果被审计单位是上市公司，还应在财务报表附注中披露以下内容：按类别分项列示固定资产期初余额、本期增加额、本期减少额及期末余额；说明固定资产中存在的在建工程转入、出售、置换、抵押或担保等情况；披露租入的使用权资产的账面原值、累计折旧、账面净值;披露通过经营租赁租出的固定资产每类租出资产的账面原值。

第三节　生产循环

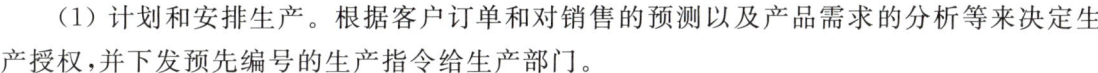

一、生产循环涉及的主要活动及单据

（一）主要业务活动

生产循环从计划生产到产成品发运出库,所涉及的主要业务活动包括:

(1)计划和安排生产。根据客户订单和对销售的预测以及产品需求的分析等来决定生产授权,并下发预先编号的生产指令给生产部门。

(2)发出原材料。生产部门收到生产指令后,估算需要的原材料,并到仓库领取原材料。仓库根据生产部门交来的领料单发出原材料。

(3)生产产品。生产部门领用材料后,就开始投入生产,并将生产任务分解到每一个生产工人,产品生产完成后,由专人进行验收。

(4)核算产品成本。为了核算产品成本,必须建立健全成本会计制度,将生产控制和成本核算有机结合在一起,会计部门需要对于生产过程中的各种记录、生产指令、领发料单、计工单、入库单等进行审核,核算成本。

(5)储存产成品。产成品入库,需要由仓库部门先行点验和检查,然后签收。签收后,将实际入库数量通知会计部门。仓库部门还应根据产成品的品质特征分类存放,并填制标签。

(6)发出产成品。产成品的发出需要由独立发运部门进行。装运产成品时必须持有相关部门核准的发运通知单,并据此编制出库单。

(7)定期盘点。定期企业需要对存货的账面数和实物数进行核对。

(8)计提存货减值准备。如果发现存货存在减值迹象,需要计提减值准备。

（二）主要单据

典型的生产与存货循环所涉及的主要单据与会计记录有以下几种(不同被审计单位的单据名称可能不同):

(1)生产指令。生产指令又称"生产任务通知单"或"生产通知单",是企业下达制造产品等生产任务的书面文件,用以通知供应部门组织材料发放,生产车间组织产品制造,会计部门组织成本计算。广义的生产指令也包括用于指导产品加工的工艺规程,如机械加工企业的"路线图"等。

(2)领发料凭证。领发料凭证是企业为控制材料发出所采用的各种凭证,如材料发出汇总表、领料单、限额领料单、领料登记簿、退料单等。

(3)产量和工时记录。产量和工时记录是登记工人或生产班组在出勤时间内完成产品数量、质量和生产这些产品所耗费工时数量的原始记录。产量和工时记录的内容与格式是多种多样的,在不同的生产企业中,甚至在同一企业的不同生产车间中,由于生产类型不同而采用不同格式的产量和工时记录。常见的产量和工时记录主要有工作通知单、工序进程

10

单、工作班产量报告、产量通知单、产量明细表、废品通知单等。

（4）**工薪汇总表及工薪费用分配表**。工薪汇总表是为了反映企业全部工薪的结算情况，并据以进行工薪总分类核算和汇总整个企业工薪费用而编制的，它是企业进行工薪费用分配的依据。工薪费用分配表反映了各生产车间各产品应负担的生产工人工薪及福利费。

（5）**材料费用分配表**。材料费用分配表是用来汇总反映各生产车间各产品所耗费的材料费用的原始记录。

（6）**制造费用分配汇总表**。制造费用分配汇总表是用来汇总反映各生产车间各产品所应负担的制造费用的原始记录。

（7）**成本计算单**。成本计算单是用来归集某一成本计算对象所应承担的生产费用，计算该成本计算对象的总成本和单位成本的记录。

（8）**产成品入库单和出库单**。产成品入库单是产品生产完成并经检验合格后从生产部门转入仓库的凭证。产成品出库单是根据经批准的销售单发出产成品的凭证。

（9）**存货明细账**。存货明细账是用来反映各种存货增减变动情况和期末库存数量及相关成本信息的会计记录。

（10）**存货盘点指令、盘点表及盘点标签**。一般制造型企业通常会定期对存货实物进行盘点，将实物盘点数量与账面数量进行核对，对差异进行分析调查，必要时作账务调整，以确保账实相符。在实施存货盘点之前，管理人员通常编制存货盘点指令，对存货盘点的时间、人员、流程及后续处理等方面做出安排。在盘点过程中，通常会使用盘点表记录盘点结果，使用盘点标签对已盘点存货及数量作出标识。

（11）**存货货龄分析表**。很多制造型企业通过编制存货货龄分析表，识别流动较慢或滞销的存货，并根据市场情况和经营预测，确定是否需要计提存货跌价准备。这对于管理具有保质期的存货（如食物、药品、化妆品等）尤其重要。

二、生产循环主要的内部控制

对于一般制造型企业，生产与存货循环涉及的主要业务活动包括：计划和安排生产；发出原材料；生产产品核算产品成本；产成品入库及储存；发出产成品；存货盘点；计提存货跌价准备等。上述业务活动通常涉及以下部门：生产计划部门、仓储部门、生产部门、人事部门、销售部门、会计部门等。以下对上述八个业务活动中可能存在的内部控制举例说明。

（1）对于计划和安排生产这项主要业务活动，有些被审计单位的内部控制要求，根据经审批的月度生产计划书，由生产计划经理签发预先按顺序编号的生产通知单。

（2）对于发出原材料这项主要业务活动，有些被审计单位的内部控制要求为：

① 领料单应当经生产主管批准，仓库管理员凭经批准的领料单发料；领料单一式三联，分别为生产部门存根联、仓库联和财务联。

② 仓库管理员应把领料单编号、领用数量、规格等信息输入计算机系统，经仓储经理复核并以电子签名方式确认后，系统自动更新材料明细台账。

（3）对于生产产品和核算产品成本这两项主要业务活动，有些被审计单位的内部控制要求为：

① 生产成本记账员应根据原材料领料单财务联，编制原材料领用日报表，与计算机系统自动生成的生产记录日报表核对材料耗用和流转信息；由会计主管审核无误后，生成记账

凭证并过账至生产成本及原材料明细账和总分类账。

② 生产部门记录生产各环节所耗用工时数,包括人工工时数和机器工时数,并将工时信息输入生产记录日报表。

③ 每月末,由生产车间与仓库核对原材料和产成品的转出和转入记录,如有差异,仓库管理员应编制差异分析报告,经仓储经理和生产经理签字确认后交会计部门进行调整。

④ 每月末,由计算机系统对生产成本中各项组成部分进行归集,按照预设的分摊公式和方法,自动将当月发生的生产成本在完工产品和在产品之间按比例分配;同时,将完工产品成本在各不同产品类别之间分配,由此生成产品成本计算表和生产成本分配表;由生产成本记账员编制成生产成本结转凭证,经会计主管审核批准后进行账务处理。

(4) 对于产成品入库和储存这项主要业务活动,有些被审计单位的内部控制要求为:

① 产成品入库时,质量检验员应检查并签发预先按顺序编号的产成品验收单,由生产小组将产成品送交仓库,仓库管理员应检查产成品验收单,并清点产成品数量,填写预先顺序编号的产成品入库单经质检经理、生产经理和仓储经理签字确认后,由仓库管理员将产成品入库单信息输入计算机系统,计算机系统自动更新产成品明细台账并与采购订购单编号核对。

② 存货存放在安全的环境(如上锁、使用监控设备)中,只有经过授权的工作人员可以接触及处理存货。

(5) 对于发出产成品这项主要业务活动,在销售与收款流程循环中涉及了产成品出库这一环节,此外还有后续的结转销售成本环节。有些被审计单位可能设计以下内部控制要求:

① 产成品出库时,由仓库管理员填写预先顺序编号的出库单,并将产成品出库单信息输入计算机系统,经仓储经理复核并以电子签名方式确认后,计算机系统自动更新产成品明细台账并与发运通知单编号核对。

② 产成品装运发出前,由运输经理独立检查出库单、销售订购单和发运通知单,确定从仓库提取的商品附有经批准的销售订购单,并且,所提取商品的内容与销售订购单一致。

③ 每月末,生产成本记账员根据计算机系统内状态为"已处理"的订购单数量,编制销售成本结转凭证,结转相应的销售成本,经会计主管审核批准后进行账务处理。

(6) 对于盘点存货这项业务活动,有些被审计单位的内部控制要求为:

① 生产部门和仓储部门在盘点日前对所有存货进行清理和归整,便于盘点顺利进行。

② 每一组盘点人员中应包括仓储部门以外的其他部门人员,即不能由负责保管存货的人员单独负责盘点存货;安排不同的工作人员分别负责初盘和复盘。

③ 盘点表和盘点标签事先连续编号,发放给盘点人员时登记领用人员;盘点结束后回收并清点所有已使用和未使用的盘点表和盘点标签。

④ 为防止存货被遗漏或重复盘点,所有盘点过的存货贴盘点标签,注明存货品名、数量和盘点人员,完成盘点前检查现场确认所有存货均已贴上盘点标签。

⑤ 将不属于本单位的代其他方保管的存货单独堆放并作标识;将盘点期间需要领用的原材料或出库的产成品分开堆放并作标识。

⑥ 汇总盘点结果,与存货账面数量进行比较,调查分析差异原因,并对认定的盘盈和盘亏提出账务调整,经仓储经理、生产经理、财务经理和总经理复核批准后入账。

(7) 对于计提存货跌价准备这项业务活动,有些被审计单位的内部控制要求为:

10

①定期编制存货货龄分析表,管理人员复核该分析表,确定是否有必要对滞销存货计提存货跌价准备,并计算存货可变现净值,据此计提存货跌价准备。

②生产部门和仓储部门每月上报残次存货明细,采购部门和销售部门每月上报原材料和产成品最新价格信息,财务部门据此分析存货跌价风险并计提跌价准备,由财务经理和总经理复核批准并入账。

三、主要账户的实质性测试

(一)存货

存货的审计目标一般包括实施审计程序以证实:①账面存货余额对应的实物是否真实存在(存在认定);②属于被审计单位的存货是否均已入账(完整性认定);③存货是否属于被审计单位(权利和义务);④存货单位成本的计量是否准确(准确性、计价和分摊认定);⑤存货的账面价值是否可以实现(准确性、计价和分摊认定)。

存货的实质性程序主要包括:

1. 获取年末存货余额明细表,并执行以下工作

(1)复核单项存货金额的计算(单位成本×数量)和明细表的加总计算是否准确。

(2)将本年末存货余额与上年末存货余额进行比较,总体分析变动原因。

2. 实施实质性分析程序

存货的实质性分析程序中较常见的是对存货周转天数的实质性分析程序,过程如下:

(1)根据对被审计单位的经营活动、供应商、贸易条件、行业惯例和行业现状的了解,确定存货周转天数的预期值。

(2)根据对本期存货余额组成、实际经营情况、市场情况、存货采购情况等的了解,确定可接受的差异额。

(3)计算实际存货周转天数和预期周转天数之间的差异。

(4)通过询问管理层和相关员工,调查存在重大差异的原因,并评估差异是否表明存在重大错报风险,是否需要设计恰当的细节测试程序以识别和应对重大错报风险。

3. 存货监盘

(1)存货监盘的作用。

存货监盘实际上是观察和检查有形资产的结合。在存货盘点现场实施监盘时,注册会计师应当实施下列审计程序:评价管理层用以记录和控制存货盘点结果的指令和程序;观察管理层制定的盘点程序的执行情况;检查存货;执行抽盘。

存货监盘的相关程序可以用作控制测试或者实质性程序。注册会计师可以根据风险评估结果、审计方案和实施的特定程序作出判断。例如,如果只有少数项目构成了存货的主要部分,注册会计师可能选择将存货监盘用作实质性程序。

需要说明的是,尽管实施存货监盘,获取有关期末存货数量和状况的充分、适当的审计证据是注册会计师的责任,但这并不能取代被审计单位管理层定期盘点存货、合理确定存货的数量和状况的责任。事实上,管理层通常制定程序,对存货每年至少进行一次实物盘点,以作为编制财务报表的基础,并用以确定被审计单位永续盘存制的可靠性(如适用)。

注册会计师监盘存货的目的在于获取有关存货数量和状况的审计证据。因此,存货监盘针对的主要是存货的存在认定,对存货的完整性认定及准确性、计价和分摊认定,也能提

供部分审计证据。此外,注册会计师还可能在存货监盘中获取有关存货所有权的部分审计证据。例如,如果注册会计师在监盘中注意到某些存货已经被法院查封,需要考虑被审计单位对这些存货的所有权是否受到了限制。但如《中国注册会计师审计准则第 1311 号——存货监盘》指南指出的,存货监盘本身并不足以供注册会计师确定存货的所有权,注册会计师可能需要执行其他实质性审计程序以应对所有权认定的相关风险。

（2）存货监盘计划。

① 制定存货监盘计划的基本要求。注册会计师应当根据被审计单位存货的特点、盘存制度和存货内部控制的有效性等情况,在评价被审计单位管理层制定的存货盘点程序的基础上,编制存货监盘计划,对存货监盘作出合理安排。

有效的存货监盘需要制定周密、细致的计划。为了避免误解并有助于有效地实施存货监盘,注册会计师通常需要与被审计单位就存货监盘等问题达成一致意见。因此,注册会计师首先应当充分了解被审计单位存货的特点、盘存制度和存货内部控制的有效性等情况,并考虑获取、审阅和评价被审计单位预定的盘点程序。根据计划过程所搜集到的信息,有助于注册会计师合理确定参与监盘的地点以及存货监盘的程序。

② 存货监盘计划的主要内容。存货监盘计划应当包括以下主要内容:

a. 存货监盘的目标、范围及时间安排。存货监盘的主要目标包括获取被审计单位资产负债表日有关存货数量和状况以及有关管理层存货盘点程序可靠性的审计证据,检查存货的数量是否真实完整,是否归属被审计单位,存货有无毁损、陈旧、过时、残次和短缺等状况。存货监盘范围的大小取决于存货的内容、性质以及与存货相关的内部控制的完善程度和重大错报风险的评估结果。存货监盘的时间,包括实地察看盘点现场的时间、观察存货盘点的时间和对已盘点存货实施检查的时间等,应当与被审计单位实施存货盘点的时间相协调。

b. 存货监盘的要点及关注事项。存货监盘的要点主要包括注册会计师实施存货监盘程序的方法、步骤,各个环节应注意的问题以及所要解决的问题。注册会计师需要重点关注的事项包括盘点期间的存货移动、存货的状况、存货的截止确认、存货的各个存放地点及金额等。

c. 参加存货监盘人员的分工。注册会计师应当根据被审计单位参加存货盘点人员分工、分组情况、存货监盘工作量的大小和人员素质情况,确定参加存货监盘的人员组成以及各组成人员的职责和具体的分工情况,并加强督导。

d. 抽盘存货的范围。注册会计师应当根据对被审计单位存货盘点和对被审计单位内部控制的评价结果确定抽盘存货的范围。在实施观察程序后,如果认为被审计单位内部控制设计良好且得到有效实施,存货盘点组织良好,可以相应缩小实施抽盘的范围。

（3）存货监盘程序。

在存货盘点现场实施监盘时,注册会计师应当实施下列审计程序。

① 评价管理层用以记录和控制存货盘点结果的指令和程序。注册会计师需要考虑这些指令和程序是否包括下列方面:

a. 适当控制活动的运用,例如,收集已使用的存货盘点记录,清点未使用的存货盘点表单,实施盘点和复盘程序;

b. 准确认定在产品的完工程度,流动缓慢（呆滞）、过时或毁损的存货项目,以及第三方

拥有的存货(如寄存货物);

　　c. 在适用的情况下用于估计存货数量的方法,如可能需要估计煤堆的重量;

　　d. 对存货在不同存放地点之间的移动以及截止日前后出入库的控制。

　　一般而言,被审计单位在盘点过程中停止生产并关闭存货存放地点以确保停止存货的移动,有利于保证盘点的准确性。但特定情况下,被审计单位可能由于实际原因无法停止生产或收发货物。这种情况下,注册会计师可以根据被审计单位的具体情况考虑其无法停止存货移动的原因及其合理性。

　　同时,注册会计师可以通过询问管理层以及阅读被审计单位的盘点计划等方式,了解被审计单位对存货移动所采取的控制程序和对存货收发截止影响的考虑。例如,如果被审计单位在盘点过程中无法停止生产,可以考虑在仓库内划分出独立的过渡区域,将预计在盘点期间领用的存货移至过渡区域、对盘点期间办理入库手续的存货暂时存放在过渡区域,以此确保相关存货只被盘点一次。

　　在实施存货监盘程序时,注册会计师需要观察被审计单位有关存货移动的控制程序是否得到执行。同时,注册会计师可以向管理层索取盘点期间存货移动相关的书面记录以及出、入库资料作为执行截止测试的资料,以为监盘结束的后续工作提供证据。

　　② 观察管理层制定的盘点程序(如对盘点时及其前后的存货移动的控制程序)的执行情况。这有助于注册会计师获取有关管理层指令和程序是否得到适当设计和执行的审计证据。尽管盘点存货时最好能保持存货不发生移动,但在某些情况下存货的移动是难以避免的。如果在盘点过程中被审计单位的生产经营仍将持续进行,注册会计师应通过实施必要的检查程序,确定被审计单位是否已经对此设置了相应的控制程序,确保在适当的期间内对存货作出了准确记录。

　　③ 检查存货。在存货监盘过程中检查存货,虽然不一定能确定存货的所有权,但有助于确定存货的存在,以及识别过时、毁损或陈旧的存货。注册会计师应当把所有过时、毁损或陈旧存货的详细情况记录下来,这既便于进一步追查这些存货的处置情况,也能为测试被审计单位存货跌价准备计提的准确性提供证据。

　　④ 执行抽盘。在对存货盘点结果进行测试时,注册会计师可以从存货盘点记录中选取项目追查至存货实物,以及从存货实物中选取项目追查至盘点记录,以获取有关盘点记录准确性和完整性的审计证据。需要说明的是,注册会计师应尽可能避免让被审计单位事先了解将抽盘的存货项目。除记录注册会计师对存货盘点结果进行的测试情况外,获取管理层完成的存货盘点记录的复印件也有助于注册会计师日后实施审计程序,以确定被审计单位的期末存货记录是否准确地反映了存货的实际盘点结果。

　　注册会计师在实施抽盘程序时发现差异,很可能表明被审计单位的存货盘点在准确性或完整性方面存在错误。由于检查的内容通常仅仅是已盘点存货中的一部分,所以在检查中发现的错误很可能意味着被审计单位的存货盘点还存在着其他错误。一方面,注册会计师应当查明原因,并及时提请被审计单位更正;另一方面,注册会计师应当考虑错误的潜在范围和重大程度,在可能的情况下,扩大检查范围以减少错误的发生。注册会计师还可要求被审计单位重新盘点。重新盘点的范围可限于某一特殊领域的存货或特定盘点小组。

　　⑤ 需要特别关注的情况。包括:

　　a. 存货盘点范围。在被审计单位盘点存货前,注册会计师应当观察盘点现场,确定应纳入盘点范围的存货是否已经适当整理和排列,并附有盘点标识,防止遗漏或重复盘点。对未纳入盘点范围的存货,注册会计师应当查明未纳入的原因。

对所有权不属于被审计单位的存货,注册会计师应当取得其规格、数量等有关资料,确定是否已单独存放、标明,且未被纳入盘点范围。在存货监盘过程中,注册会计师应当根据取得的所有权不属于被审计单位的存货的有关资料,观察这些存货的实际存放情况,确保其未被纳入盘点范围。即使在被审计单位声明不存在受托代存存货的情形下,注册会计师在存货监盘时也应当关注是否存在某些存货不属于被审计单位的迹象,以避免盘点范围不当。

b. 对特殊类型存货的监盘。对某些特殊类型的存货而言,被审计单位通常使用的盘点方法和控制程序并不完全适用。这些存货通常或者没有标签,或者其数量难以估计,或者其质量难以确定,或者盘点人员无法对其移动实施控制。在这种情况下,注册会计师需要运用职业判断,根据存货的实际情况,设计恰当的审计程序,对存货的数量和状况获取审计证据。

⑥ 存货监盘结束时的工作。在被审计单位存货盘点结束前,注册会计师应当:

a. 再次观察盘点现场,以确定所有应纳入盘点范围的存货是否均已盘点。

b. 取得并检查已填用、作废及未使用盘点表单的号码记录,确定其是否连续编号,查明已发放的表单是否均已收回,并与存货盘点的汇总记录进行核对。注册会计师应当根据自己在存货监盘过程中获取的信息对被审计单位最终的存货盘点结果汇总记录进行复核,并评估其是否正确地反映了实际盘点结果。

如果存货盘点日不是资产负债表日,注册会计师应当实施适当的审计程序,确定盘点日与资产负债表日之间存货的变动是否已得到恰当的记录。

在实务中,注册会计师可以结合盘点日至财务报表日之间间隔期的长短、相关内部控制的有效性等因素进行风险评估,设计和执行适当的审计程序。在实质性程序方面,注册会计师可以实施的程序示例包括:比较盘点日和财务报表日之间的存货信息以识别异常项目,并对其执行适当的审计程序(例如实地查看等);对存货周转率或存货销售周转天数等实施实质性分析程序;对盘点日至财务报表日之间的存货采购和存货销售分别实施双向检查(例如,对存货采购从入库单查至其相应的永续盘存记录及从永续盘存记录查至其相应的入库单等支持性文件,对存货销售从货运单据查至其相应的永续盘存记录及从永续盘存记录查至其相应的货运单据等支持性文件);测试存货销售和采购在盘点日和财务报表日的截止是否正确。

【课堂练习】

C 和 D 注册会计师首次接受委托,负责审计上市公司丙公司 2023 年度财务报表。该公司存货占比在总资产中达到 50%,且大部分存货存放于办事处。C 和 D 注册会计师确定的财务报表整体的重要性水平为 120 万元,丙公司 2023 年财务报告于 2024 年 3 月 20 日获董事会批准,并于同日报送证券交易所,根据丙公司存货的内部控制情况和盘点计划,注册会计师决定实施的监盘计划部分内容如下:

(1)随机选择 1/3 的办事处进行存货监盘,其余的直接审阅其盘点记录及账面记录。

(2)在丙公司盘点后,审计人员按存货期末余额的 5% 复盘。若复盘结果表明误差低于 2% 的,则不要求丙公司重新盘点。

10

（3）审计人员在复盘结束后，与连锁店盘点人员分别在盘点清单上签字，并视情况考虑是否索取盘点前的最后一张验收报告单（或入库单）和最后一张货运单（或出库单）。

要求：指出注册会计师编制的监盘计划的相关内容有无不妥当之处？若有，请予以更正。

解析：计划（1）中，随机选择 1/3 的办事处进行存货监盘不妥，应全部监盘，并可委托所在地的会计师事务所代为实施；

计划（2）中，在甲公司盘点后，审计人员按存货期末余额的 5% 复盘不妥，一般情况下应按照不低于 10% 的比例复盘；

计划（3）中，"视情况考虑是否"索取盘点前的最后一张验收报告（或入库单）和最后一张货运单（或出库单）不妥，注册会计师必须索取盘点前的最后一张验收报告（或入库单）和最后一张货运单（或出库单），以便作截止测试使用。

（二）应付职工薪酬审计

1. 应付职工薪酬审计目标

薪酬是企业支付给员工的劳动报酬，主要有计时和计件两种形式。薪酬一般采用现金的形式支付，因而相对于其他业务更容易发生错误或舞弊行为，如虚报、冒领、重复支付和贪污等。同时，薪酬也是企业成本费用的重要构成项目，所以在审计中显得十分重要。随着经营管理水平的提高和技术手段的发展，薪酬业务中进行舞弊并对其掩饰的可能性已有缩小，因为有效的薪酬内部控制，可以及时地揭露错误和舞弊；使用计算机编制薪酬表和使用薪酬卡，提高了薪酬计算的准确性；通过有关机构，如税务部门、社会保障机构的复核，可相应防止薪酬计算的错误。然而，在一般的企业中，薪酬费用在成本费用中所占比重较大。如果计算错误，就会影响到成本费用和利润的正确性。所以，注册会计师仍应重视对薪酬业务的审计。薪酬业务的审计，涉及应付职工薪酬及相关成本费用账户。应付职工薪酬的审计目标主要包括：确定公司的职工薪酬是否发生；确定应付职工薪酬计提和支出的记录是否完整；确定应付职工薪酬期末余额是否正确；确定应付职工薪酬的披露是否恰当。

2. 应付职工薪酬的实质性程序

应付职工薪酬的实质性程序主要程序包括：

（1）获取或编制应付职工薪酬明细表，复核加计正确，并与报表数、总账数和明细账合计数核对是否相符。

（2）对本期薪酬费用的发生情况执行分析程序如下：

① 一般地说，除非产量、价格、职员数目等因素出现较大变动，一个会计年度内的各期薪酬总额应当是比较稳定的，注册会计师应取得或编制薪酬汇总表，列示各期薪酬总额及其构成，进行比较，对各类薪金的异常波动都要进一步追查。

② 将本期薪酬费用总额与上期进行比较，要求被审计单位解释其增减变动的原因，或取得公司管理层关于员工薪酬水平的决议。

（3）检查薪酬的计提是否正确，分配方法是否与上期一致，并将应付职工薪酬计提数与相关的成本、费用项目核对一致。

（4）如果被审计单位是实行工效挂钩的，应取得有关主管部门确认的效益薪酬发放额的认定证明，并复核有关合同文件和实际完成的指标，检查其计提额是否正确。

（5）验明应付职工薪酬的披露是否恰当。

第四节　筹资与投资循环

投资与筹资循环与其他几个循环不太一样，其特点主要体现在以下几点：第一，涉及的业务量少，单笔交易的金额都很大，因此需要审计每笔交易；第二，涉及的法规很多，因此，审计人员需要验证被审计单位是否遵守了相关规定，合规性审计的比重很大，所以，本循环的审计思路主要就是合规性审计。

一、投资与筹资循环涉及的主要活动及单据

（一）筹资与投资所涉及的主要业务活动

企业的筹资业务由与取得和偿还资金有关的交易组成，分为两个主要交易种类：一类是负债筹资交易，包括通过贷款、应付债券取得借款，以及有关本金和利息的偿还等；另一类是所有者权益交易，包括向所有者筹资、企业减资以及股利支付等。主要环节包括：①审批授权；②签订合同或协议；③取得资金；④计算利息或股利；⑤偿还本息或发放股利。

企业在经营过程中为了保持资产的流动性和盈利性，将资产投放于证券或其他企业，即形成投资业务。投资活动的业务主要有：①审批授权；②取得证券或其他投资；③取得投资收益；企业可以取得股权投资的股利收入、债券投资的利息收入和其他投资收益等；④转让证券或收回其他投资。

（二）筹资与投资业务中涉及的主要凭证与会计记录

1. 债券或股票

债券是公司依据法定程序发行，约定在一定期限内还本付息的有价证券。股票是公司签发的证明股东所持股份的凭证。

2. 债券契约

债券契约是明确债券持有人与发行企业双方所拥有的权利与义务的法律性文件，其内容一般包括：债券发行的标准；债券的明确表述；利息或利息率；受托管理人证书；登记和背书；如系抵押债券，其所担保的财产；债券发生拖欠情况如何处理；建立偿债基金的承诺；以及利息支付和本金返还的方式和处理。

3. 股东名册

发行记名股票的公司其股东名册应记载的内容一般包括：股东的姓名或者名称及住所；各股东所持股票数量；各股东所持股票的编号；各股东取得其股份的日期。发行无记名股票的，公司应当记载其股票数量、编号及发行日期。

4. 公司债券存根簿

发行记名债券的公司应记载的内容一般包括：债券持有人的姓名或者名称及住所；债券持有人取得债券的日期及债券的编号；债券总额、债券的票面金额、债券的利率、债券还本付息的期限和方式；债券的发行日期。发行无记名债券的公司应当在债券存根簿上记载债券总额利率、偿还期限和方式、发行日期和债券编号。

10

5. 合同或协议

筹资与投资活动相关的合同或协议主要包括承销或包销协议、借款合同或协议、企业的章程及有关协议、投资协议等。借款合同或协议是向银行和其他金融机构借入款项时与其签订的合同或协议。公司向社会公开发行股票或债券时,应当由依法设立的证券经营机构承销或包销,公司应与其签订承销或包销协议。

6. 其他文件和凭证

这主要包括董事会决议和股东大会决议等重要会议文件,相关记账凭证、明细账和总账等。

二、筹资与投资循环主要的内部控制

(一) 筹资业务的内部控制

为有效开展筹资业务的经济活动,企业建立内部控制的要点如下:

(1) 授权审批控制。

(2) 职责分离控制。

(3) 收入和支出款项控制。

(4) 筹资登记簿控制。

(5) 会计记录控制。

(二) 投资业务的内部控制

(1) 授权审批控制。

(2) 职责分离控制。

(3) 投资资产安全保护控制。

(4) 会计控制。

三、主要账户的实质性测试

(一) 银行借款

1. 银行借款的审计目标

银行借款是指企业为了满足不同的需要向银行借入不同期限的各种借款。由于还款期限不同,银行借款可分为短期借款和长期借款两种。一般情况下,被审计单位并不会高估银行借款,因为这对自身不利,且难以与银行债权人的会计记录相互印证。一般来讲,除了企业为了隐藏利润等少数情况外,企业负债金额基本都不会被高估。为了正确评估企业的财务状况和经营成果,必须将负债完整、正确地列示于资产负债表上。因此,注册会计师对银行借款的审计主要是防止企业低估负债,从而达到低估成本、高估利润的目的。银行借款的审计目标主要包括:

(1) 确认被审计单位所记录的银行借款在特定期间是否存在。

(2) 确认被审计单位银行借款是否为被审计单位所承担。

(3) 确定被审计单位在特定期间内发生的银行借款业务是否均已记录,有无遗漏。

(4) 确认被审计单位银行借款相关账户余额是否正确。

(5) 确认被审计单位银行借款是否在资产负债表上恰当地披露。

2. 银行借款的实质性程序

(1) 短期借款的实质性程序。短期借款是指企业向银行或其他金融机构借入的偿还期

限在 1 年以内(含 1 年)的各种借款。一般而言,短期借款的实质性程序主要包括:

① 取得或编制短期借款明细表。注册会计师应首先取得短期借款明细表,并将其与短期借款总账及其所属的各明细账户核对相符,查明有无虚构债务等情况,在期末余额较大或注册会计师认为必要时可向债权人函证。

② 审查短期借款的合理性。审核短期借款的法律文件及各原始凭证的内容。注册会计师应依据借款合同,结合市场行情分析审查借款的必要性、合理性,提出改进建议,即审查短期借款是否符合筹资规模和筹资结构的要求,企业是否严格控制有关短期借款的财务风险,降低有关短期借款的资金成本,有无将短期借款用于长期款项支出等不合理的资金使用情况。

③ 函证短期借款。注册会计师应在期末短期借款余额基础上,向银行或其他债权人函证短期借款。

④ 审查短期借款的增加。对年度内增加的短期借款,注册会计师应审查借款合同和授权批准,了解借款数额、借款条件、借款日期、还款期限、借款利率,并与相关会计记录相核对。

⑤ 审查短期借款的偿还情况。对年度内减少的短期借款,注册会计师应审查相关记录和原始凭证,核实还款数额。验证短期借款账户借方发生额同有关支票存根是否相符,相关的会计记录是否正确;计算企业资产的流动比率和速动比率,验证短期借款的偿债能力。是否有尚未偿还的到期短期借款,如有应查明企业的持续经营能力。

⑥ 复核借款利息费用。注册会计师应根据各项借款的日期、利率、还款期限,复核被审计单位短期借款的利息计算是否正确,有无多算或少算利息的情况。如存在上述情况,应作出记录,必要时进行调整。

⑦ 审查外币借款的折算。注册会计师应审查外币短期借款的增减变动部分是否按业务发生时的市场汇率或期初市场汇率折合为记账本位币;期末是否按市场汇率将外币短期借款余额折合为记账本位币;折算方法前后期是否一致;折算差额是否按规定进行会计处理。

⑧ 审查短期借款在资产负债表上的反映是否恰当。短期借款通常在资产负债表的流动负债项下单独列示,对于因抵押而取得的短期借款,应在资产负债表附注中披露。

(2) 长期借款的实质性程序。长期借款是指企业由于扩大生产经营规模的需要,而向银行或其他金融机构借入的、偿还期为 1 年(不含 1 年)以上的借款。在股票、债券等金融市场融资受到限制的情况下,长期借款仍是我国多数企业为扩大生产经营规模筹集所需资金的一个重要的手段。长期借款的审计方法同短期借款的审计方法较为相似。长期借款的实质性程序主要包括:

① 索取或编制长期借款明细表。注册会计师应首先获取长期借款明细表,并与总账、明细账及报表核对,审查账账、账表是否相符。

② 审查长期借款的合法性、合理性。注册会计师应当仔细审核长期借款明细账中借、贷事项及其有关原始凭证,以判断长期借款的筹措是否有必要,筹资规模、筹资结构是否合理,手续是否齐全,是否具备借款的基本条件,有无还款的物质保证;长期借款的使用是否合法、合规,有无效益;长期借款是否按期偿还,对于其没有归还的借款,要查明原因。

③ 向银行或其他债权人函证长期借款。

10

④ 审查借款期限。审查 1 年内到期的长期借款是否已转列为流动负债;年末有无到期未偿还的借款;逾期借款是否办理了展期手续。

⑤ 审查借款的利息支出。计算长期借款在各个月份的平均余额,选取适用的利率匡算利息支出总额,并与财务费用等账户的相关记录核对,判断被审计单位是否高估或低估利息支出,必要时进行适当调整。并关注借款利息是资本化还是费用化。

⑥ 审查抵押长期借款。企业的长期借款如是抵押长期借款,应审查该抵押的资产所有权是否归属企业,其价值和实际状况是否与抵押契约中的规定一致;如果企业的长期借款以某项资产或收入作担保,该充作担保的财产是否归属企业,其价值是否属实,作担保的收入来源是否可靠等,如果企业或其他机构进行担保,其担保来源条件是否具备等。

⑦ 审查长期借款费用的会计处理。企业所发生的借款费用,是指因借入资金而付出的代价。它包括借款利息、折价或溢价的摊销和辅助费用,以及因外币借款而发生的汇兑损益等,因专门借款而发生的辅助费用包括手续费等。专门借款是指为购建固定资产而专门借入的款项。

⑧ 审查外币长期借款。注册会计师应审查外币长期借款的增减变动部分是否按业务发生时的市场汇率或期初市场汇率折合为记账本位币;期末是否按市场汇率将外币长期借款余额折合为记账本位币;还应注意审查其记账汇率、账面汇率计算方法是否合规,前后期是否一致,汇兑损益的计算是否正确;为购建固定资产产生的外币长期借款汇兑损益是否正确地在购建固定资产的价值和当期损益间分配等。企业为购建固定资产而借入的外币专门借款,其借款费用同其他长期借款的借款费用的处理相同,但其每一会计期间所产生的汇兑差额(指当期外币专门借款本金及利息所发生的汇兑差额),在所购建固定资产达到预定可使用状态前,应予以资本化,计入所购建的固定资产的成本;在该项固定资产达到预定可使用状态后,应计入当期财务费用。

⑨ 审查长期借款在资产负债表上的披露是否恰当。长期借款的期末余额应扣除将于 1 年内(含 1 年)到期的长期借款,在资产负债表的非流动负债项下单独列示,该项扣除数则在流动负债项下的"一年内到期的非流动负债"项目中反映。注册会计师应根据审计结果,审查长期借款在资产负债表上是否充分反映,并注意长期借款的抵押和担保是否已在财务报表附注中作了充分的说明。

(二) 投资业务的内部控制

投资的实质性程序包括:

1. 实地盘点投资资产并检查账实是否相符

注册会计师应对被审计单位所拥有的投资证券进行实地盘点,并关注证券是否存在抵押的情况。盘点时被审计单位有关管理人员需要在场,并编制盘点结果清单。

2. 函证外部代管证券

如果被审计单位的证券存放在企业外部,注册会计师可以通过对委托保管人进行函证的方式来替代实地盘点。如果外部存放的投资证券很重要,注册会计师可以选择前往存放地进行实地清点。

3. 审查投资记录的真实完整

结合投资证券的实地盘点,审计人员可以从两个方面对被审计单位的投资记录进行审查:一是从实地盘点清单到投资记录,可以查出有没有漏记投资的情况;二是从投资记录到盘点清单,可以发现有没有高估投资的情况。

4.审查投资的核算方法和投资收益的确认

根据会计准则的要求,确认投资的核算方法是否正确,其投资收益的计算金额是否正确等。

5.审查投资减值准备和减值情况

根据会计准则的要求,审核投资减值准备和减值情况的会计处理是否正确。

(三)所有者权益

所有者权益是企业投资者对企业净资产的所有权,包括投资者对企业投入资本以及企业存续过程中形成的资本公积、盈余公积和未分配利润。由于所有者权益涉及很多协议、合同等的规定,因此,注册会计师在审计所有者权益时,主要关注所有者权益是否遵守相关的规定,包含的内容是否正确,以及在报表上面的列示是否正确。

 重 点 回 顾

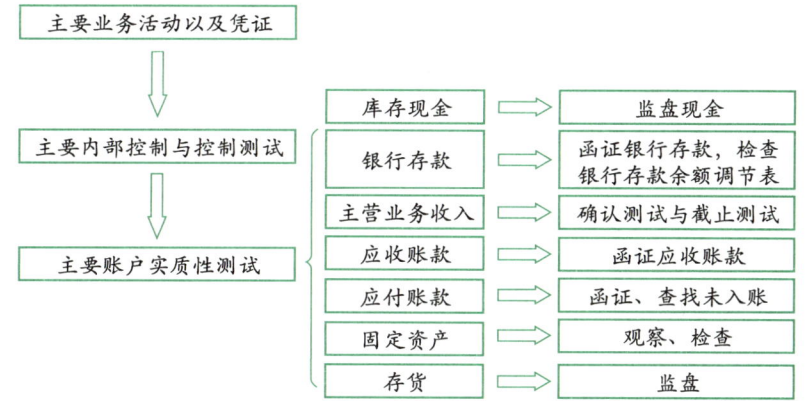

 专业词汇中英文对照

销售与收款(收入)循环	sales cycle	应付账款	accounts payable
支出循环	expenditure cycle	存货	inventory
生产循环	production cycle	固定资产	plant,property and equipment
投资与筹资循环	investing and financing cycle	应付职工薪酬	salary payable
应收账款	accounts receivable	销售发票	sales invoice
销售收入	sales revenue	货运单据	shipping documents

10

贷项通知单　credit memo　　　　　　　折让　allowance

折扣　discount　　　　　　　　　　　　购货发票　purchase invoice

银行余额调节表　bank reconciliation statement

盘点　pysical examination　　　　　　　函证　confirmation

监盘　observation and inspection　　　　截止测试　cut-off test

 练 习 题

一、单选题

1. 关于获取审计证据的程序与特定认定的审计目标的相关性,以下事项中,相关的情形为(　　)。

A. 从财务报表日前的审计客户的验收单追查至采购明细账,主要是为了获取期末存货存在认定的证据

B. 从财务报表日前审计客户的采购明细账追查至购货发票和验收单,主要是为了获取存货完整性认定的证据

C. 审查审计客户期后应收账款收回的记录,主要是为了证明主营业务收入期末截止认定是否恰当

D. 分析审计客户的应收账款账龄和期后收款情况,主要是为了证明应收账款的计价和分摊认定

2. 关于库存现金的盘点,下列说法中不正确的是(　　)。

A. 盘点库存现金是证实收到的现金收入是否已全部登记入账的一项重要程序

B. 盘点对象通常包括已收到但未存入银行的现金

C. 通常实施突击性检查

D. 如果企业现金的存放部门有两处或两处以上,应同时进行盘点

3. 以下不属于投资与筹资循环特点的是(　　)。

A. 涉及的交易事项少　　　　　　　　　B. 每笔金额都很大

C. 主要进行合规性审计　　　　　　　　D. 需要大面积进行抽样审计

4. 针对营业收入的实质性分析程序,下列说法中不恰当的是(　　)。

A. 本期的主营业务收入与上期的主营业务收入、销售预算或预测数等进行比较,分析主营业务收入及其构成的变动是否异常,并分析异常变动的原因

B. 计算本期重要产品的毛利率,与上期预算或预测数据比较,检查是否存在异常,各期之间是否存在重大波动,查明原因

C. 将实际金额与实际执行的重要性相比较,计算差异

D. 如果差异额超过确定的可接受差异额,调查并获取充分的解释和恰当的、佐证性质的审计证据

5. 以下有关被审计单位针对支出与付款交易内部控制的说法中,不恰当的是( )。

A. 付款需要由经授权的人员审批,审批人员在审批前需检查相关支持文件,并对其发现的例外事项进行跟进处理

B. 通过对入库单的预先编号以及对例外情况的汇总处理,被审计单位可以应对存货和负债记录方面的高估风险

C. 采购、验收与相关会计记录需职责分离

D. 付款审批与付款执行需职责分离

6. 函证被审计单位的应付账款时,注册会计师的以下做法中正确的是( )。

A. 某账户在资产负债表日账户余额较小,但为被审计单位重要供应商,注册会计师决定不对其函证

B. 如果存在被询证者最终未作回复的重大项目,注册会计师应采用替代审计程序

C. 注册会计师不需要对函证的过程进行控制

D. 某账户在资产负债表日账户余额为零,但为被审计单位重要供应商,注册会计师决定不对其函证

7. 如果被审计单位在接触存货时没有设置授权审批的内部控制措施,将导致存货( )认定出现重大错报风险。

A. 存在   B. 完整性   C. 计价和分摊   D. 权利和义务

8. 注册会计师在对期末存货进行截止测试时,通常应当关注的内容不包括( )。

A. 所有在截止日以前入库的存货项目是否均已包括在盘点范围内,并已反映在截止日以前的会计记录中

B. 任何在截止日期以后入库的存货项目是否均未包括在盘点范围内,也未反映在截止日以前的会计记录中

C. 所有截止日以后装运出库的存货项目是否均未包括在盘点范围内,且未包括在截止日的存货账面余额中

D. 所有已记录为购货但尚未入库的存货是否均已包括在盘点范围内,并已反映在会计记录中

9. 下列程序中不属于借款活动相关的内部控制测试程序的是( )。

A. 索取借款的授权批准文件,检查批准的权限是否恰当、手续是否齐全

B. 观察借款业务的职责分工,并将职责分工的有关情况记录于审计工作底稿中

C. 抽取借款明细账的部分会计记录,按原始凭证到明细账再到总账的顺序核对有关会计处理过程,以判断其是否合规

D. 计算短期借款、长期借款在各个月份的平均余额,选取适用的利率匡算利息支出总额,并与财务费用等项目的相关记录核对

10. 注册会计师测试被审计单位库存现金余额的起点是( )。

A. 监盘库存现金

B. 核对库存现金日记账与总账金额是否相符

10

C. 财务专用章是否由专人保管

D. 库存现金监盘表是否有出纳签名

二、多选题

1. 关于函证程序,下列说法中正确的有(　　　　)。

A. 函证的形式分为积极式函证和消极式函证

B. 函证程序只能用于获取存在情况的审计证据

C. 函证程序仅仅局限于应收账款

D. 注册会计师需要控制函证的收发过程

2. 关于货币资金内部控制的以下情形中,违背了不相容职务分离控制的有(　　　　)。

A. 出纳员承担现金收付、银行结算及货币资金的日记账核算工作,但同时兼任了会计档案保管工作

B. 出纳员兼任固定资产卡片的登记工作

C. 出纳员保管签发支票所需的全部印章

D. 出纳员兼任了收入明细账和总账的登记工作

3. 以下程序中,可以用于应收账款审计的有(　　　　)。

A. 取得或编制应收账款明细表,并与总账金额进行核对

B. 分析账龄

C. 向债务人函证应收账款

D. 检查应收账款在报表上面的列示是否正确

4. 影响应收账款函证范围和对象的因素包括(　　　　)。

A. 应收账款在全部资产中的重要程度

B. 被审计单位内部控制的有效性

C. 以前期间的函证结果

D. 函证的方式是积极式函证还是消极式函证

5. 注册会计师通过对成本实施实质性分析程序,能够发现(　　　　)内部控制目标是否实现。

A. 成本以正确的金额,在恰当的会计期间及时记录于适当的账户

B. 对存货实施保护措施,保管人员与记录、批准人员相互独立

C. 生产业务是根据管理层一般或特定的授权进行的

D. 记录的成本为实际发生的而非虚构的

6. 如果被审计单位投资的证券是委托专门机构代为保管的,为证实其是否确实存在,审计人员可以采取的程序有(　　　　)。

A. 检查长期投资明细账

B. 向代保管机构发函询证

C. 逐笔检查被审计单位相关会计记录

D. 会同被审计单位人员到代保管机构清查盘点

7. 注册会计师在确定函证对象时,下列债务人中应作为主要选择对象的有(　　　　)。

A. 欠款金额占全部应收账款 20%　　　　B. 欠款时间已达两年以上

C. 持有被审计单位 30% 股权　　　　　　D. 与被审计单位同一董事长

8. 在符合下列(　　　　)情况时,注册会计师可以采用消极式函证。

A. 预计差错率较低　　　　　　　　　B. 债务人欠款余额很小

C. 债务人能认真对待询证函　　　　　D. 内部控制较差

9. 注册会计师验证被审计单位应付账款是否真实存在,可通过(　　　　)程序测试。

A. 将应付账款清单加总

B. 从应付账款清单追查卖方发票和卖方对账单

C. 函证应付款,重点是大额、异常项目

D. 对未列入本期的负债进行测试

10. 注册会计师对于存放或寄销在外地的存货应采取(　　　　)方法测试。

A. 向寄存、寄销的单位发询证函

B. 审查有关原始单证、账簿记录

C. 亲自前往存放地观察盘点

D. 委托存放当地的会计师事务所负责监盘

三、判断题

1. 销售发票属于内部证据。　　　　　　　　　　　　　　　　　　　　　　(　　　)

2. 顾客订单属于外部证据。　　　　　　　　　　　　　　　　　　　　　　(　　　)

3. 注册会计师没有收到回函,可以直接做替代性程序获得相应补充证据。　　(　　　)

4. 主营业务收入的截止测试需要判断三个时间是否在同一会计期间,这三个时间为发票开具日期或者收款日期,记账日期和发货日期。　　　　　　　　　　　　(　　　)

5. 审计人员对 R 公司的存货进行了监盘,监盘中按存货金额 45% 的比例进行了抽盘,抽盘结果显示抽盘日账实相符,据以得出资产负债表日存货真实存在的审计结论。

(　　　)

6. 注册会计师进行的监盘是观察和实物检查工作的集合程序。　　　　　　(　　　)

7. 投资与筹资循环涉及业务量少,但每笔交易金额都很大。　　　　　　　(　　　)

8. 注册会计师对固定资产进行实地观察时,可以以固定资产明细账为起点,重点观察本期新增加的重要固定资产。　　　　　　　　　　　　　　　　　　　　(　　　)

9. 实施收入截止测试时,注册会计师应当以该年度的销售发票为起点,以检查是否高估业务收入。　　　　　　　　　　　　　　　　　　　　　　　　　　　　(　　　)

10. 应收账款的重要性水平越低,所需函证的数量越多。　　　　　　　　　(　　　)

四、简答题

1. 简述现金监盘与存货监盘的区别。

2. 简述应收账款、应付账款与银行存款函证的区别。

3. 简述主营业务收入截止测试。

4. 简述固定资产实质性测试。

5. 简述投资与筹资循环的特点和审计思路。

10

五、案例分析题

1. 收入与销售循环审计

X 公司是生产与销售化工设备的上市公司。A 注册会计师负责对 X 公司 2023 年度财务报表实施审计。A 注册会计师在审计工作底稿中记载了所了解的 X 公司及其环境。其中与销售与收款循环相关的部分事项摘录如下：

（1）X 公司 2023 年 10 月份按甲公司的特殊要求制造 200 件 A 产品，双方约定于 2024 年 3 月一次性交货。由于原材料供应不稳定，导致 X 公司不得不向多个供应商、多批次、小批量采购生产 A 产品所需的原材料。至 2023 年年底，X 公司已生产完工 100 件 A 产品。

（2）X 公司长期向乙公司赊销 B 产品。2023 年 10 月，根据新环保法规要求，X 公司需要在每批 B 产品销售之前接受为期一个月的环保监测。检测费用由 X 公司承担，检测合格后才能获得销售许可。

（3）2024 年 1 月 4 日，客户丙公司发生了重大安全事故，导致无力偿还 2023 年 7 月赊购 X 公司生产设备的欠款。对此 X 公司已在财务报表附注资料中进行了披露。

要求：逐一针对上述所述情况，指出：

（1）上述事件是否可能表明财务报表不存在重大错报风险，简要说明理由；

（2）（1）中的重大错报风险影响财务报表的哪些项目（仅限于应收账款、存货、营业收入、营业成本、销售费用、财务费用、资产减值损失），以及影响以上项目的哪些认定。

2. 支出与付款循环审计

A 注册会计师是甲公司 2023 年度财务报表审计业务的项目合伙人，A 注册会计师对甲公司采购与付款交易的相关内部控制进行了了解、测试与评价：

（1）对需要购买的已经列入存货清单的项目由仓库负责填写请购单，对未列入存货清单的项目由相关需求部门填写请购单，请购单统一由采购部门主管 W 签字批准。

（2）采购部门收到经批准的请购单后，由其职员 S 进行询价，职员 M 确定供应商，再由其职员 P 负责编制和发出预先连续编号的订购单。订购单一式四联，经被授权的采购人员签字后，分别送交供应商、负责验收的部门、提交请购单的部门和负责采购业务结算的应付凭单部门。

（3）验收部门检查了原材料有无损坏后，比较所收商品与订购单上的要求是否相符，如商品的品名、摘要、数量、到货时间等，并编制预先连续编号的验收单交仓库人员签字确认。

（4）应付凭单部门核对验收单和订购单，并编制预先连续编号的付款凭单。在付款凭单经被授权人员批准后，应付凭单部门将付款凭单连同供应商发票及时送交会计部门，并将未付款凭单副联保存在未付款凭单档案中。

（5）付款后，会计主管 L 需独立检查记入银行存款日记账和应付账款明细账的金额是否一致，以及与付款支票汇总记录的一致性。

（6）每月末，由不登记应付账款明细账的人员与供应商核对应付账款、应付票据等往来款项，如有不符，及时查明原因。

要求：结合以上（1）至（6），分别指出各项控制是否有缺陷。如果有缺陷，简要说明理由和改进建议。

3. 生产循环审计

A 注册会计师是甲公司 2023 年度财务报表审计业务的项目合伙人。甲公司是一家时装加工企业,存货占其资产总额的比例很大,主营来料加工类业务。A 注册会计师计划于 2023 年 12 月 31 日实施存货监盘程序。A 注册会计师编制的存货监盘计划和计价测试部分内容摘录如下:

(1) 基于存货风险较高的评估结果,针对甲公司存货存放地点较多的情况,拟询问被审计单位的管理层,比较不同时期的存货存放地点的清单、检查存货的出、入库单等。

(2) 在到达存货盘点现场后,监盘人员观察来料加工业务的原材料是否已经单独存放并予以标明,确定其未被纳入存货盘点范围。

(3) 对盘点过程中收到的存货,纳入盘点和监盘范围。

(4) 在和被审计单位沟通存货盘点程序时,对于盘点程序的缺陷,不予指明。

(5) 计价测试时,充分关注甲公司对存货可变现净值的确定及存货跌价准备的计提。

要求:

(1) 根据以上注册会计师对被审计单位的了解,请评估甲公司与存货相关的经营风险。

(2) 针对上述事项(1)至(5),逐项指出是否存在不当之处。如果存在,简要说明理由。

4. 筹资与投资循环审计

甲会计师事务所 2024 年 2 月 11 日接受 X 公司委托,对其 2023 年度财务报表进行审计,注册会计师在审计过程中发现如下事项:

(1) 实收资本与验资报告及营业执照不一致;

(2) 被投资企业 Y 为海外公司,X 公司占其股权份额的 40%,累计确认投资收益 900 万元,其中本年度确认 300 万元,注册会计师无法获取 Y 企业的财务报表;

(3) X 公司 2022 年 1 月 1 日对 Z 公司进行股权投资,占其股权份额的 70%,但 X 公司按照权益法对 Z 公司进行核算;

(4) X 公司 2023 年度财务报表附注中披露的长期股权投资明细如下:(提示:注意 1 年内到期的长期股权投资)

被投资单位	投资期限	初始金额(元)	股权比例	2023 年 12 月 31 日账面价值(元)
A 公司	2019 年 8 月—2024 年 7 月	150 000 000.00	5%	150 000 000.00
B 公司	2015 年 7 月—2025 年 6 月	300 000 000.00	30%	26 287 375.39
C 公司	永久	300 000 000.00	40%	56 478 987.25
D 公司	2019 年 9 月—2029 年 8 月	1 000 000 000.00	35%	157 267 089.78
合 计		1 700 000 000.00		255 033 452.42

要求:针对上述事项存在的问题,注册会计师应当如何处理?

5. 注册会计师在对财务报表审计时,了解到被审计单位将发出商品作为销售收入确认的时点,摘录注册会计师执行与销售与收款相关的审计程序如下:

（1）检查被审计单位是否定期向客户寄送对账单；

（2）检查登记入账的销售业务所附的发运凭证、销售发票等；

（3）检查销售发票、发运单是否连续编号；

（4）赊销及现金折扣是否由专人进行审批；

（5）对大额应收账款进行函证。

要求：针对上述（1）至（5）项所执行的审计程序，逐项指出与销售收入和应收账款的哪项认定直接相关。

6. ABC 会计师事务所负责审计甲公司 2023 年度财务报表，M 注册会计师是项目合伙人，在进驻审计现场后，M 注册会计师决定立即实施函证程序，并采取了以下措施对函证实施过程进行控制：

（1）M 注册会计师要求项目组成员将被询证者的名称、单位名称、地址以及询证函中列示的账户余额或其他信息与被审计单位有关记录和资料核对，然后再发出询证函。

（2）询证函经被审计单位盖章后，由于负责银行存款函证的项目组成员 N 比较忙，所以在将询证函密封后，交给被审计单位的出纳代为发出。

（3）为保证回函的客观性，项目组成员 O 以 ABC 会计师事务所的名义向被审计单位的客户发函。

（4）M 注册会计师认为应收账款的重大错报风险很高，所以取得积极式询证函回函是必要程序，在两次发函均没有收到回函的情况下，M 注册会计师认为不需要执行替代审计程序，而直接考虑其对审计意见的影响。

（5）在设计和实施实质性分析程序时，无论单独使用或与细节测试结合使用，M 注册会计师都应当确定已记录的金额与预期值之间可接受的，且无须作进一步调查的差异额。

要求：

（1）针对上述第（1）至（4）项，逐项说明是否恰当。如不恰当，简要说明理由。

（2）针对事项（5），M 注册会计师还应当实施哪些审计程序。

7. ABC 会计师事务所负责对甲公司 2023 年度财务报表实施审计，M 注册会计师担任项目合伙人，针对销售与收款循环的审计，审计工作底稿部分内容摘录如下：

（1）经了解，甲公司针对预防存货被盗用设计了合理的内部控制，由于存货占资产比例较高，属于重要的资产项目，M 注册会计师认为无论是否拟信赖该内部控制，都需要对其进行了解和测试。

（2）在对银行存款进行函证时，发现 B 账户银行存款自 4 月份时余额为零之后未发生任何交易事项，经询问得知，以后也不会再使用了，因此未将其纳入函证范围，并提请甲公司管理层尽快做注销处理。

（3）M 注册会计师根据应收账款明细账填制询证函后交甲公司财务人员 G 填写信封地址后发出。

（4）M 注册会计师对未回函的积极式函证，在检查了发运凭证和销售发票后，确认了应收账款的存在。

（5）分析程序是一种识别收入确认舞弊风险的较为有效的方法，因此 M 注册会计师决定针对收入确认仅实施实质性分析程序，以应对舞弊风险。

（6）在对存货进行监盘时，在抽盘前，将拟抽盘的项目告知甲公司做好准备，以提高审计效率。

要求：针对上述第（1）至（6）项，逐项指出 M 注册会计师的做法是否恰当。如不恰当，简要说明理由。

10

第十一章
综合案例分析

一、案例背景

ABC 公司主营日化产品的生产和销售,是中国华南地区日化行业龙头企业,也是中国华南地区历史最为悠久的洗涤用品生产企业之一。ABC 公司成立于 19×9 年并于 20×3 年在 A 股主板成功上市,自成立以来,ABC 公司秉承"创造美好生活"的愿景,致力于品牌资产管理、优质产品制造、现代服务业三大业务板块的运营,为消费者提供高品质的日化产品和其他快速消费品和服务,满足消费者日益增长的对美好生活的需求。20×8 年,受到宏观经济影响,消费领域低迷不振,消费者购买力受到明显抑制,由于对未来经济前景的不确定性增加,消费者普遍采取了更为谨慎的消费态度,减少了非必需品的购买,商场、超市等零售业态的客流量减少,销售额下滑。

20×8 年以前,ABC 公司由×××会计师事务所提供年报审计及内控审计服务,已经连续服务 3 年。于 20×9 年 1 月,ABC 公司向 XYZ 会计师事务所发起邀约,希望委任 XYZ 会计师事务所为其提供 20×8 年年报审计及内控审计服务。

二、业务承接阶段

XYZ 会计师事务所在提交服务建议书、业务承接以及签订审计业务约定书过程中,存在以下情形:

(1) XYZ 会计师事务所在其服务建议书中注明:"事务所与前任注册会计师进行必要沟通后,方可与贵公司签订业务约定书"。

(2) 在业务约定书的谈判阶段,ABC 公司对审计收费提出如下要求:根据审计意见的不同类型支付不同金额的审计费用,如果出具保留意见审计报告,则审计收费为标准收费的 70%,如果出具否定意见审计报告,则审计收费为标准收费的 50%。

(3) 在业务约定书的谈判阶段,ABC 公司提出一项额外服务需求,要求 XYZ 会计师事务所同时为其提供内部控制设计服务,并为其编制内控手册。

(4) XYZ 事务所拟组建项目团队为 ABC 公司提供年审服务,拟委任项目组负责人为注册会计师小明,小明与 ABC 公司副总经理小甲长期在某歌唱团体合作,于 20×8 年 12 月,经小甲的帮助,小明从其他企业筹得款项,成功举办了个人专场演出。

(5) 于 20×9 年 1 月,项目组成员小红的小学同学购买了 ABC 公司发行的股票 20 万元。

（6）XYZ 会计师事务所原人力资源部经理小黄于 20×7 年 10 月从事务所离职，于 20×8 年 4 月加入 ABC 公司，目前在 ABC 公司担任办公室主任，主要负责管理和协调办公室的日常运营和行政事务。

（7）项目组成员小青的父亲持有 ABC 公司 100 股流通股股票，该股票每股市值 8 元。

问：

1. 针对事项（1），XYZ 会计师事务所的要求是否合理？应当如何与前任注册会计师进行沟通？

2. 事项（2）是否构成"或有收费"？在实务中应当如何测算审计收费？

3. 针对上述事项（3）—（7），请分别分析是否对事务所独立性构成威胁。如存在独立性问题，XYZ 会计师事务所应当采取哪些防范措施消除威胁或将其降至可接受水平？

三、了解主体及其环境

在解除了独立性威胁之后，XYZ 会计师事务所顺利地承接了该审计项目，并签订了业务约定书，XYZ 会计师事务所随即对该审计项目开展了风险评估程序，风险评估程序是指注册会计师为了解被审计单位及其环境，以识别和评估财务报表层次和认定层次的重大错报风险（无论错报由于舞弊或错误导致）而实施的审计程序。

XYZ 事务所对 ABC 公司进行了初步了解，注册会计师小明仔细审阅了 ABC 公司以往年度的财务报表，并请 ABC 公司的主要负责人介绍了公司主要业务、市场战略、经营地点及初步财务业绩。

经过了解，ABC 公司主要业务为化学原料和化学制品、表面活性剂的生产及销售，主要通过经销商向终端客户实施销售，在全国各地经销商约 183 家，其中前五大客户占总销售收入的比例约 20%，产品 95% 以上均为内销。ABC 公司在辽宁、江苏、广东等地有多个生产车间，包括液洗车间、洗衣粉车间、磺化车间、蚊香车间等，其中蚊香车间尚未建成投产。

20×8 年，虽然国内宏观经济形势差强人意，但是管理层果断决策，通过以下举措，积极应对市场变化：

（1）针对市场疲软的状况，ABC 公司对销售日化洗涤产品和化工原材料的优质客户给予更长的账期以支持业务拓展。

（2）由于外部经营环境的变化，导致部分上游化工原料供应紧缺，ABC 公司管理层适当地加大了存货力度，以防止价格持续上升对成本造成的冲击。

（3）ABC 公司非常重视产品研发，开展了多项自主研发和先进制造项目，确保其领先地位。ABC 公司于 20×5 年被批准为高新技术企业，自 20×7 年 9 月 30 日起享受高新技术企业税收优惠政策，有效期 3 年，适用所得税税率为 15%。

（4）在产品推广方面加大力度，持续推动产品品牌建设，不断深耕细作深化品牌建设管理。

在 ABC 公司上下共同努力下，ABC 公司国内大宗化工产品贸易业务收入大幅上涨，实现了 20×8 年销售收入逆势上升，毛利率从上期的 3.1% 上升至本期的 4.1%，净利润（未审数）从人民币 3 058 万元上升至 5 424 万元。

在 ABC 公司主要负责人介绍完基本情况后，注册会计师小明提出参观其生产车间并了解其生产流程，ABC 公司主要负责人指派了财务科长全程陪同，注册会计师就近走访了洗衣粉车间,并访问了生产车间的车间主任,了解到,该车间年产规模大约 300 万吨,共有一线工人 67 名,20×8 年该生产线的产量较为稳定,工人以两班倒的方式轮流上班,与往年相比,忙碌程度并无明显变化。

另外,注册会计师小明还从人力资源部了解到,ABC 公司给管理层制定的业绩考评指标为"以 20×7 年为基数,收入增长率不低于 30％,净利润增长率不低于 30％",若该业绩指标未达到,则总经理及财务负责人等关键管理人员均无法获得该年度的现金激励奖金,如今根据 20×8 年的初步财务数据,该业绩衡量指标已初步满足,管理层预期可以获得业绩奖励。

ABC 公司主要的财务数据如下:

表 11-1　　　　　　　　　　利润表主要项目　　　　　　金额单位:人民币万元

项　　目	20×8 年度 (未审数)	20×7 年度 (审定数)	变动金额	变动比例
营业总收入	1 039 146	772 476	266 670	35％
减:营业成本	996 296	748 724	247 572	33％
税金及附加	1 848	1 238	610	49％
销售费用	16 458	9 531	6 927	73％
管理费用	9 089	6 418	2 671	42％
研发费用	2 274	1 372	902	66％
财务费用	7 020	1 877	5 143	274％
加:其他收益	1 897	1 524	373	24％
投资收益	(35)	(163)	128	(79％)
其中:对联营企业和合营 企业的投资收益	115	—	115	N.A
公允价值变动损益	(95)	—	(95)	N.A
资产减值损失	1 296	1 402	(106)	(8％)
营业利润	**6 632**	**3 275**	**3 357**	**103％**
加:营业外收入	164	975	(811)	(83％)
减:营业外支出	23	11	12	109％
利润总额	**6 773**	**4 239**	**2 534**	**60％**
减:所得税费用	1 349	1 181	168	14％
净利润	**5 424**	**3 058**	**2 366**	**77％**

表 11-2　　　　　　　　　　资产负债表主要项目　　　　　　金额单位:人民币万元

项　　目	20×8 年度 (未审数)	20×7 年度 (审定数)	变动金额	变动比例
货币资金	69 650	24 303	45 347	187％
应收账款	245 979	137 754	108 225	79％
预付款项	73 523	34 372	39 151	114％

续　表

项　　目	20×8年度（未审数）	20×7年度（审定数）	变动金额	变动比例
其他应收款	3 938	2 676	1 262	47%
存货	106 567	39 443	67 124	170%
固定资产	44 637	36 376	8 261	23%
在建工程	8 211	5 918	2 293	39%
…	…	…	…	…
资产总计	605 397	326 217	279 180	86%
短期借款	113 300	50 893	62 407	123%
应付票据	169 110	70 659	98 451	139%
应付账款	47 789	28 871	18 918	66%
…	…	…	…	…
负债合计	429 785	187 849	241 936	129%

表 11-3　　　　　　　　　主要会计指标的计算及变动

主要会计指标的变动	20×8年度（未审数）	20×7年度（审定数）	变动幅度
毛利率	4.12%	3.07%	1.05%
净利率	0.52%	0.40%	0.13%
资产负债率	70.99%	57.58%	13.41%
流动比率	1.22	1.41	−19.26%
存货周转天数	26.38	18.96	7.41
应收账款周转天数	66.47	64.20	2.27

问：除了上述事项以外，注册会计师还应当从哪些方面入手来了解被审计单位及其环境以识别重大错报风险？

四、确定重要性水平

注册会计师应当依据对被审计单位及其环境的了解，综合考虑审计的目标及财务报表使用者的关注等，合理地确定重要性水平。

请根据已知的信息，确定该项目财务报表整体的重要性水平，并简要分析原因。

五、计划阶段—识别风险并制定审计计划

XYZ会计师事务所在了解了公司业务环境，各业务流程及相关内部控制之后，获取了公司财务报表的初步信息并执行了分析程序，该项分析程序旨在通过研究不同财务数据之间，以及财务数据与非财务数据之间的内在关系，识别存在异常的交易或事项，在确定重点审计领域时，注册会计师既参考定量因素，又要关注定性因素（包括是否与舞弊相关，是否涉及会计估计，如果涉及会计估计，则判断其估计的复杂程度、主观程度等），综合上述因素，注册会计师将营业收入、营业成本、货币资金、应收账款、预付账款、存货等作为重点关注的报

11

表科目。

　　XYZ事务所的项目组在充分了解各业务流程的基础上,撰写了总体审计策略和具体审计计划,对除了收入流程以外的其他业务流程相关的内部控制执行设计及执行有效性的评估,经评估,XYZ会计师事务所认为,公司除了收入流程以外的其他业务流程相关的内部控制设计及执行上是有效的,项目组据此拟定了具体的审计计划:

1. 关于管理层凌驾于内部控制之上的风险

　　考虑到管理层处于一个实施舞弊的特殊地位,因为其具有通过凌驾于看似有效运行的内部控制之上进而操纵会计记录并编制虚假财务报表的能力,尽管管理层凌驾于内部控制之上的风险水平因主体而异,然而这种风险在所有主体均存在。由于凌驾于内部控制之上的行为,可能以不可预知的方式发生,因此,项目组将其判断为一项特别风险。

　　部分审计程序摘录如下:

　　(1) 测试总分类账中记录的会计分录及在编制财务报表过程中做出的其他调整的适当性;

　　(2) 复核会计估计是否存在偏见;

　　(3) 对于超出主体正常经营范围的重大交易,评估其商业理由。

2. 收入相关的审计程序

　　项目组将收入科目也作为存在特别风险的交易事项,项目组在对销售及收款业务流程进行了解之后,制定了针对性的审计程序,部分审计程序摘录如下:

　　(1) 项目组将销售交易相关的认定的重大错报风险水平评估为高风险,为了审计效率的考虑,决定不再进行内部控制设计执行及运行有效性的评估,而是直接实施实质性程序;

　　(2) 选取样本检查销售合同,识别商品所有权上的风险和报酬转移相关的合同条款与条件,评价 ABC 公司的收入确认时点是否符合企业会计准则的要求;

　　(3) 对本年记录的收入交易选取样本,核对发票、销售合同及出库单,评价相关收入确认是否符合 ABC 公司收入确认的会计政策;

　　(4) 就资产负债表日前后记录的收入交易,选取样本,核对出库单及其他支持性文件,以评价收入是否被记录于恰当的会计期间。

3. 存货相关审计程序

　　由于存货账面余额与"采购与付款循环"及"生产与仓储循环"的若干控制点密切相关,项目组首先对这两个业务流程进行了设计和评估,认为其设计和执行是有效的,项目组拟对下列两个业务循环的主要控制点实施控制运行有效性测试:

　　(1) 对采购与付款循环,实施内部控制运行有效性测试。主要涉及"到货验收"确定为主要控制点。

　　(2) 对生产与仓储循环,实施内部控制运行有效性测试。主要涉及"存货定期盘点"确定为主要控制点。

　　此外,项目组还计划实施的其他审计程序摘录如下:

　　(1) 经过与 ABC 公司管理层沟通,管理层拟于 20×8 年 12 月 31 日在江苏、辽宁和广东三地的仓库同时实施盘点,事务所拟指派同事实施监盘。

　　(2) 公司存放于第三方贸易仓的存货占其总存货余额的 50% 以上但是第三方非常分散且路途遥远,对于第三方贸易仓存货,项目组计划通过获取公司盘点表作为监盘替代程序。

4. 货币资金相关的审计程序

部分审计程序摘录如下：

（1）获取或编制银行存款余额明细表，复核加计是否正确，并与总账数和日记账合计数核对是否相符。

（2）对 ABC 公司于资产负债表日持有的银行存款账户实施函证程序，但是针对某些于当年关闭的办事处且注销的银行账户，拟不再实施函证程序。

5. 应收账款及其他往来款相关的审计程序

部分审计程序摘录如下：

（1）选取大额的应收账款客户，实施函证程序。

（2）检查年末应收账款的账龄分析及年内实际发生的坏账，评估坏账准备的合理性。

（3）选取前五大的客户和供应商，实施走访程序。

请问：项目组计划的审计程序，可有什么不妥的地方？

六、执行阶段

在实际执行审计程序的过程中，项目组有以下发现：

（1）当年新增了多笔大宗商品贸易业务，该类收入已达到总收入的 50% 以上，且多笔会计凭证的编制人及审批人均为财务总监本人，项目组访谈了财务总监，财务总监承认这些凭证确为其本人编制。

（2）在收入的细节测试中，项目组对于本期新增的大宗商品贸易业务，检查至货权转移单复印件，但是对于实物转移的物流凭证，未予以关注。

（3）公司预付款项的供应商，同时也是其前五大客户，项目组除了执行函证程序，未执行额外的审计程序。

（4）对于第三方往来款例如应收账款、预付账款及应付账款等，审计人员抽取了部分样本，对应收账款、预付账款及应付账款实施了函证程序，回函中显示有些不同的被函证单位，工商资料却显示有 3 家被函证单位的备案手机号码为同一个，有 2 家被函证单位的注册地址为同一个，有 2 家被函证单位的联系人为同一名，审计人员将上述函证纳入审计档案装订成册，并未实施其他审计程序。

（5）针对"定期盘点"控制点，项目组抽取了盘点表作为支持性凭据，发现原本盘点表应该是仓库职员王某执行完盘点并亲自签字，但盘点表上却显示由仓库经理张某盘点并签署，但审计人员仍旧将控制运行有效性结论评估为"是"，经询问，该情况是由于王某临时休假，由仓库经理代为盘点。

（6）监盘结束后，审计人员将盘点数量与账面数量进行比较，发现差异较大，ABC 公司解释其原因是有大量存货存放在第三方贸易仓，建议审计人员进行发函确认；审计人员从 ABC 公司财务人员处获得了第三方贸易仓的地址及联系人，向第三方贸易仓进行发函程序，未能获得回函，也没执行替代测试。

（7）在项目组实施存货监盘的过程中，项目组考虑到发出商品尚在路途中，无法实施盘点，故未纳入监盘范围也未实施其他程序。

请问：项目中执行的审计程序，是否有什么不妥的地方？

七、结束阶段—审计意见类型

次年 4 月 30 日，XYZ 会计师事务所尚未收回若干银行函证，也未获得 ABC 公司管理层签署的管理层声明书,但是考虑到报告披露截止日已到,故 XYZ 会计师事务所出具了无保留意见的审计报告。

问:XYZ 会计师事务所此时出具报告,是否有不妥之处? 满足什么条件后,会计师事务所可以出具审计报告?

八、举例说明,会计师事务所在该项目中,可以如何使用大数据技术使得审计工作更加高效,更加有针对性?

主要参考文献

[1] 中国注册会计师协会.2024 年注册会计师全国统一考试辅导教材:审计[M].北京:中国财政经济出版社,2024.

[2] 刘明辉,史德刚.审计[M].7 版.大连:东北财经大学出版社,2015.

[3] 吕先锫.审计[M].成都:西南财经大学出版社,2016.

[4] 陈汉文,廖义刚,张玲.审计[M].2 版.北京:中国人民大学出版社,2021.

[5] 李越冬,周蕾,李纯青.国家审计服务于国家治理的经验与启示——基于 60 个国家最高审计机关的审计实践[J].会计之友,2015(13).

[6] 肖莉,姜大柱,雷轶超.乐视内部控制案例分析[J].合作经济技术,2018(5).

[7] 刘实,许宁.制度导向与账表导向、风险导向审计的区别[J].中国审计信息与方法,2003(9).

[8] 刘英来.审计计划管理和审计现场质量控制研讨会综述[J].审计研究,2005(6).

[9] 上海市审计局课题组.审计计划管理与组织实施方式方法创新研究[J].审计研究,2011(5).

[10] 施平,李长楚.我国企业碳交易审计程序设计——基于现代风险导向理论的分析[J].会计之友,2016(19).

[11] 宋依佳,林忠华.审计计划管理与组织实施方式方法创新研究:基于一项问卷调查的研究[J].审计研究,2011(5).

[12] 徐会超,张熙萌,仲杨梅.会计师事务所的法律责任与应对——对立信所大智慧审计失败的思考[J].财政监督,2018(23).

[13] 席晟,倪巍洲,孙秀春.审计计划执行过程控制和审计计划调整[J].审计研究,2006(1).

[14] 周蓓.信息系统控制测试及实质性测试的审计方法探讨[J].企业导报,2012(8).

[15] 张其镇.审计重要性的十大误区[J].江西社会科学,2001(9).

参 考 答 案

第一章 审 计 概 述

一、单选题

1. C 2. D 3. A 4. A 5. C

二、多选题

1. AC 2. ABC 3. ABC 4. CD 5. ABC

三、判断题

1. 错 2. 对 3. 错 4. 错 5. 对

四、简答题

略

第二章 审 计 模 式

一、单选题

1. C 2. A 3. D 4. D 5. B

二、多选题

1. CD 2. CD 3. ABC 4. ABC 5. ABD

三、判断题

1. 错 2. 对 3. 对 4. 错 5. 对

四、简答题

略

五、案例分析题

1.

事项序号	是否直接导致财务报表存在重大错报风险（是/否）	财务报表层次/认定层次	财务报表项目名称	财务报表项目认定
(1)	是	认定层次	存货	完整性
(2)	是	认定层次	无形资产 管理费用	计价和分摊 完整性
(3)	否			
(4)	否			

事项序号	是否直接导致财务报表存在重大错报风险（是/否）	财务报表层次/认定层次	财务报表项目名称	财务报表项目认定
（5）	是	认定层次	资产减值损失固定资产	完整性计价和分摊
（6）	否			

2.（1）不恰当。可接受的检查风险与所需要的审计证据呈反向关系,可接受的检查风险水平越低,所需的审计证据越多;反之,可接受的检查风险水平越高,所需的审计证据数量越少。

（2）不恰当。注册会计师既可以对两者进行单独评估,也可以对两者进行合并评估。

（3）不恰当。审计风险模型中的重大错报风险是评估的,为将审计风险控制在一定的低水平,如果评估的重大错报风险高,注册会计师就需要多做程序来控制检查风险。

（4）恰当。

第三章　审计测试与重要性

一、单选题

1. A　**2.** B　**3.** B　**4.** C　**5.** B　**6.** B　**7.** A　**8.** D　**9.** D　**10.** C

二、多选题

1. AB　**2.** ABC　**3.** ABC　**4.** BCD　**5.** BCD　**6.** ABCD　**7.** BCD　**8.** ABC　**9.** ABD　**10.** ABC

三、判断题

1. 对　**2.** 错　**3.** 对　**4.** 对　**5.** 对

四、简答题

略

五、案例分析题

1.（1）不正确。在某些审计领域,如果重大错报风险较低且数据之间具有稳定的预期关系,注册会计师可以单独使用实质性分析程序获取充分、适当的审计证据。

（2）正确。

（3）不正确。总体复核阶段的分析程序是必要程序,但是在总体复核阶段实施的分析程序并非为了对特定账户余额和披露提供实质性的保证水平,因此并不如实质性分析程序那样详细和具体,而往往集中在财务报表层次。

2.（1）不恰当。不应只用数量金额来判断,应首先从性质角度判断。

（2）不恰当。应只以营业收入为依据。

（3）不恰当。报表层次和认定层次的重要性水平无法同时确定,一般先确定报表层次,其次才是认定层次。

（4）恰当。

（5）不恰当。实际执行的重要性与计划确定的重要性不一致。

第四章　审 计 证 据

一、单选题

1. D　2. A　3. D　4. A　5. D

二、多选题

1. AB　2. ABCD　3. ABCD　4. CD　5. CD

三、判断题

1. 错　2. 错　3. 对　4. 对　5. 对

四、简答题

略

五、案例分析题

1. 排序：函证回函、销货发票副本、管理当局声明书。

销货发票副本属于内部证据，当内部控制制度存在严重缺陷情况下，内部证据的可靠性较差，但其在外部进行流转，其可靠性强于其他内部证据；

函证回函属于外部证据，是通过向独立的第三方获取的，可靠性较高；

管理当局声明书是一种可靠性较低的内部证据，在内部控制存在严重缺陷的情况下，其可靠性较低。

第五章　审计职业道德与相关法规

一、单选题

1. C　2. C　3. D　4. D　5. D

二、多选题

1. AB　2. ABCD　3. BCD　4. BD　5. ACD

三、判断题

1. 对　2. 错　3. 错　4. 对　5. 对

四、简答题

略

五、案例分析题

1.（1）违反。在应邀投标时，ABC 会计师事务所在其投标书中说明，在承接业务前需要与前任注册会计师沟通，以了解是否存在不应接受委托的理由。

（2）违反。按审计后资产的千分之五收取审计费用属于或有收费，或有收费会对职业道德产生不利影响。

（3）违反。安排项目合伙人到欧洲旅游，超出了业务活动中的正常往来，将对良好职业行为、客观和公正原则产生不利影响，注册会计师应当拒绝接受。

（4）不违反。注册会计师的妻子任人事部经理，人事部经理不属于能够对客户会计记录或被审计单位财务报表的编制施加重大影响的职位，因此并不对独立性产生不利影响。

2.（1）违反。因评估结果对甲公司的财务报表影响重大，提供评估服务将因自我评价影响独立性。

（2）违反。B 注册会计师作为甲公司 2022 年度财务报表审计业务的关键审计合伙人，在甲公司发布 2023 年度已审财务报表前担任甲公司财务总监,将因密切关系影响独立性。

（3）违反。将项目组成员的业绩评价与其向审计客户推销的非鉴证业务直接挂钩,将因自身利益影响独立性。

（4）违反。在收购计划公告前,注册会计师在社会交往中应当履行保密义务,警惕有意或无意泄密的可能性,在公开场合讨论客户的涉密信息违反保密原则。

（5）不违反。通过开放式基金拥有的经济利益为间接经济利益,且 2 000 元不重大,不会影响独立性。

第六章　审计法律责任

一、单选题

1. A　**2.** A　**3.** C　**4.** A　**5.** B

二、多选题

1. ABC　**2.** ABC　**3.** ACD　**4.** ABCD　**5.** ABD

三、判断题

1. 对　**2.** 对　**3.** 错　**4.** 错　**5.** 对

四、简答题

略

五、案例分析题

1.（1）审计需要了解企业的内部控制,如果需要实施控制测试,则根据控制测试的结果,进一步确定实质性测试的范围。

（2）如果审计师对被审计单位控制风险的评价出现重大误差,导致财务报表中的重大错报未能查出来,应承担重大过失责任。如果被审计单位的内部控制制度本身健全,但由于被审计单位有关人员串通作弊,而导致内控失效。则审计师没有过失或具有普通过失。

（3）如果财务报表中单个项目存在重大错报事项,审计师运用常规程序应该能够发现,但因工作疏忽而未能查出,则为重大过失。如果财务报表有多处错报,但每处都不重大,合起来对报表影响大,则认为审计师具有普通过失。

2. 注册会计师具有重大过失或欺诈行为。

第七章　审计计划阶段

一、单选题

1. B　**2.** B　**3.** B　**4.** B　**5.** D　**6.** D　**7.** D　**8.** D　**9.** D　**10.** B

二、多选题

1. ABC　**2.** AC　**3.** ACD　**4.** ABC　**5.** ACD　**6.** ABD

三、判断题

1. 对　**2.** 对　**3.** 错　**4.** 对　**5.** 对

四、简答题

略

五、案例分析题

1. 甲公司财务报表存在舞弊风险。

理由:甲公司为上市公司,在过去的两个会计年度均出现亏损,2023年如果不能盈利,将面临暂停上市的处理;同时,公司董事会为管理层设立了业绩增长或盈利能力等激励指标。

2.(1)不恰当。重要性是根据审计所处的具体环境确定的,不能仅仅因为两个公司的业务性质和规模相似就确定相同的重要性。

(2)不恰当。计划审计工作不是孤立的阶段,而是持续地不断修正的过程,贯穿于审计过程始终。

(3)不恰当。在制定总体审计策略时,应当确定财务报表整体的重要性水平。

(4)恰当。

(5)不恰当。注册会计师合理设计审计程序的性质、时间安排和范围,并有效执行审计程序,降低的是检查风险。重大错报风险是财务报表审计前存在重大错报的可能性,注册会计师只能评估和应对,却无法降低。

第八章 审计实施阶段

一、单选题

1. A 2. C 3. C 4. C 5. D 6. B 7. C 8. C 9. B 10. C

二、多选题

1. BC 2. CD 3. ABD 4. ABC 5. ACD

三、判断题

1. 对 2. 对 3. 对 4. 对 5. 对

四、简答题

略

五、案例分析题

1. 事项分析

审 计 程 序	项　　目	认　　定
(1)	营业收入	截　　止
(2)	存　　货	计价或分摊
(3)	应付职工薪酬	存　　在
(4)	应付账款	完整性
(5)	固定资产	权利和义务

2. 事项分析

财务报表审计时分别发现的事项	被审计单位违反的认定
本期交易推迟至下期记账,或者将下期应当记录的交易提前到本期记录	与各类交易和事项相关的认定:截止
期末少计提累计折旧错误	与余额相关的认定:计价和分摊
在销售明细账中记录了并没有发生的一笔销售业务	与各类交易和事项相关的认定:存在

财务报表审计时分别发现的事项	被审计单位违反的认定
不存在某顾客,在应收账款明细表中却列入了对该顾客的应收账款	与余额相关的认定:存在
财务报表附注没有分别对原材料、在产品和产成品等存货成本核算方法做恰当的说明	与列报相关的认定:准确性和计价
将不属于被审计单位的债务记入账内	余额相关的认定:权利和义务、存在
将出售某经营性固定资产(并非企业的日常交易事项)所得的收入记录为营业收入	与各类交易和事项相关的认定:分类
没有将一年内到期的长期负债列为一年内到期的非流动负债	与列报相关的认定:分类和可理解性
发生了一项销售交易,但没有在销售明细账和总账中记录	与各类交易和事项相关的认定:完整性
在销售交易中有如下情况:(1)发出商品的数量与账单上的数量不符;(2)开具账单时运用了错误的销售价格;(3)账单中的乘积或加总有误;(4)在销售明细账中记录了错误的金额	与各类交易和事项相关的认定:准确性
存在对某客户的应收账款,在应收账款明细表中却没有列入对该客户的应收账款	余额相关的认定:完整性
关联交易类型、金额没有在财务报表附注中作恰当披露	与列报相关的认定:准确性和计价
关联方和关联交易,没有在财务报表中充分披露	与列报相关的认定:完整性
将现销记录为赊销	与各类交易和事项相关的认定:分类

3. 审计程序性质

审计程序的性质	审计程序的编号
检查记录或文件	(2),(6)
检查有形资产	(2),(8)
观察	(6),(7)
询问及函证	(1),(3)
重新计算	(5)
分析性程序	(4)

证据类型

证据类型	审计程序的编号
实物证据	(2),(8)
书面证据	(3),(4),(5),(6)
口头证据	(1)
环境证据	(7)

4. 答案:(1) 存在不当之处。一项性质上不重要且金额低于重要性水平的错报,只有当这项错报连同其他错报汇总起来没有超过重要性水平时,该项错报才不是重大错报。当该

项错报单独或汇总起来超过重要性水平时,该项错报依然是重大错报。

(2) 存在不当之处。保持客户关系及具体审计业务和评价职业道德的工作应当安排在其他审计工作之前。这样才能确保注册会计师已具备执行业务所需要的独立性和专业胜任能力,且不存在因管理层诚信问题而影响注册会计师保持该项业务意愿等情况。

(3) 存在不当之处。利用信息风险管理专家属于向具体审计领域调配资源,应当在总体审计策中计划此项工作。

(4) 存在不当之处。认定层次的重大错报风险又可以进一步细分为固有风险和控制风险。财务报表层次的重大错报风险因与财务报表整体存在广泛联系,通常与控制环境相关,所以无法再细分。

(5) 存在不当之处。在制定总体审计策时,根据被审计单位的特定情况,如果存在一个或多个特定类别的交易、账户余额或披露,其发生的错报金额虽然低于财务报表整体的重要性,但合理预期可能影响财务报表使用者依据财务报表作出的经济决策,注册会计师还应当确定适用于这些交易、账户余额或披露的一个或多个重要性水平。

第九章 审计报告阶段

一、单选题

1. A 2. B 3. D 4. B 5. B 6. C 7. D 8. A 9. C 10. D

二、多选题

1. ABCD 2. ABCD 3. BCD 4. ABC 5. BC 6. ACD 7. ABC 8. BCD 9. ACD
10. ABCD

三、判断题

1. 对 2. 对 3. 对 4. 对 5. 错

四、简答题

略

五、案例分析题

1. 事项(1)属于调整事项,提取法定盈余公积在2023年12月31日已经形成了一项法定义务,在2024年2月10日经股东大会决议进行了提取,获取了进一步的发展,属于调整事项。

事项(2)属于调整事项,销售退回是在财务报表实际报出日之后才发生,对2018年度财务报表并不构成影响。

事项(3)不属于调整事项,火灾是在2024年2月15日发生的,该事项在资产负债表日前并不存在,不影响2023年度财务报表中的相关项目的列示,因此不属于调整事项。

2. 针对要求(1):

(1) 无须在审计报告中反映。理由:上期财务报表及审计报告均已对外公布。

(2) 需要在审计报告中反映,应当发表保留或否定意见。理由:2018年度财务报表的对应数据存在重大错报。

针对要求(2):

(3) 不恰当。所述两项错报汇总后对税前利润的高估超过了列报的税前利润,应当发表否定意见。

（4）不恰当。与所述赊销交易相应的利润增加为 60 万元，超过了列报的税前利润，导致审计范围受到广泛的限制，M 注册会计师应当与甲公司治理层沟通，并考虑解除业务约定或出具无法表示意见审计报告。

（5）不恰当。增加强调事项段的条件是已获取充分、适当的审计证据证明该事项在财务报表中不存在重大错报，而甲公司的其他信息存在重大错报，不应该使用强调事项段。

第十章 循 环 审 计

一、单选题

1. D 2. A 3. D 4. C 5. B 6. B 7. A 8. C 9. D 10. B

二、多选题

1. AD 2. ACD 3. ABCD 4. ABCD 5. AD 6. BD 7. ABCD 8. ABC 9. BC
10. ABCD

三、判断题

1. 对 2. 对 3. 对 4. 对 5. 错 6. 对 7. 对 8. 对 9. 错 10. 对

四、简答题

略

五、案例分析题

1. 收入与销售循环审计

事项分析

事项序号	是否可能表明财务报表存在重大错报风险（是/否）	理　由	影响的财务报表项目及认定
（1）	是	由于原材料供应不稳定，导致采购困难，可能存在增加成本的情况，此时需要考虑是否应计提减值	存货/计价和分摊 资产减值损失/完整性
（2）	是	环保法规的实施导致 X 公司额外支付检测费用，增加销售费用，同时导致 B 产品的交货时间延后，导致营业收入确认时点的延后。但被审计单位可能按照以前政策，存在提前确认收入的风险	营业收入/截止 应收账款/存在 营业成本/截止 存货/完整性 销售费用/完整性
（3）	否	导致丙公司无力还款的原因系资产负债表日后突发事项，该事项不属于调整事项。X 公司已在财务报表中披露，没有理由认为存在重大错报风险	

2. 支出与付款循环审计

第（1）项有缺陷：请购单统一由采购部门主管 W 签字批准。

理由：请购单不能统一由采购部门主管 W 签字批准。

改进建议：每张请购单必须经过对这类支出预算负责的主管人员签字批准。

第（2）项没有缺陷。

第（3）项有缺陷：验收部门先检查了原材料有无损坏，后比较所收商品与订购单上的要求是否相符。

理由:验收部门首先应比较所收商品与订购单上的要求是否相符,然后再检查商品有无损坏。

改进建议:验收部门首先应比较所收商品与订购单上的要求是否相符,然后再查商品有无损坏。

第(4)项有缺陷:应付凭单部门只根据验收单和订购单编制付款凭单。

理由:应付凭单部门还应根据供应商发票等编制有预先编号的付款凭单。

改进建议:应付凭单部门应根据订购单、验收单和供应商发票等编制有预先编号的付款凭单。

第(5)项没有缺陷。

第(6)项没有缺陷。

3. 生产循环审计

针对要求(1):

与时装相关的服装行业,由于服装产品的消费者对服装风格或颜色的偏好容易发生变化,因此,存货是否过时是重要的经营风险。

针对要求(2):

事项(1)中,存在不当之处。应询问被审计单位除管理层和财务部门以外的其他人员,如营销人员、仓库人员等,以了解有关存货存放地点的情况。

事项(2)中,不存在不当之处。

事项(3)中,存在不当之处。应当分析该存货的所有权是否属于被审计单位,如果属于,那么纳入盘点范围;如果不属于,不能够纳入盘点范围。

事项(4)中,存在不当之处。如果认为被审计单位的存货盘点程序存在缺陷,注册会计师应当提请被审计单位调整。

事项(5)中,不存在不当之处。

4. 筹资与投资循环审计

(1) 追查原因,如果是合理的变更资本,建议 X 公司变更合同、章程,重新验资和变更注册登记。如果是评估调账等不合理的变更资本,应建议调整。

(2) 应视同审计范围受到限制,结合确定的重要性水平,考虑是否发表保留或无法表示意见的审计报告。

(3) 属于重大会计差错,应建议 X 公司按照重大会计差错采用追溯重述法进行调整。

(4) 编制资产负债表时,"长期股权投资"项目应在扣除 1 年内到期长期股权投资后填列。但上述附注中列示的 X 公司对 A 公司长期股权投资在 2024 年 7 月到期,于 2023 年末已属于 1 年内到期的长期股权投资。应建议 X 公司调整,调整分录为:

借:一年内到期的非流动资产 150 000 000

　　贷:长期股权投资 150 000 000

5. 第(1)项与销售收入的完整性、发生、准确性认定相关。与应收账款的存在、完整性、计价和分摊认定相关。

第(2)项与销售收入的发生认定相关。与应收账款的存在认定相关。

第(3)项与销售收入的完整性认定相关。与应收账款的完整性认定相关。

第(4)项与应收账款的计价和分摊认定相关。

第(5)项与应收账款的存在认定相关。

6. 针对要求(1):

① 恰当。

② 不恰当。询证函应该由注册会计师直接发出,不应该交由出纳代为发出。

③ 不恰当。按规定,注册会计师应以被审计单位的名义向被询证者寄发询证函。

④ 恰当。

针对要求(2):

注册会计师还应当实施的审计程序:

① 考虑针对所涉及认定评估的重大错报风险和实施的细节测试(如有),确定特定实质性分析程序对这些认定的适用性;

② 考虑可获得信息的来源、可比性、性质和相关性以及与信息编制相关的控制,评价在对已记录的金额或比率做出预期时使用数据的可靠性;

③ 对已记录的金额或比率做出预期,并评价预期值是否足够精确以识别重大错报(包括单项重大的错报和单项虽不重大但连同其他错报可能导致财务报表产生重大错报的错报)。

7. (1) 不恰当。控制测试并不是必须要执行的,如果不信赖,则无须执行控制测试。

(2) 不恰当。零余额账户也要纳入函证范围,除非有充分证据表明某一银行存款对财务报表不重要且与之相关的重大错报风险很低。

(3) 不恰当。注册会计师应控制信函的发送,发出前应对信封内容加以核对。

(4) 不恰当。对未回函的积极式询证函不能仅以审查发运凭证和销售发票代替。注册会计师应当与被询证者取得联系,如果仍未得到回函,注册会计师应实施替代程序,包括检查相关合同协议、订单、销售发票副本、发运凭证等。

(5) 不恰当。注册会计师应当执行细节测试或将细节测试和实质性分析程序结合使用,以获取充分、适当的审计证据,而不应仅实施实质性分析程序。

(6) 不恰当。注册会计师应尽可能避免让被审计单位事先了解被抽盘的存货项目。

第十一章　综合案例分析

二、业务承接阶段

1. 情形(1)中,会计师事务所的请求是合理的。根据《中国注册会计师执业准则第1153号——前任注册会计师和后任注册会计师的沟通》,在接受委托前,后任注册会计师需要与前任注册会计师就影响业务承接决策的事项进行必要沟通,并对沟通结果进行评价,以确定是否接受委托。具体来说,XYZ会计师事务所应当提请被审计单位以书面方式同意前任注册会计师对其询问作出充分答复,如果被审计单位不同意或限制答复范围,后任注册会计师应向被审计单位询问原因,并考虑是否接受委托。与前任会计师进行沟通的信函举例如下:

作为后任注册会计师接受委托前首次致前任注册会计师的函

×××会计师事务所:

ABC公司("公司")已邀请本所对其20×8年度的财务报表进行审计。本所获悉公司已于最近将这一情况告知贵所,并授权贵所就本所的询问作出答复。根据《中国注册会计师审计准则第1153号——前任注册会计师和后任注册会计师的沟通》的有关要求,本所向贵所询问下述事项,并衷心希望得到贵所的回复:

(一)是否发现公司管理层存在正直和诚信方面的问题;

(二)贵所与公司管理层在重大会计、审计等问题上存在的意见分歧;

(三)贵所与公司治理层沟通的管理层舞弊、违反法规行为以及值得关注的内部控制缺陷;

(四)贵所认为导致公司变更会计师事务所的原因。

此外,如公司存在专业或其他原因使本所不应接受此项审计业务,敬请贵所告知并提供贵所认为合适的相关信息。

请将上述信息回函至XYZ会计师事务所,地址:××,邮编:××,收件人:小明,联系电话:×××

专此候复。

XYZ会计师事务所

×××

审计合伙人

20×9年×月×日

2. 情形(2)构成了"或有收费"。正如教材第五章中所说,"或有收费"是指事务所收取费用不是基于业务本身的复杂程度、需要耗费的人力、时间等,而是以业务达到特定效果作为收费的标准,在情形(2)中,如果出具保留意见的审计报告,则会计师事务所仅能收取70%的审计费,如果出具否定意见的审计报告,则会计师事务所只能收取50%的审计费,显然满足了或有收费的情形,这是不符合准则规定的。在实务中,审计收费通常以适当的小时费用率或日费用率为基础,根据业务规模,按照实施专业服务的人员所耗用的时间,再加上差旅费、税费等其他费用综合计算得来。

3. 情形(3)构成了自我评价威胁。在注册会计师进行财务报表审计的过程中,其对于内部控制的判断将依赖于内部控制的评价及结论,如果该内部控制是由注册会计师自行设计的,那么注册会计师可能不恰当地评价此类设计,从而对财务报表审计业务产生不利影响。针对此项情形,没有风险缓解措施能够降低该项威胁,XYZ会计师事务所不能提供此项服务。

情形(4)构成了密切关系威胁。由于注册会计师小明与被审计单位关键管理人员小甲非常熟悉,就可能对ABC会计师事务所的财务报表的认定未能保持足够的怀疑,轻易接受其观点,导致产生密切关系威胁。于该情形中,事务所发现威胁后,应当参考小明接受筹款的金额,评估其对于独立性的影响程度,并通过①安排审计小组以外的其他审计人员对审计工作进行复核;②定期轮换项目负责人及签字注册会计师;③将独立性受到威胁的小组成员调离等措施将威胁降低。

情形(5)不构成独立性威胁。根据《中国注册会计师职业道德守则》,以下各方不得在审计客户中拥有直接经济利益及重大间接经济利益:①会计师事务所;②审计项目团队成员及其主要近亲属;③与执行审计业务的项目合伙人同处一个分部的其他合伙人及其近亲属;④为审计客户提供非审计服务的其他合伙人和管理人员,以及该其他合伙人和管理人员的主要近亲属。但是,作为审计项目负责人小明的小学同学,他持有 ABC 公司的股票不构成独立性威胁。

情形(6)不构成独立性威胁。虽然小黄确实加入了 ABC 公司,但是由于他与事务所没有重要联系,且其现在所处的岗位对于财务报表预期也不会产生直接重大影响,故不构成独立性威胁。

情形(7)构成独立性威胁。项目组成员的直系亲属购买了 ABC 公司股票,属于拥有直接经济利益的情形,将产生直接经济利益方面的独立性威胁。在项目承接前,项目组成员的父亲应当将该股票予以处置方可消除威胁。

三、了解主体及其环境

(1)作为一项风险评估程序,注册会计师应当从以下角度了解主体及其环境,包括主体的所有权结构和治理结构及业务模式、业务模式及信息技术的使用相整合的程度;行业监管及其他外部因素;内部及外部用于评估主体业绩的衡量指标;适用的财务报告框架和主体的会计政策,及其作出任何变更的原因等。

(2)下面是一个用于记录"了解主体及其环境"的工作底稿的节选:

了解主体及其环境

行业特定事项

> 日化产品已成为人们生活中的必需品,日化行业是一个充分竞争的市场化行业,除了传统产品市场份额的竞争外,对于新产品开发也是竞争激烈。一方面,随着国民经济发展及城镇化进程加快,我国居民生活设施条件不断改善,居民生活质量有了大幅提高,消费者对专业化、功能化、个性化产品有了更高追求产品结构更加多元,市场更加细分,概念也日渐翻新,因此开展更加普及,更加精准的品牌营销,抢占市场份额显得尤为重要;另一方面,在整个生意拓展的过程中,渠道结构发生巨大变化,传统的商超百货渠道销售额占比逐年下降,而电商五年间占比翻倍,成为第二大渠道面对变化较大的外部环境。
>
> 随着国家经济增速的放缓,日化用品行业的发展速度也有所放慢。民用产品面临实体门店产品动销缓慢、价格疯狂破价竞争的现实问题。为维持市场份额,不断加大推广费用的投入,造成消费品品类的盈利水平没有明显的提升。受国家环保政策继续影响,部分原材料成本的大幅度上升,在一定程度上压缩了公司的利润空间。
>
> 外部经营环境的变化导致部分上游化工原料供应紧缺,相应的付款方式有所调整,同时针对市场疲软的状况,公司对销售日化洗涤产品和化工原材料的优质客户给予一定账期以支持业务的拓展,以及依据对化工行业宏观趋势的判断,适当地增大了材料储备。

被公认为对财务报表中重大金额和披露事项的确定有直接影响的法律法规,包括适用的财务报告框架

> 法律法规:作为 A 股上市公司,主要收到《证券法》《公司法》《上市公司信息披露办法》《上市公司治理准则》等法律法规的影响。其次,公司属于地方国有控股企业,也受到《国有资产法》《企业国有资产监督管理暂行条例》等法规的规范。
>
> 财务报告框架:适用企业会计准则。

其他外部因素

由于公司存在出口销售,一定程度上会受到汇率波动的影响。

所有权架构和治理架构

截至 20×8 年 12 月 31 日,公司直接控股股东为××××有限公司,实际控制人为××××有限公司。

治理架构:股东大会为公司最高权力机构;董事会是公司的决策机构,负责公司的经营管理和决策,董事会成员有 7 名,为股东委派;监事会是公司的监督机构,对董事会和高级管理人员的行为进行监督,监事会有 3 名成员;独立董事 3 名;另设置有审计委员会、薪酬与考核委员会。

公司关键管理人员包括:董事长周某、总经理吴某、副总经理郑某、财务总监王某、董事会秘书赵某……

业务模式

销售模式方面:ABC 公司主要从事日用品的生产与销售,主要通过经销商向终端客户实施销售,全面收集销售终端反馈的客户信息,积极研发符合客户需求的产品,最大限度满足客户需求;坚持开展消费者满意度、产品使用调研,通过售后使用跟踪服务等为顾客提供增值服务,提升客户对公司的满意度和忠诚度。公司通过加强渠道管理、强化出货价格管理和后勤服务等保障经销商权益,根据 ABC 公司与经销商签订的销售协议,产品在出库后就满足了销售收入确认条件。

采购业务模式方面:公司建立了供应商管理相关制度和流程,并严格执行。通过加强供应商评估,严格供应商准入机制,并在日常加强供应商管理,实行优胜劣汰,有效维护优质供应商体系。公司加强物资采购监督,通过制度和流程规范采购业务,避免采购过程中的商业贿赂和舞弊现象。公司全年招标比价采购过程全程接受公司纪委和内审部门的监督,使采购等关键岗位的风险防控管理得到加强。对于主要原材料的采购,公司以入库验收单作为材料入库的支持性凭据。

信息技术的使用

公司使用 SAP 系统进行日常记录及账务处理……

会计政策的选择和应用

作为 A 股上市公司,ABC 公司执行企业会计准则及其相关规定;

主体财务业绩的衡量和复核

主体实行预算管理,各公司及各部门在总体预算的指导下建立部门预算及目标,以此作为业绩的主要考核指标;同时结合本年业务发展的实际情况及同比上年的增长率对财务业绩进行整体衡量和复核。

　　于20×8年,ABC公司给管理层制定的业绩考评指标为"以20×7年为基数,收入增长率不低于30%,净利润增长率不低于30%",若该等业绩指标未达到,则总经理及财务负责人等关键管理人员均无法获得该年度的现金激励奖金。

四、确定重要性水平

　　注册会计师对重要性水平的选择需要运用职业判断。通常应当首先选定一个基准,再根据选择的基准,运用职业判断合理地确定一个百分比,两者相乘得出财务报表整体层次的重要性水平。

　　基准:考虑到ABC公司为上市公司,是以营利为目的的制造型企业,其经营的化工产品生产和销售业务对公司来说是非常成熟和稳定的业务,财务报表使用者最关注公司的业务增长及盈利能力,故注册会计师在确定重要性水平的计算基准的时候,选择那些与盈利能力相关的指标更为恰当,例如经常性业务的税前利润。

　　百分比:以营利为目的的企业,来自经常性业务的税前利润或税后净利润的5%～10%都是合理的,考虑到ABC公司是上市企业且公众关注度高,选择靠近较低一端的比例更加恰当。

　　计算重要性水平的方式举例如下:

　　以当期税前利润为基准,67 730 000×5%＝3 386 500(元),取整后,重要性水平约为338万元。

五、计划阶段—识别风险并制定审计计划

　　1. 对于"管理层凌驾于内部控制之上的风险"计划的审计程序没有明显不妥的地方。

　　2. 收入相关审计程序中,考虑到收入是具有特别风险的科目,执行内部控制设计执行及运行有效性的评估是必要的。

　　3. 存货相关的审计程序中,对于第三方贸易仓的存货,由于其占存货总余额的比例较大,仅获取公司的盘点表为审计证据是不够的,应当实施监盘、函证等其他程序。

　　4. 货币资金相关的审计程序中,对于那些当年关闭的办事处且注销的银行账户,也应当实施函证程序。

　　对应收账款相关的审计程序,未发现明显不妥之处。

六、执行阶段

　　(1)不妥。对于编制人及审批人为同一人,且均为财务总监本人的会计分录,属于非常典型的"不相容岗位未分离"的情形,尤其是凭证为一般不参与会计处理的财务总监本人编制,对这类的异常情况,注册会计师在执行审计工作时应保持职业怀疑,对被审计单位提供的信息和凭证进行独立的判断和进一步验证。

　　(2)不妥。注册会计师应当深入了解各业务流程的主要风险、控制点、具体控制活动及步骤、控制执行人等,制定针对性的审计策略,对于大宗商品贸易业务,除了检查至货权转移单的复印件,也应查看原件,同时应当关注其物流凭据,检查其是否存在物流转移,是否属于真正的销售行为。

　　(3)不妥。注册会计师对于那些既是客户,也是供应商的交易对象,应当审慎地评估其

商业理由、定价政策、交易条件和支付条款,以确保这些交易是按照正常商业条款进行的,同时,还应当审查相关的合同、发票、运输文件和其他支持性文件,以确认交易的真实性和合理性。

(4)不妥。对于函证程序,注册会计师除了关注其是否收回,金额是否相符,也应当对于函证中出现的异常情况保持充分地职业怀疑,该情形列举的就是典型的函证异常情形,注册会计师应当执行充分程序,对该等异常情况进行进一步检查,以下函证控制表展示了执行函证程序时应当检查的主要内容:

银行名称	账户编号	账户类型	发出银行函证的日期	跟进银行函证的日期	是否已收到函证?	收到函证的日期	函证所列的金额	银行函证中是否包含其他项目?	回函所包含的其他项目金额	回函页面内容是否完整?	快递面单上的回函地址与寄件地址是否一致?	回函印章是否与被函证单位名称相符?
[银行1]	×××××××											
[银行2]	×××××××											
[银行3]	×××××××											

(5)该程序是合理的。虽然盘点人员不是王某,但是审计证据证明,仓库经理张某实施了盘点程序并达到了该控制预期应当实现的目的,故该控制仍旧是有效执行的。

(6)该程序不妥。对于盘点数量与账面数量的差异,注册会计师应当询问管理层,调查该差异产生的原因,包括但不限于查阅相关交易记录、审批文件和生产报告等,针对 ABC 公司的解释,注册会计师可以向第三方贸易仓实施函证程序,也可以查询 ABC 公司的账上是否有相关的仓储费来进行交叉验证,对于函证无法收回的情形,首先保持足够职业怀疑,其次也应当了解无法收回的原因,与管理层讨论其他验证的方法,且应执行替代测试。

(7)该程序不妥。对于发出商品,虽无法立即在资产负债表日当天实施盘点程序,但注册会计师仍旧应当了解被审计单位的销售和发货流程,包括订单处理、库存管理、发货程序和相关的内部控制措施,其次应当审查销售订单、发票、装箱单、运输文件和客户期后确认收货等记录,以验证发出商品的数量和金额是否准确。

七、结束阶段—审计意见类型

XYZ 会计师事务所此时出具审计报告是不妥的,因为必要的审计证据尚未充分获取,也未收到管理层签署的管理层声明书,尚不能证明其已经获取充分、适当的审计证据。

满足以下条件后,会计师事务所可以出具审计报告:
(1)必要的审计程序均已执行完毕;
(2)对审计证据进行了充分评估且形成了恰当的审计意见;
(3)按要求完成了必要的约定项目质量复核;
(4)获得了经管理层签署的管理层声明书;
(5)对期后事项进行了审慎复核;
(6)就审计意见及关键审计事项等与治理层进行了沟通等。